公共行政与公共管理
经 典 译 丛

“十三五”国家重点出版物出版规划项目

PUBLIC ADMINISTRATION AND PUBLIC MANAGEMENT CLASSICS
公共行政与公共管理经典译丛 学术前沿系列

公共行政的合法性

一种话语分析

(中文修订版)

[美] O. C. 麦克斯怀特(O. C. McSwite) / 著
吴琼 / 译

LEGITIMACY IN PUBLIC ADMINISTRATION

A DISCOURSE ANALYSIS

中国人民大学出版社
·北京·

“公共行政与公共管理经典译丛”
编辑委员会

总 序

在当今社会，政府行政体系与市场体系成为控制社会、影响社会的最大的两股力量。理论研究和实践经验表明，政府公共行政与公共管理体系在创造和提升国家竞争优势方面具有不可替代的作用。一个民主的、负责任的、有能力的、高效率的、透明的政府行政管理体系，无论是对经济的发展还是对整个社会的可持续发展都是不可或缺的。

公共行政与公共管理作为一门学科，诞生于20世纪初发达的资本主义国家，现已有上百年的历史。在中国，公共行政与公共管理仍是一个正在发展中的新兴学科，公共行政与公共管理的教育也处在探索和发展阶段。因此，广大教师、学生、公务员急需贴近实践、具有实际操作性、能系统培养其思考和解决实际问题能力的教材。我国公共行政与公共管理教育和学科的发展与繁荣，固然取决于多方面的努力，但一个重要的方面在于，我们要以开放的态度，了解、研究、学习和借鉴国外发达国家研究和实践的成果。另一方面，我国正在进行大规模的政府行政改革，致力于建立与社会主义市场经济相适应的公共行政与公共管理体制，这同样需要了解、研究、学习和借鉴发达国家在公共行政与公共管理方面的经验和教训。因此，无论是从我国公共行政与公共管理教育发展和学科建设的需要来看，还是从我国政府改革实践层面的需要来看，全面系统地引进公共行政与公共管理经典著作都是时代赋予我们的职责。

出于上述几方面的考虑，我们于世纪之交开启了大型丛书“公共行政与公共管理经典译丛”的翻译出版工作。自2001年9月本译丛首部著作《公共管理导论》出版以来，十五年间出版著作逾百种，影响了国内公共行政与公共管理领域无数的学习者和研究者，也得到了学界的广泛认可，先后被评为“十五”“十一五”“十二五”“十三五”国家重点图书出版规划项目，成为国内公共行政与公共管理出版领域的知名品牌。

本译丛在策划之初分为“经典教材系列”“公共管理实务系列”“政府治理与改革系列”“学术前沿系列”四个子系列，后来又增加了“案例系列”“学术经典系列”两个子系列。在本译丛出版十五年后，为了更好地服务于国内公共行政与公共管理学科的发展，更方便读者查找译丛的相关图书，我们将译丛简化为“经典教材系列”和“学术前沿系列”两个子系列。“经典教材系列”图书出版的主要目的是满足国内公共行政与公共管理教育对教材和教学参考书的需求。这个系列所选教材的内容全面系统、简明通俗，涵盖公共行政与公共管理的主要知识领域，涉及公共行政与公共管理的一般理论、公共组织理论与管理、公共政策、公共财政与预算、公共部门人力资源管理、公共伦理学等。这些教材都是国外大学通用的公共行政与公共管理教科书，多次再版，其作者皆为该领域的知名学者，他们在自己的研究领域多次获奖，享有极高的声誉。“学术前沿系列”图书出版的主要目的则是介绍国外公共行政与公共管理学科的重要学术成果。这个系列选取学科发展历程中不同学术流派代表性人物的代表性著作，并持续介绍学科发展的最新研究成果。

总的来看，本译丛体现了三个特点：第一，系统性，基本涵盖了公共行政与公共管理学科的主要研究领域。第二，权威性，所选著作均是国外公共行政与公共管理大师或极具影响力的学者的代表作。第三，前沿性，反映了公共行政与公共管理研究领域最新的理论和学术主张。

在半个多世纪以前，公共行政大师罗伯特·达尔（Robert Dahl）在《公共行政学的三个问题》中曾这样讲道："从某一个国家的行政环境归纳出来的概论，不能立刻予以普遍化，或应用到另一个不同环境的行政管理上去。一个理论是否适用于另一个不同的场合，必须先把那个特殊场合加以研究之后才可以判定。"的确，在公共行政与公共管理领域，事实上并不存在放之四海而皆准的行政准则。立足于对中国特殊行政生态的了解，以开放的思想对待国际的经验，通过比较、鉴别和有选择的吸收，来发展中国自己的公共行政与公共管理理论，并积极致力于实践，探索具有中国特色的公共行政体制与公共管理模式，是中国公共行政与公共管理学科发展的现实选择。

本译丛的组织策划工作始于 1999 年底，我们成立了由国内外数十位知名专家学者组成的编辑委员会。当年 10 月，美国公共行政学会时任会长，同时也是本译丛编委的马克·霍哲教授访问中国行政管理学会，两国学会签署了交流合作协议，其中一项协议就是美国公共行政与公共管理领域著作在中国的翻译出版。2001 年，中国行政管理学会时任会长郭济先生率团参加美国公共行政学会第 61 届年会，其间，两国学会签署了新的合作协议，并再次提及已经启动的美国公共行政与公共管理领域知名学者代表作品在中国的翻译出版。可以说，本译丛是中美两国行政管理（公共行政）学会与公共管理学术界的交流合作在新阶段的重要成果。

在译丛的组织策划和翻译出版过程中，中国人民大学政府管理与改革研究中心、国务院发展研究中心东方公共管理综合研究所给予了大力的支持和帮助。我国的一些留美学者和国内外有关方面的专家学者参与了外文原著的推荐工作。中国人民大学、北京大学、清华大学、中山大学、复旦大学、厦门大学、武汉大学等高校许多该领域的专家学者参与了本译丛的翻译工作。在此，谨向他们表示敬意和衷心的感谢。

"公共行政与公共管理经典译丛"编辑委员会

译者前言

人天生就是政治动物，因为人天生就是社会性的，有社会就必定要有管理和管理所赖以实施的政策、制度与机构，而政府就是这些政策、制度与机构的总代理。但是，政策该由谁来制定？制度该由谁来执行？机构该由谁来控制？这里面就存在着一个合法性问题。可以说，衡量一个政府是好是坏，首要的——尽管可能不是唯一的——就是要看它是合法的还是不合法的。然而，什么是合法性？或者说谁来确定这种合法性？我们也许会果断地回答说：人民意志——代表人民意志的就是合法的，否则就是不合法的。可是，人民意志又是什么？谁能够保证人民意志具有绝对的正确性？在哲学家看来，人民意志更多的时候更像是一个抽象的幻影，无法把捉；而在政治学家看来，人民意志就具体体现在政治的点金棒——宪法之中。可是，看看美国的宪法制定与批准过程，它不过是几个代表着某些集团利益的人以政治的辞藻、权谋甚至暴力强加给美国人民的一套政治理念，可今天很多人不还是常常把它看作是世界上最能体现人民利益和公民意志的民主宪法吗？看样子，哲学家的虚无主义和政治学家的自信都无助于真正地解决合法性问题。

但是，理论的游戏还得玩下去。20 世纪 80 年代，在后结构主义背景下出现的“话语”理论给我们思考所有的合法性问题，包括公共行政的合法性，提供了一个有力的方法论工具。根据这一理论，所有的文本，文学虚构、历史叙事、法律条文、身份表述、哲学写作甚至科学报告，都是社会地和历史地建构的，是各种文体规则和叙述元素的重新配置，是各种权力建制资源的再生产，是各种欲望和意识形态要素的重新编码，是各种意义的重复和增殖。理论真正地成了一种游戏，话语的游戏。在这个意义上说，公共行政的合法性问题就是一种话语，是我们对公共行政的一种谈论方式，是我们在一定的理论与社会语境中对公共行政的一种意识形态表达，但同时，这些谈论和表达又总是要把自己说成是客观的、科学的和中立的，以保证自己的纯洁性和普遍性。我们不妨把这称作一种神话学，它其实也是一个合法性问题，是一种使自身合法化的运作。反过来，对这种谈论方式和表达方式做历史化和语境化的运作，就构成为一种话语分析，一种解构公共行政神话学的策略。这就是我们现在读到的这本书《公共行政的合法性——一种话语分析》所要做的工作。

这的确是一部称得上具有后现代精神的公共行政学著作。作者的署名“麦克斯怀特”其实是两个人的化名，但正如作者所说，选择这种署名方式并非是哗众取宠，也不是为了搞恶作剧，而是出于一种严肃的考虑，即为了表明一种后现代的文本观和作者观。这种文本观和作者观就体现在法国后结构主义理论家米歇尔·福柯的论文《什么是作者?》中，福柯的提问暗示出：他不是要追问“谁”是作者，而是提出了是“什么”建构了作者这一问题。通过这种选择，他将写作活动客观化，使其从传统那种在作者身份内部确立个人中心转向了从外部在社会进程中确立个人的位置。根据福柯的分析，作者乃是一套产生创作活动的社会关系的结果。所以，任何给定的文本，仅仅代表或表达着它作为其产品的那种社会关系。就此而言，写作并不能传达某一给定的人想要表达的意义，也就是说，作者并不是传统意义上所谓的文本“创造者”，相反，是文本、文本的生产、文本生产的语境、文本的流通和阅读构建了作者。也正是基于这样一种观点，另一位法国后结构主义理论家罗兰·巴特更为直接地宣告说：“作者死了。”作者死了，被激活的乃是文本的开放性维度，是读者与文本的对话，或者更确切地说，是读者对文本的强力重写，是读者与文本的对抗性关系。

本书的主题是美国公共行政的理论话语，其所关注的焦点是公共行政的合法性问题，即公共行政在政府治理中的合法角色问题。在美国，围绕着合法性问题，形成了两种主要的公共行政话语：联邦主义和反联邦主义。它们分别对应着两种基本的社会意象：联邦主义公共行政话语代表着现代商业精神的、视行为主体为原子化的个体并以技术精英为中心的社会意象；反联邦主义公共行政话语则代表以合作和联系为基础的有机社会意象。政治与行政、精英与民众、个体与社群等则是构成这两种社会意象的结构性方面，同时也是构成美国公共行政有关合法性问题的理论话语的结构性方面。

这本书是有关美国公共行政的学术史，但与一般意义上的学术史不同的是，它不是对美国公共行政思想和理论历史的简单描述，而是以话语分析的方式对各个时期美国公共行政的思想和理论的形成机制的揭示，是对这些思想和理论围绕着合法性问题不断地相互重写、相互构建过程中的意识形态动机的解码。为了完成这一任务，作者在分析中总是首先从语境化的运作开始，通过对美国公共行政发展的各个历史时期的时代背景做一种不同于正统历史教科书的解构性重述，来揭示出合法性问题在各种理论话语中的变形。尤其是，通过这一分析，使我们看到，根本不存在什么科学的、客观的或绝对中立的学术话语，所有的理论表述都不过是某种意识形态愿望的投射，就连公共行政学科本身也不过是一种政治立场的伪装，是一种使自身和自身所代表的政治意识形态合法化的策略。美国公共行政理论话语中所不断宣扬的民主、平等、公正、理性等都只不过是一种政治伪饰，其背后隐藏的乃是各政治与经济利益集团的意识形态伎俩。所有的理论都必然地是被玷污的。

以这样一种方式来阅读这本书无疑是非客观的，但这也正是作者所鼓励的。因为我的这种中国化的阅读首先是基于中国本土的公共行政和政治哲学研究——如果我们认为我们有所谓的公共行政和政治哲学的话——或者更确切地说，是针对我们的研究中存在的本土经验的缺失。这只要看一下前些年流行的各种所谓自由主义、保守主义、社群主义话语，它们除了是理论家们的一种自娱游戏之外，有谁切入了真实的中国经验？有谁关注过中国公共空间和公共文化中的权力配置关系，关注过中国公共政策的制定与运作机制？所以在我对这本书的阅读中，更看重的是作者所显示的当代美国公共行政的精神——一种批判的公共意识，一种自省的学术立场，一种真诚的理论态度。

最后我要就这本书的翻译做一点说明。公共行政不是我的专业，也非我的学术兴趣所在。冒险地承接这个翻译任务主要是因为盛情难却，策划人刘晶女士认定我是这本书合适的翻译人选，这让我有点飘飘然。当然，这本书的后现代视角也是激发我翻译兴趣的一个关键因素。我一直有一个固执的偏见：任何以公共行政者角色出现的人，我认为他必定是非人化的。这包含有两层意思：就他是政策的执行者和实施者而言，他只是一个工具，一个好的公共行政者也许应尽可能地让自己成为这种非情感的工具，我们身边缺少的就是这种好工具；另一方面，就他是权力的运作者而言，他常常同时也是权力的异化者——比如打官腔就是其最典型的表征——我们身边这种非人化太多了。因此，看看在后现代的视角中，这种非人化的存在的合法性身份该是比较有意思的一件事。当然，这两点理由都不足以保证我作为这本书的翻译者身份的合法性，尽管在翻译过程中，我阅读了大量公共行政以及美国历史尤其是政治史方面的资料，但译文中的错误在所难免，尤其是因为时间的原因造成的行文生涩，可能会增加读者的阅读困难，唯愿能有机会补正。

吴　琼

谨以此书献给沃伦和琼·麦克斯万，
是他们教给了我一切；

谨以此书献给费立斯和奥林，
是他们教给了我一切。

前　言

非常重要的是，唯有从特殊角度研究这本书的读者才能够有 vii
所获益。读者应当记住的第一件事是主题：这本书是有关对话的——尤其是有关公共行政领域发生的理论对话的。本书的意图是要努力改变目前理论对话的性质，改变公共行政理论家谈论的**对象**以及他们相互谈论的**方式**。

基于这一意图，我面临着一个难题：写书其实是做一件矛盾的事，是一种违背我的意图的行为。之所以如此，是因为，首先，书要建立起我们现在在这一领域进行的理论对话。无论是做展开的论证还是提供研究性的描述，书通常都要尝试说服某人相信某个东西。它们会遇到不同程度的接受或反驳，但讨论常常依据的是说服的效果。而其潜在的效果往往会偏离书中的焦点，转向作者的能力问题，可一般来说，能力并不具有持久的重要性。因而，这一秘密的偏离是无目标的和解构性的，在目前这本书中，情形尤其如此。

书会产生的另一个效果就是使我们认为正确的东西看起来仿 viii
佛很容易改变。它会给人一种幻觉：人们为改变某个东西而不得不做的一切就是汇聚有说服力的论证，把它写成一本书。可尽管如此，很少有书能说服人相信某个东西。一般地，人们赞同某本书是因为他们已经倾向于认同它的观点，而反对某本书则是因为他们不想如此。在这一过程中，我们认作真理的东西会维持原样，而最为重要的是，我们总是相信**真理是存在的**——如果有人令人信服地说它就是这样！因此，改变得越多（书写得越多），保持同一的就越多。

就此而言，本书的意图是有问题的。许多主旨是历史的。我最初的意图是按传统方式写作这本书，整理历史材料，这些材料是如此之丰富，以至于没有一个人会不同意我的观点：(1) 这些历史材料之多远非我所能吸收消化；(2) 哪怕是展示我能够收集到的材料也没有足够的篇幅；(3) 在力图做出不容置疑的可信论断时，我其实是在违背我的初衷。

那么，本书是有关什么内容的？应如何看待它？本书属一套丛书中的一本。这套丛书力图展示公共行政领域的“新理论”，其中包括一些能引发“思考”的著作，因此对篇幅有所限制。尽管这一限制初看起来是令人沮丧的，但我最后发现它恰好符合我的意图。它使我可以告诉读者，我不能也没有强迫他们同意我的观点。相反，我在此陈述的只是论点的**样板**，其思考还不完备。尽管我尽我所能想把事做好，尽管我也确实尽我所能地陈述我的观点——如果你想和我就它进行对话的话，但它仍是不完备的和缺乏说服力的。我也知道我的观点是错误的。我怎么意识到这一点的？因为在我的经验中，所有的书都是错误的。我还从没有读到一本真正“正确”的书。因此这本书为什么该有所不同？

到此时，我在写的这本我知道错误的书究竟是什么？对这一问题的一种回答方式可参照弗吉尼亚州立大学公共行政理论家戴维·法默尔（David Farmer，1995）最近出版的优秀著作。他从后现代的否定性角度写道：所有的话语思路都可以说是坚持一种元理论的立场，因为从这一立场出发就可以陈述真理了。他的阅读既敏感又充满着快乐，他指出：(1) 所有的话语都是错误的；(2) 它们中有许多东西是有
ix 用的。这正是我希望这本书能提供给读者的东西：认真地读它，看看我是怎么犯错的，然后看看我所说的究竟有多大用处，这样，我们便可以就某些东西进行相互的对话。和戴维·法默尔一样，我也是这个意义上的后现代主义者。

最后的一点也是终极意义上的一点就是：这本书——正如书名所说的，是一种“话语分析”，是对由歪曲和谎言构成的意识形态的祛魅。作为一个相信根本不存在可进行这种祛魅的立场的后现代主义者，我怎么能假装去这么做？这个问题问得好，但它假定了话语分析只能揭示将自身表述为真理的理论实际上并不是真理——它在某个方面与“现实”是不一致的，因此只会误导我们所有的人。我不想从这个假设出发。我的意识形态观点来自这样一个思想学派，它认为意识形态不只是错误表达的集合，而且是一套可付诸有意识的实践的假设，它能够使既定的社会现实不停地复制自身，并凭借这样一个事实（即这些假设是被**无意识地**坚持的）获得这么做的力量。在这个意义上对意识形态祛魅，其实就是使这种假设浮出水面，通过使它们呈现在意识面前来解除它们的力量，并由此使复制现状变得困难甚至不可能。

这把我们带回到了本书的核心：改变公共行政领域的理论对话。目前结构这一对话的一个东西就是被无意识地坚持的一个假设，这个假设是人们总是有意识地只听某类人的言说（有智慧的和高尚的人）而不听其他人的言说。介入这种对话乃是不择手段图谋“应该倾听和相信的那个人”的立场的过程，也是避免被迫接受“因无话可说而不得不倾听的她”或“因开口即错而应该被忽视的他”的立场的过程。我渴望一种我们所有的人都能言说和倾听、我们所有的人都能就我们接下来该做什么进行商谈的对话。

致 谢

回想促成这本书的那些珍贵的人际关系是令人愉快和喜悦 x
的。这本书的第一稿大部分写于我们在荷兰莱顿大学做假期研究的时期。没有约翰·麦克斯万（John McSwain）在我们长期离家期间帮助我们料理家务方面提供的个人支持，就不可能有这次外出休假。我们真诚地感谢他的帮助。我们还要感谢乔治·华盛顿大学和弗吉尼亚科技大学给我们提供休假机会，使我们的休假年能够在莱顿教书和在欧洲其他地方小住。我们在莱顿的同事热情好客，为我们提供了开放的和令人鼓舞的语境。这是一段充满快乐的时光，是我们取得巨大提高的时期。

本书的论证非异端莫属，因而不能在学术语境中来理解。我们在公共行政系和公共行政与公共政策中心的同事在学术上和情感上都全心全意地不仅接受和支持我们以及我们的工作，而且通过不断地对话鼓励和帮助我们形成书中的观点。在我们看来，我 xi
们与他们的关系是有效话语在高度多样的语境中也有可能的活生生的证明。

同样，在这些德高望重的人中间，我们还要感谢总编巴德·卡斯（Bud Kass），是他的远见卓识和知识视野看到了我们交给他的书稿中的观点的潜力。他的反馈意见和持续的鼓励使我们能坚持这么长的时间把书稿完成。他当然是编辑体现公共行政领域“新理论”的丛书的最恰当人选。

我们还要把我们深深的感谢献给我们的学术“大家庭”——公共行政理论网络的会员。他们以最宝贵的大家庭传统给予我们支持、关爱，还有各种各样的赞同和争论。我们想以这本书向网络的会员表示我们的敬意，是我们仍在进行的对话促成了这本书的问世。

我们参加了乔治·华盛顿大学英语系举办的拉康–齐泽克作品研讨会和弗吉尼亚科技大学公共行政与公共政策中心仍在继续的人类主体性研讨班，我们在这里获得了许多学术的支持、激励和启示。这两个研讨会的讨论［尤其是同珍妮特·卡明斯（Janet Cummings）和艾伦·琼斯（Allan Jones）的讨论］都触及了本书最后也是最重要的一章涉及的问题的核心。

在涉及研究过程的复杂细节时，我们从优秀的、训练有素的助手那里也获益匪浅。塔梅拉·格里芬（Tamela Griffin）、塔米·霍尔（Tammy Hall）、莫尼卡·苏亚雷斯（Monika Suarez）和苏珊娜·佩恩（Suzanne Payne）作为研究助手给我们提供了许多帮助。

拉里·柯卡特（Larry Kirkhart）、弗兰·埃默里（Fran Emory）、埃德·巴纳斯（Ed Banas）和加里·马歇尔（Gary Marshall）阅读过部分手稿。他们富有启示的评论和有洞察力的反馈在完善最后的论证时给我们提供了直接的帮助。知道拉里的著作且意识到我们与他的长期关系的读者将可以看到他对这本书的观点的影响。我们在欧洲工作时，弗兰和埃德还给我们提供了一台电脑。

贝亚德·卡特伦（Bayard Catron）和迈克尔·哈蒙（Michael Harmon）通读了全稿，我们和他俩多次在一起就总体与细节进行过讨论。然而，这些讨论只是我们与这两位同事还在继续的个人学术联系的一种延伸。我们各自的兴趣、学术风格和视角间的差异是很明显的，但同时，要发现我们之中某一方的终点和另一方的起点
xii 在哪里，常常也是相当困难的。我们与他们的关系是相互协作，因而，若因为他们帮助完善了这本书而感谢他们完全是多此一举。

说到完善的问题，不提及我们直接的责任编辑卡米拉·斯蒂弗斯（Camilla Stivers）给予书稿的贡献是万万不可的。我们对卡米的学识怀有最高的敬意，她对书稿做了两次认真的阅读和编辑，不仅令人放心，而且令人满意。她在文体和编辑上的帮助是无法估量的，我们同她就书稿内容的实质性讨论不仅使我们的论证明显地更加生动，而且使我们的阐述在许多方面更加强了论证的分量。

在给论文最后的定型和印成书稿这一更细心的日常的枯燥工作中，我们不能不感谢公共行政与公共政策中心的特蕾西·史密斯·霍尔（Tracy Smith Hall）。作为人类主体性研讨班的成员，她不仅给了我们学术上的启发和支持，而且还阅读了书稿的部分章节，并提供了有价值的反馈意见。另外，从另一个层面说，她以其令人惊讶的电脑技能完成了上百个令人生畏的细节工作，使定稿得以最后完成。

尽管如此，最后，我们还是要向“麦克斯怀特”表示我们最深的谢意，他毕竟是完成这本书的人。

奥林·怀特

辛西娅·麦克斯万

目　录

第 *1* 章

合法性问题与学术话语

我不知道我们中是谁写下了这一页。 1

——乔格·路易斯·博格斯

(Jorge Luis Borges)

在某些心理康复人士看来，我们中的绝大多数，可能多达 98%的人，都是在不和谐的家庭中长大的。

——贝丽尔·利夫·本德利

(Beryl Lieff Benderly)

本书的缘起颇为特殊。1991 年，在公共行政理论网络年会上，我提交了一篇题为《符号学的认知方法与公共行政管理》(White，1991) 的论文。该论文是作为上届年会对话的产物而专为这次会议的特定论题而作的。会议讨论期间，与会者一致认为，我们的话语受到了哲学约定（在绝大多数情况下，是认识论的约定）的歪曲和纠缠。这些约定构成了我们的各种学术立场的基础，它们尽管在争论中居于核心地位，但本身仍然是隐含的、 2
尚未展开的和未被讨论的。

出于提高公共行政领域理论对话的质量的考虑，网络决定下次年会就这些哲学约定专门进行讨论。为了不致使人们对挑起认识论的争论产生普遍的悲观态度，1991 年年会的组织者选择了一个更为一般性的题目："公共行政中的认知方法"。其意图是想设立一个论坛，使那些对这一问题有兴趣的人能够从细处入手去建立一些基本的假设，以作为他们理解我们在这一领域争吵不休的理论问题的方法论基础，而其他的理论同人则可以在下面倾听。这样做是想培养出一种共识，使同人间能够在此基础上做更进一步的对话。我记得当时我是带着一种少有的、明显乐观的心情离开筹备会的，我感到，理论界将要实现一次学术上的大飞跃。我想，下届年会也许能开创出一个具有连贯一致性的对话氛围，其标志就是人们能够理解和承认他人的立场。我期待着这一天的到来，因为我觉得，在我的学术生涯中还从没有经历过这样的、在一定基础上的对话。

可是，其后的年会并没有兑现这一过高的期许。许多向大会提交论文的人完全无视会议主题。尽管在试图讨论某一统一主题的学术会议上，这种情况并不鲜见，但这一次，我还是感到十分的失望。不过，此次会议最大的失败还在于针对那些大致符合大会主旨的论文的对话的结构。与会者根本没有倾听有关认知视角的各种观点，如认知是如何“寓于”视角之中的（Buscemi，1978），亦即认知是如何学会从视角的内部去观察世界的，而是寻求把视角定型为一些人所熟知的范畴，这样，他们就能够找到一个基础去赞成或反对这些视角。这次年会几乎没有探讨方法的问题，对基础性的假设也很少做中立的思考。由于与会学者几乎没有提出基础性的假设来支持他们的观点，而我认为承认这一点是如此之重要，所以，我感到一次宝贵
3 的机会不知不觉中正与我们失之交臂。讨论还是没有脱除那乏味的老一套，在整整三四年间我参加的各种有关政治科学和公共行政管理的学术会议中，已经对此见怪不怪了。

会议为非正式的与会者专门安排了午餐会，以便大家在一起就餐的同时能就会议议程更随意地进行交流。当我与一帮认识和不认识的人坐在餐桌边时，那种挫败感和沮丧失望之情油然而生。我说道：

> 这种讨论该如何继续下去，简直令人难以置信！同样的陈旧话题一再重复出现！对同样的问题做同样的对话，这类东西我在过去三四年间参加的各种公共行政管理和政治科学的会议上已经听了一遍又一遍。如果我们同属一个家族，人们定会说我们有机能障碍，应当去看心理医生！

一段长时间的沉默之后，我同桌的一位同人说：“但恰恰是这些话题把我们聚集到了一起。”回过头一想，事实确实如此，我们真的像是一个有机能障碍的家族，我们因为自身的这些问题而聚集在一起。也正是这种相互交流，引发了一连串的精神事件和对话，而其最后的成果就是这本书的写作。

这次会议的经历使我进行了长时间的反省。会议结束不久，我便意识到围绕那些论文的对话其实相当正常，只不过我对此的评价过于激烈。实际上，根据我参加学术会议的一般经验，这次会议还算是举办得相当成功的。为什么我要对它抱有不同的期许和要求呢？尤其是，为什么我会因为它没有达到我的期望而产生如此强烈的反应呢？我发现自己又回到了在我的学术生涯中常常出现的那种情绪，一种对知识分子的人际关系不满的情绪，我认为，这种关系是大学里大多数同事关系的一般特征，而并非我们公共行政和政治科学领域所独有。

我在年轻时的志向并不是想成为学者，并且和大多数人一样，我实际上并不了

解学术生活是或可能是什么样。大学毕业后，我从事过各种工作，最后才落脚于一家政治科学方面的研究所，并开始扮演我的研究生角色。在我的研究生生涯行将结束的时候，有一次，我的论文指导教师偶然地论及大学教师的作用时说，支付给大学教师薪水是为了让他们提供一种“在社会的其他地方无法通行的特殊对话”，这 4
番话驱除了我的天真和幼稚，使我产生了一种目标感，至少在一开始是这样。当我问及这种对话的特殊性是什么时，我的导师回答说：“它不过是为了对话而对话。”我装作理解了他的意思，而事实上至今我还在思考他的这句话。当我反思我在那次理论会议上对对话的反应时，我意识到，作为一名大学教授，我最初所经历的那种失望正是学术话语的特征造成的。

有极少的几次我意识到，我已经加入了有学术背景的对话，这些对话所显示的远不只是最低限度的为对话而对话。更为典型的是，我们听到的许多尚未展开的假设就存在于修辞的控制甚至公开的偏见之中。这并不是说同人们没有足够的智力或学术背景去进行有自我意识的对话。实际上，真实的情况正好相反。在大多数情况下，与我共事的大学教授们都有着超人的智慧和一流的教育背景。那么，为什么我在学术对话中的经历如此令人失望？对此我没有明确的答案，但我已经开始领悟到，这绝非是学者自身的个人品质的问题。

关于社会过程的分析有一个古老的公理：如果社会系统中存在一个模式，哪怕是一个有问题的模式，它也会起到某种明显的、潜在的或不良的作用（Merton，1949；Parsons，1949）。例如，贫困之所以继续存在，是因为它在增强社会系统的存活能力方面的好处超过了它所造成的损害（Gans，1971）。尽管这种解释模式已为人们所淡忘（Black，1961），但当我反思学术对话的问题时，我还是一再将其视为对我所遇见的话语类型的合理解释。我不知道富有洞见的局外人会对我所经历的学术对话做何解释。当然，一个在心理治疗方面有想法的观察者会把这种对话看作维持发生该对话的社会系统均衡的一种方法（Friedman，1985）。就如同不和谐的家庭，令人痛苦的相互作用模式是安全可靠的，因为它们是人们所熟悉的和可预期的。它们使家庭成员可以避免甚至由积极的变化所带来的痛苦和不确定性（Berne，1961）。

这可能是我的同事在回答那把我们聚集在一起的一系列老生常谈的、未被解决的问题时的意思所在。尽管如此，这一观点还是没有回答为什么这种对话，尤其是 5
有机能障碍的、毫无建设意义的学术对话，会被大多数公众所支持。换句话说，那种封闭的、狭隘的、静态的典型学术话语，在维持社会系统方面发挥着什么功能？学术机构已经享有一种足够高水准的、稳定的支持，因此必须提出这样的问题：为什么？

考虑到这个问题包含有某个更为深刻的东西——对话的内容，我们会发现通常对这个问题的回答都不够充分。实际上，至少在大学文科中教授的内容常常会受到大众文化的挑战（Bloom，1987）。如果仅仅以内容对学术进行评判，恐怕我们可能早就已经陷入泥沼而退出学术舞台了。由此，我产生了这样一种认识：对话本身的本质——与那位老教授的观念相反，我在此所说的是对话的非反思性和无意识的本质，应当承担起比官方的知识建构和知识传播更为广泛的社会目的。我很清楚，学术话语通常还包括对那些标准的、被充分认可的问题进行冗长的、重复的讨论，这些问题乃是由那些相同的和熟悉的老面孔所建构的，而正是这些老面孔激发了我在1991年的年会上对每个定期出席学术会议的人都习以为常的东西的反思。

尽管如此，下面的这样一个思路对于我还是具有诱惑力，它宣称所有表征现状的社会进程都不过是要维护那些占统治地位并享有特权的人们的利益。这种思维方式作为一种政治修辞的工具是迷人的；它具有某种强制色彩的真实有效性，它在话语中能激发最大限度的狂热，而这种狂热又会直接导致政治激进主义。不过最后，我发现，这种论点并不能让人满意。我不能确信：单凭自私或者单纯的贪婪，甚或是在某种程度上会导致对物品、肉体满足、他人尊重进行垄断的那种贪婪，能否提供足够的意识形态力量和敏感，以生产人们在世界中所看到的那种无所不在的整合性的压抑模式。在我看来，贪婪只能生产一种中世纪的社会组织模式，一种非中心化的垄断。如果特定人群的个人动机仅仅是追求满足，那么，有了贪婪就够了。因而，必定有比贪婪更为广泛和隐晦的意图在发挥作用，生产出我在人生经历的细小角落看到的那种普泛性的模式，正是这一意图结构了相对而言秘传的和孤立的学术圈相互言谈时的对话。那么，这一隐晦的意图究竟是什么？这种支撑我们学术性的
6 社会组织及其进程的模式本身的深层基准究竟是什么？

我的结论是，根本的东西在于心灵的样式、意识模式和表征人类经验的建构方式。我的反思使我将这种意识看作是最后的政治筹码或政治利益，所有其他的意识都源自于此。这不是贪婪本身，而是某一给定的贪婪**模式**，一种以心灵装置的形式出现的贪婪模式。由于贪婪是由规定它的身体本能所激发的，因而，它只能生产出一种社会组织来反映满足某一既定的个人或精英阶层的本能冲动的必要性。然而，意识又**规定着**这些本能，意识作为一种政治利益能够创造出完全超越于任何团体——甚至一个相当大的团体——基于本能的贪婪的社会系统。意识的“需求”是对**总体性**的需求，是对超验的完整性的需求，这种完整性将否定所有的特例甚至特例的可能性。以贪婪为基础的社会系统只能导致极权主义，而迎合某一意识模式的筹码的社会系统所需要的也只是极权主义。对这一规定社会系统的模式的任何偏离都是对系统的同质性的威胁。根据这一点，特定本能的满足乃是偶然的和从属的方面。

理论会议上的对话让我烦恼的是，如此老套的话题竟被以如此老套的方式讨论了多年，并以如此老套的立场被传播并误传，所有的人或者是没有意识到所发生的这一切，或者是完全接受它，把它看作我们的话语所具有的唯一的可能性——如同在所有功能不良的团体、工作小组或家庭所发生的那样。我们想创造的正是会议的“感觉特质”和对话的情感氛围，然而，它们也正是造成本人痛苦的根源。正如我刚刚已经指出的，如果会议上的话语是出于维护社会组织和社会过程的某一特殊模式甚至功能不良的模式的隐晦目的，那么显然，这一目的的达成也需要对话的参与者对他们自己以及对方采取某种存在主义的态度。对我而言，与会议相伴随的这一姿态和情感氛围的特征实质上是通过下面这一点获得的，即**承认我们对无法解决的**

问题具有恒久的意识，并甘愿与这一无法解决的问题意识所产生的不可避免的人际矛盾共存共处。

正是这一认识把我的注意力直接引回到了我在公共行政方面的经历。记得我在得克萨斯大学开始研究生生涯，主要与行政系的埃米特·雷德福（Emmette Redford）一起从事研究的时候，我发现，政治科学在行为研究方面存在着分歧。当我 7
在印第安纳大学继续政治学的研究生学习时，我对这种分歧的意识更为强烈了，在那里，与我共事的是查尔斯·海尼曼（Charles Hyneman），他是雷德福的同龄人，不过其政治立场与雷德福正好相反，并且他支持新“经验主义”的行为研究。进而，在北卡罗来纳大学教会山分校继续我的研究生学业时，我发现，同样的分歧也存在于公共行政专业与它所归属的政治学系之间。我在理论会议上感觉到的痛苦让我想起了在这些研究生课程中困扰着大家的对话的分歧。

我越来越认识到，公共行政作为研究与实践的领域，应该怎样深刻地体现出一种集体的意识模式所创造的、更广泛的社会意识问题和社会组织及其进程的形式。埃米特·雷德福提出过一种观点，认为由负责任的官员实施有效的控制——行政管理是其中必不可少的和合法的部分——是社会生活和社会良性运作非常重要的部分。美国政治保守主义者查尔斯·海尼曼反对这种观点。他对政府的强制行为是否有效和真正负责提出了深刻而全面的质疑。他对雷德福确信政府能够确立一个基线标准以确定和保护一般福利这一点不以为然。海尼曼在引述雷德福的话和讨论他的观点时，总是以极度嘲讽的语气提到**标准**这个词。他对政治研究中新经验主义方法的偏爱乃是基于他的保守主义的政治理论。他认为，对政府效能的自由主义的信任是由一套连锁的神话维系和保护着的，这套神话总是错误地描述社会、经济和政治建制的运作方式，而通过对“事情到底如何运作”做经验主义的研究就可以戳穿上述神话。

雷德福及其所代表的更传统的学派反驳说，“经验主义”的研究方法实际上根本不是完全的经验主义。雷德福在政府中的直接经验使他确信，政府领域过于复杂，凭其所见的在行为科学中出现的抽象的经验主义的有限技术，很难将其厘定清楚（Mills，1959）。对这一现实世界的复杂性唯一合适的回应就是遵从它，这要求人们在理解其复杂性时最大限度地接受它（Stein，1952b）。雷德福认为，在最大限度地理解政府的复杂性之前，只能以神话的形式采取这一谦恭的和实验的姿态。这 8
些神话形式毕竟已经获得了神话的地位，因为它们代表着某些根本的真理，尽管海尼曼想要反驳这一点（White & McSwain，1990）。

之所以讲到这些，是为了表达出我正在讨论的“对话的烦恼”的某些根源。随着我的研究生学习经历带给我的进步，我明显感到，我的研究生同学和我认为适合于我们的研究方法的主要意义源泉正是我们的教授与这一领域的其他学者之间的分歧。人们相互驳难，进而摆出防卫的姿态并以此攻击对方，这一事实似乎更加确认了我们只是学生。它给了我们一种感觉：在我们所研究的那些完全枯燥、没有生气的材料中，有些东西是值得关注的，人们应当赋予它一定的意义。从某种意义来说，我们这些研究生已经被社会化，因而知道冲突与意义是等值的。从人人都希望获得“学术身份”的意义来说，我们似乎必须加入学术争端的这一方或那另一方，并最终成为某门某派的一分子。

我也希望得到一种身份认同，但我发现自己卷入了大量的紧张关系，因为围绕着某一理论，你必须持有一种立场，而这一立场必然意味着要拥护某一些人而排除另一些人。尽管在当时我并没有意识到这一点，但我所经历的紧张却是源于下面的事实，即我的基本立场以及我对研究生身份的意识都是人道主义的。人道主义的根本问题一直都是想找到一种不至于产生导致接纳和拒斥这一令人反感的区别的研究方法。

在我逐步地解决了自己的学术定位问题之后，我在导师之间和同学之间发现的争端的基本性质变得更加清晰了。尽管就人们是在许多不同的和相互关联的层面上表达争端这个意义上说，争端本身是极其复杂的，但究其根本，争端主要地还是围绕着下列的问题，即合作在社会生活中是不是人们所渴望的或者说是否可能；与此相关，人类关系中不可避免的竞争是否就意味着必须建立一个以精英为首的自上而下的控制。我意识到，正是这一问题构成了我在宣布学术立场时的矛盾心理的基础。

当我在北卡罗来纳大学继续我的研究生学习时，我感觉这种痛苦有增无减。那里的争端就具体体现在院系的教师之间，特别是美国政治学专家与公共行政专家之
9 间的关系中。在我看来，作为美国一般政治科学领域楷模的美洲文化研究者是以下面的世界观为研究起点的：他们把竞争视为人类本质和社会过程的核心。政治游戏——围绕着结果而形成的输赢、紧张关系和情节剧——似乎吸引了他们的注意力，构建了他们的意义世界。另外，公共行政专家们似乎总想在尘世间日复一日的政治事务中找寻意义，他们所关注的不是政治的输赢，而是与政府行为的后果相关联的问题——如政府有没有为社会福利做什么贡献。

在美洲文化研究者和公共行政学者这两派的关系中，最令人不可思议的方面，是前者并不把公共行政视为政治系真正合法的专业。一度，我曾获得了一种介乎二者之间又同时受二者赏识的地位。美洲文化研究者公开表示了他们对公共行政的蔑视，有时候，他们甚至希望这个专业会消失。这种态度似乎是根植于这样一种认识，即政治科学的世界观是一种主导的世界观。它是“讲究实际的和现实主义的”，任何“有头脑的知识分子”都曾公开地将竞争视为社会过程的本质。而公共行政的基于合作的世界观是愚蠢的、古怪的，缺乏学术的严密性和可信度。

通过反思我的这一段生命历程，我发现了某些有趣的东西。我认识到，当我参加根据特殊的学术兴趣组织起来的各种政治科学的读书/讨论小组时，在这种对话中产生的苦恼与我后来在公共行政的理论会议上所经历的痛苦非常相近。其不同只在于：理论会议的对话所关注的是理解不同的认知方式的问题；而美洲文化研究者的话语却相当牢固地建立在一种常规的认知方式上，这种方式可以被确切地称为“实证主义的行为主义”。除却这点，美洲文化研究者们的讨论并没有解决什么，他们的特征主要是提出并捍卫其学术立场。这一点看起来像是在制造反对意见，是把所有的知识诉求——不论说的是什么——都付诸怀疑，并由此使之成为一种推测。其中最让人惊奇的是，某一特殊团体内部共有的认知方式，就是把获得非推测性的

真理的可能性作为主要的理想。人们从这种团体的成员身上总能找到一种同志般的情谊，它就源于那一共享的理想，可自相矛盾的是，它的意义又取决于某种根本的和强烈的不和谐，后者来自一个具有同等合法性的信念，即任何迈向真理实现的步骤都须被拒斥。

尽管如此，我在理论会议上所目睹的分歧并不刚好就是这种类型。理论小组中 10
的争端更为私人化，从较深的程度上说，它在公共行政领域更特殊一些。这是一种焦虑，是萨特所说的存在主义的焦虑或莱恩（Laing，1960，1967）所说的本体论的不安全感。作为所有这些讨论的基础的问题似乎是："我们的立场是什么"和"我们该怎样去适应美国民主政治的格局"。在我看来，公共行政的理论家们在其断裂的话语中似乎是想对整个领域中的身份认同和角色问题表现出基本的关注。在其对行动和选择领域共有但却受到困扰的关注中，他们自己所受的深深的痛苦揭示了一个中心问题，即对合作的社会过程的关注是否有可能作为一种学术行当的基础。

正是通过这种反思，我开始在更广泛的意义上来看待公共行政的学术问题，即其本身与其说像是一个功能不良的系统，不如说是一个更大的功能不良系统中"被确诊的病人"，这不仅包括它的父辈学科政治科学，而且包括一般的社会科学以及管理科学本身。在那些理论系统中，那个在展示其破坏行为的意义上说有问题的人，所展示或呈现的不过是整个系统的症候。尽管治疗是从这个被确诊的病人开始，但治疗的目标却在整个系统，因为这才是问题的根源所在（Bowen，1978；Friedman，1985；Gilmore，1982；Guerin，1976；Hinschorn & Gilmore，1980；Kahn，1979；Schaef，1988）。

在何种意义上可以以这种方式看待这一情形呢？公共行政是如何呈现它的症候和行为方式的？又是如何成为破坏性的或自我破坏的力量的？作为在这一领域从事学术理论研究却又把它与大量的公共事务机构的咨询性工作结合在一起的人员，我在头脑中有一个相当明确的答案。在我看来，公共行政作为一个学术领域，其最为令人惊奇的方面之一，就是历史上该领域的官方领导层对这一领域的顺应程度。在诸如《公共行政评论》这样的重要刊物上，只有相对少量的文章对公共行政持正面的评价，甚至在它受到连续的、无情的、程度高低不一的批评时为它辩护。不论风行一时的变化是什么，公共行政都只有接受并试图适应。裁员是新的体制吗？那么，让我们为裁员发明一种新的管理技巧。公务员的工作待遇和报酬不必要那么高 11
是问题吗？好，我们削减它们。需要对预算和人事做更严格、更有力的控制与评估吗？我们当然会为你执行这些措施或者采取新的举措。

没有反击的防卫事实上已不复存在了。公众所关注的，是变化的连锁反应、公共行政机构的积极作用和成就、公共组织运作的限制，以及更为广泛的、促使我们对公共机构进行毫无建设性的责难的社会文化模式——所有这些因素大多数还没有被揭示出来。在我看来，颇具讽刺意味的是，公共行政的理论家们本应是进行严密的理论反击的有生力量，却在对此领域的攻击的回应中常常成为最保守和最拘谨的分子。

这种消极状态的一个显著例外是拉里·莱恩和詹姆斯·沃尔夫（Larry Lane &

James Wolf）的著作《公共部门的人力资源危机》（*The Human Resource Crisis in the Public Sector*，1990）、查尔斯·古德塞尔（Chares Goodsell）的《行政管理案例》（*The Case for Bureaucracy*，1994）和所谓《黑堡宣言》团体（Wamsley et al.，1990）的其他著作。总之，尽管如此，公共行政对来自政治领域的攻击的回应仍显得迟钝无力。对于这一领域与政治科学各分支的关系的回应也是如此。大多数公共行政学家似乎总是无视他们的二流学术地位，并由此回避提出上面的整个问题。即便有人提出，也只有极少数的人追随德怀特·沃尔多（Dwight Waldo，1971），直接面对那一问题（Henry，1987）。

这一消极状态反映了这样一个事实，即公共行政领域从未有效地处理过行政该如何适应美国民主政府体制这一根本问题。当然，政治科学也没能以合适的形式解决这一问题——就是说，它也没能为美国政治体制提出一个积极有效的治理理论。政治科学默认的立场一直是采用所谓的经验主义模式来分析政治事件，并由此任由自己简单地描述体制的运作。一个家庭如果缺乏可把自身看作一套稳固的关系系统的稳定感，这一情感矛盾就会在问题儿童的身上有所体现，他就会在家庭系统内部给自己找到一个角色，以表达困扰他的那一明显的心理矛盾；与此相类似，在这时，公共行政也会体现和表达出有关其身份的政治科学的情感矛盾。由于政治科学的问题就在于无法确定它在强硬的、严厉的和“不正规的”形式中究竟能走多远，
12 公共行政于是采取了一种补偿性的相反姿态，但它的方法是“软弱的”，它在确定和实现自己在政府运作的实际过程中的角色方面是消极的。正如公共行政是政治科学的学科体系中正在患病的病人一样，政治科学也是美国政治体系中正在患病的病人，更广泛地说，是美国社会中正在患病的病人。由于美国人自己在看待政府在公共事务中扮演何种积极角色方面存在分歧和情感矛盾，因而，他们通过自己提供的支持模式提出了一种表述该问题的政治科学。由于美国社会的问题就在于该在多大程度上强调商业过程和竞争中的个人主义——其人际关系和社会的原则就是建立在这些东西之上的，因而，我们提出了一种只对竞选过程中的竞争感兴趣的政治科学。就连对各种制度的研究都是从制度能如何影响竞选过程这一角度进行的。我们拥有一种政治科学，它过多地将精力放在政治竞选上，从而加剧了选举这一完全是短暂的因而毫无意义的传奇剧的传奇色彩。

政治科学的这一角色就类似于好冲动的青少年所扮演的角色，他们只会使他或她的父母的冲突——根源于他们紧张的、混乱的关系，得以激化、仪式化和最终淡化。稳定是获得了，但却要付出代价：基本的问题并未解决，基本的人际关系也未有改善。导致这一普遍的动态过程（在构成正式组织以及家庭的关系系统中可以发现这一动态过程）的东西正是这样一个事实，即这些组织的成员更喜欢尽管痛苦和令人烦恼但却可以预见的传奇剧，而不喜欢面对模棱两可和情感矛盾时那可怕的不确定性，以及与获取有效关系相伴随的冲突（Friedman，1985）。

在此，我们领会到了“宏观总是存在于微观之中”这一格言所包含的真理：理论会议上针对不可解决的问题所进行的对话，以及对为此而进行的持续的、令人不快的争论的接受，包含了政治科学中的公共行政的地位问题，进而也包含了美国社

会中政治科学的地位问题，进而还有美国宪法中美国社会的地位问题。我们体验着这一痛苦，却没有致力于更多地认识产生这一痛苦的动态关系的机制。

本书的目标就是要揭示引起我们的公共行政与政策话语持久变形的关系争端。
我所关注的是能体现这些关系争端的问题，以及涵盖了所有特殊的理论难题的问 13
题，亦即民主治理中行政角色的**合法性问题**。正是这一问题，这一“民主政治中的官僚制”问题，简要地界定出了美国对于自身的矛盾心理以及由这种矛盾心理所导致的政府管理中的优柔寡断和不协调性。我希望能说明，通过找到一条将行政看作美国政府的合法部分的途径，我们能够（实际上是必须）同时把彼此看作是合法的，也就是说，把彼此看作是相互关心、相互理解的国家共同体中的伙伴。从根本上说，官僚制的问题不过是我们该如何共处以及我们在为国家的前途命运工作的时候该在多大程度上依赖于合作手段这样一些实际的问题。

1.1　关于话语分析以及本书的概要

综上所述，本书要讨论的主题是公共行政的理论话语；它关注的焦点是公共行政作为民主治理的一部分的合法性问题；它的目的是要帮助加强这种对话的自我意识——或者更确切地说，是要帮助加强进行对话的人们的自我意识。围绕着公共行政合法性问题的变形的话语模式自有其深刻的内蕴。它动摇了我们针对下列基本问题彼此对抗的集体能力。这些基本问题是：我们希望如何共处，以及我们视之为社群的活生生的关系网在这种共处中能够扮演什么样的角色。我们的关系本身就是由我们的话语建构的，如同我们的主体性一样。这里存在着许多性命攸关的方面。

主体性这个概念时下十分风行。实际上，它有可能是当下各种后现代主义话语的中心话题（Rosenau，1992）。我认为这是一个十分重要的事实。因为关于人类主体的本质的问题从未以现在的方式被提到这样的高度。在过去，有关“人类本质”的话语关心的是对被称之为“有”的东西或者说以某一现实的、当下的方式存在着的东西给出准确的定义。相反，在后现代主义的话语中，所关心的是重新定位或发现已经被去中心化、被离弃或被隔离在牢狱中的东西（主体）（Foucault，1970，1979；Lacan，1977，1978）。这是一次机会。这一新的关注使得话语能够不以当下
占主导地位的经济术语重构我们的问题，并因此而摆脱人是自私的还是利他主义的 14
这一琐碎的、同义反复的问题以及与这一问题相伴随的社会控制的必然性之谜的羁绊。这样做，我们可以避免大量无用的政治和情绪包袱以及由此而产生的争论的“纷扰”。

我之所以提及这一点，是因为我已经说过，在此分析的焦点根本上就是意识的问题，在那里，意识模式将在某一终极的意义上被看作是一个“赌注”。我想要说明的是，这一意识不会采取常规意义上的“政治利益”的形式，因为在这种形式中，争端的一方总想剥削或统治另一方。相反，意识是在任何给定的历史时刻的所有人所共享的一个赌注，围绕着它的斗争是一种意识模式颠覆或取代另一种意识模

式的斗争，并且是以一种能反映自身的意识方式。换句话说，这里涉及的是各种意识模式所允许的意义和自我感的问题。这一点可再次以家庭系统的例子轻易地做出说明。每个家庭系统都是围绕着一个稳定或平衡的模式组织起来的，其中的每个成员各有其位置、身份和规定的行为模式，这些东西一起构成了这一系统的“生活意义”。某一特定的家庭有可能因为极端的压迫模式、统治模式或虐待模式而出现功能完全失调的特征；然而，这并不意味着统治者的境况就比别人更好，因此应当更为公正和平等地看待一切。我们当然应当更为公正和平等地看待一切，但这不是因为某些成员的境况比别人更好。相反，在某种意义上，最有可能所有的家庭成员都在同等地遭受着不幸；而在另一种意义上，他们有可能是在同等地享受着“幸福”。这就是家庭体系——以及所有的人类体系的现状很难以改变的原因，另外，这也是经济学理论用以解释人类动机和人类行为的简单化的快感/痛苦的计算方式到目前为止仍然于事无补的原因（Rhoads，1985）。

因此，尽管通常的分析人类关系的方式是想确定谁是“好人”和谁是“坏人”，但我们在此需要另一种研究方式。在这一分析中，好人与坏人并不是“外在的”，而是“内在的”，是在我们每个人之中的。这一分析所要讨论的是对意识的改造，这一改造将能产生一种新的和不同的主体性观念。如何进入这种方法正是公共行政话语所要研究的，因为它将反思一种使人变得自我中心、个人主义和热衷于相互倾轧的意识模式。它所提供的另一个选择是针对关系或者说相互礼让的人际关系的话语。可以断言，一旦对我们的话语和制度的这种重构得以完成，合法性的问题将会消失。

在建构这一分析时，我首先要对赫尔曼·芬纳（Herman Finer，1940）与卡尔·弗里德里克（Carl Friedrich，1940）就民主政府中政治部门与行政部门间的恰当关系的问题发生的著名争论进行描述并加以批判性的评论。芬纳与弗里德里克之间的对话在公共行政领域内被普遍认为对民主政治系统中行政制度的合法性提出了一个具有“范式建构”意义的话语。这场争论的方方面面暴露了问题的基本轮廓，显示了争论双方的意图。我的分析将从不同的角度切入争论，我认为，其最为有趣的地方不在于双方立场的不同，而在于他们间的相似性。在我看来，双方都以一组普通的假设作为基础，且怀有共同的目的。结果，争论产生了一个奇怪的相反效果，因为它以一种使其无法解决的方式构建了公共行政的合法性问题——由此而在某种意义上使问题“建制化”，使其成为理论对话的构成部分。反过来，争论又为某种精英统治模式提供了隐蔽的合法性。我把这一模式称为“理性的人”的治理理论。换句话说，合法性问题的持久存在使得我们仿佛必须把统治权托付给令人崇敬的精英们，因为他们的行为有“客观的”经验和“原则化的”道德关怀作为基础。在第 2 章，我将说明这一理论手法的运作过程。我希望读者能留意前面提出的告诫：尽管我看起来是针对某一特殊的群体，亦即理性的人，但他们并非通常意义上的坏人。他们之所以存在着，仅仅是因为我们全都感觉到——这是我们讨论治理中的合法性问题的方式的结果，我们需要他们且必须遵从他们。我们并不是理性的人本身的受害者，而是我们对自己的话语缺乏认识因而陷入对他们的依赖的受害者。

通过讨论弗里德里克与芬纳的争论，我“建构”了本书的主题。在接下来的四章中，我将展开分析的主体部分，意在说明合法性问题是如何随着时间而发展并被建制化的。在第 3 章，我将首先讨论反联邦主义者的治理理论，他们的政治方案与 16
现行宪法中的政治方案是对立的。我在此要阐述的主题有许多方面。其中之一是：这个建国时代的争论的标准阐释——在我们还是小学生的时候就以典型的方式传授给了我们——扭曲了美国当时的政府处境，同时也歪曲了使两派分裂的争端。我的主题是：反联邦主义者持有一套有效而连贯的治理理论，这种理论把政府形象地描述为一个完整的整体和“贴近人民”的东西；这种理论如果实施起来，本可以消除芬纳和弗里德里克所讨论的合法性问题。进而，我还要证明，这种治理理论和激发这一理论的革命性的大众热情曾经是并且现在仍是美国精神中一股强有力的、还有待充分阐述的心理趋势。

在第 4 章，我将有选择地分析自国内战争后期到 20 世纪初美国社会和政治的历史进程。我认为，在这一期间，存在于联邦主义宪法内部的社会、文化和经济逻辑开始逐渐失效，结果在这一进程中导致了政治的无能和腐败、经济的不公正和剥削、环境资源的破坏和社会压迫。这段历史人所共知，我只是希望通过详述它来为我所讨论的公共行政的建立提供一个合适的背景。我的观点是：美国公共行政的真正源头是反联邦主义的精神。这一精神在民粹主义以及继之而来的进步主义运动中的表现催生了“好政府”的原初观念，并由此而萌发了公共行政运动。我的观点是，尽管美国是按照其宪法所确立的逻辑和机制发展的，但在 19 世纪下半叶它已经丧失了作为一个国家应有的黏合性和身份认同，在 20 世纪初它又力图通过激烈地变革其治理形式寻回或重建自身。这种新的治理形式与其说是政治的，不如说是行政的或功能的；与其说是代议制的，不如说是参与性的；其方向定位与其说是经济实体，不如说是合作性的社群、仁政和社会黏合力。作为一种哲学，可把这一理论称作**实用主义**。这是一种复杂的、多主题的、鲜明的美国式的思维。

当然，实用主义哲学所隐含的这一新的治理形式并没有得到发展。实际上，它从来都没有真正启动过。第 5 章、第 6 章就是讨论公共行政在这个失败中所起的作 17
用。在这两章中，我将对公共行政领域的文献，尤其是某种程度上被视为理论性的那部分文献进行一般的概述。然而，在我的描述中有一个分析性的主题，即由公共行政运动的最初参加者所创作的这些文献很快使行政型的好政府从其民粹主义、实用主义的源泉中分离出来，并转而把它作为技术专家统治论的乌托邦而定型下来。因此，我认为，公共行政从某种意义来说是一个创新，它与宪法所产生的政府模式保持着一种强有力的紧张关系。但它并没有因此而面对这一政府形式的核心预设，即支撑“理性的人”的政体的那种意识模式。实际上，尽管是对宪法的挑战，但这一新的公共行政理论只是在寻求改变执政者的类型和在统治中所运用的理性模式。公共行政领域的学术史表面上是理论创新的历史，而实际上，这个创新是一种修正主义，它一直都回指着对这一新型的理性的人来说具有必然性的核心前提。

正如上面的陈述所表明的，所有这些章节所提供的材料围绕的主题就是**理论的**

变形。弗里德里克和芬纳的“争论”就反映了这一基本的分析变形。也就是说，它**引发了**这样一个问题，即官僚机构怎样才能成为民主政府的合法部分。类似地，我们的宪法制定过程表明美国历史学和政治科学文献中也存在着根本的背景曲解：它们认为联邦主义的宪法所确立的以利益为基础的、理性的人的政府模式反映了历史教训，并且被新美国的国家经验所验证。我所描述的存在于公共行政领域的文献中的变形模式相当复杂。我们一开始就解释了 19 世纪末问题成堆的社会、文化和政治状况是如何导致社会和知识回应的（以社会福利运动和实用主义哲学的创立的形式），这一回应让人回想起反联邦主义的传统，并因此威胁着理性人的体制的领导权。这一威胁与倡导以技术专家为基础的行政治理运动相会合，后者抑制了实用主义哲学和它的反联邦主义的蛊惑。对这一把公共行政看作专家的而非民众的或者说
18 合作的治理模式的理论的详细阐发，继而导致了组织与管理理论运用于公共领域时产生的有选择的和有偏见的（亦即曲解的）话语创造。这种话语坚持把合法性作为其自身的中心构成要素。这一话语的机制一直召唤着“理性的人”的统治，因为需要为公共行政在治理中的作用做辩护的那种感觉在这一方向上始终起着主导的作用。

在最后的结论一章，读者可能会产生脱节的感觉。为了减轻这种感觉，我为整个论题给出了某种连续性，为此，我回顾了理性的人的治理给当前的美国社会秩序带来的危机以及为克服这些危机所做的回应。这回应是一种通向“灵活的”公共行政——它不是通过使用专家和寻求合作来把自己与公民联系在一起的广泛运动。这种回应与贯穿于本书的批判性论述完全一致（实际上，它是这种批判性论述的逻辑延伸）。然而，我对这场运动的评价是：它很有可能会失败，因为它发生在由合法性问题所确定的常规框架之内，因而不能了解（甚至可能会积极支持）理性的人的传统治理模式。所以，它真正的结果将会是保守的。也正是在这一点上出现了脱节。由于我们在行政治理方面的难题有着太深的渊源，对它的任何研究都必须从最一般的层面上开始，例如使它得以维系的理性本身的观念以及哲学和社会工具，因此，我在第 7 章将着力于对理性观念提出一个十分异端的解释，即认为理性是与性别、种族偏见的问题以及复杂的他在性难题，亦即与他性的不可缓和、不可变更的意识（它产生于我们与我们的同类的社会关系）联系在一起的难题纠缠在一起的。尽管这种分析会将讨论引入令人气馁的、艰难的境地，但我努力以直接的、非哲学的术语来阐述它。

进而，我会提出一个乐观的看法，即尽管到目前为止，这一领域在其发展中已被紧紧地限制在一种模式中，但眼下，发生重大变化的可能性已经出现。提出这一看法乃是基于这样一个事实，即我们又一次面临世纪之交，正如 19 世纪结束时“一切”都处于悬而未决的状态一样，当 21 世纪来临时，眼下也有许多事情处在同样的状态。最为显著的是“后现代”理论倾向的发展，至少在美国，“后现代”是
19 建立在对哲学中的绝对进行质疑的基础上的，同样是这一质疑，最初曾鼓舞了实用主义，而现在实际上是直接以复兴的形式呼吁把实用主义的遗产当作真正的美国哲学。还有，在社会和政治场景中，似乎是受到民粹主义的情绪的鼓舞，旧的模式正

被打碎，新的要求变革的挑战正在生发。在这种情形中，我看到了重建公共行政领域的可能性，而它得以重建的真正基础就是实用主义。这一重建的起点就是祛除、克服、放弃关于合法性问题的无意义的话语。我们必须认识到，通过不停地为这一问题提供答案，我们已经将它以及产生它的政治结构建制化和确定下来。正是问题本身的持续存在，确立了我们拥有的治理模式——理性的人的治理模式——的合法性。本书的目的就是要利用这一“任其存在”去构架我们的行政治理体系发生根本变革时必须面对的各种问题。

1.2　对本书的写作风格的一点说明

作为一个从事于学术写作的人，我学术生涯中最令人快意的一件事情，就是我的论文《凤凰计划：从过去的灰烬中重塑公共行政的新形象》（White & McSwain, 1990）所获得的赞誉。我相信人们会重新积极行动起来，因为该论文为未来提供了一种充满希望的可能性，一种值得我们为之奋斗的全新的公共行政管理者的英雄观念。在构架现在这本书的时候，我曾尝试着在更大的范围内重新体验《凤凰计划》一文带来的快乐，为此我力图调动起我所拥有的修辞能力去创造一种浪漫的、英雄主义的甚至史诗般的公共行政管理者形象，一种临近 20 世纪尾声时出现的能够面对全然不同的未来世界的新人。这不仅是对那激励我的积极回应的展望，而且是对这项工作所能产生的激情的展望。与其相联系的是我的坚定的信念，我相信公共行政管理者实际上正在成为 21 世纪治理的英雄。

尽管如此，我还是为这个计划选择了一个不同的方向。在这一选择中，我遵照的是我所钟爱的出自卡尔·荣格的教诲：“人的启蒙不是通过想象光的形象，而是通过意识到幽暗”（Jung, 1963, p. 345）。我认为荣格的这句话在此意味着这样的
意思，即人类的目标不是要去遵循名义上的或经验主义的训令，而成为某种我们应 20
该成为的东西，而是要去从事自我探究以揭示出我们作为整体的存在。最终，我们的生成只会导向最初的起点，这就是存在。正如 T. S. 艾略特著名的诗歌所说的那样：（Eliot, 1971, p. 145）

你最终求索的
终又回到起点
并第一次获知你的真正所在

所以，这本书的要旨就是要在我们的对话中帮助创造一种意识，一种反思，而不是去提供指导和训令。

关于这一点，我必须再次指出，我认为我在这里所提供的仅仅是论证的一个样本。我在欧洲度假时实际上已写出了手稿的初稿，共计 600 页左右。在回国修改初稿期间，我曾决定把它列入“哲人系列”丛书出版，这主要是因为我觉得这个系列最适合本书的意图和它的话语风格。然而这个决定也意味着，手稿必须大量删减。

我所能做的便是重新设计构思并把它写成两本书的篇幅。但这样还是得大量压缩。在这么做的过程中，我发现，实际上，一个简略的论证比详尽的叙述更符合本书的宗旨。试图建立一个完全令人信服的论证，一个不大留有回旋余地的论证，这与寻求在公共行政理论领域内鼓励不同类型的对话这一总体的构思不相吻合。我的希望是，我提供的论证样本能使人们沿着我的思路做更进一步的探究，而这种探究又为进一步的讨论提供基础。我觉得这种方法（“别相信我，去走自己的路”）对实现本书所要达到的超越合法性问题这一实际目的是必要的。人的意识只能靠其自身来改变。

因此，在本书的结语中，我并没有为合法性问题提供一个**答案**。即使论证的方方面面都很成功，它也不能支持这样一个结语。我希望本书能在不同的方面围绕着合法性的问题成功地提出一种话语，更重要的是能成功地赋予合法性问题**不同的结**
21 **构**。这样做应该能减轻我前面提到过的那种痛苦。

我们目前所使用的话语，具有格雷戈里·贝特森（Gregory Bateson，1973）称作“双重约束”的那种混乱特征。话语构建的方式使人们期望能对合法性问题进行回答，但它又没有为回答问题准备场所，它甚至否认有这种可能性。话语创造了对责任的需要，但它又怀疑所有对责任的渴望。它创造了一种疑虑的文化，在那里，人们对如何获得客观性还未有清醒的认识之前，就要求每一方对另一方做出客观评判。作为同事，在这种对话中，我们引起了彼此的痛苦，并且我们对此是了解的。我们的确是彼此的灾难，我们（再一次，像一个有功能障碍的家庭）明显地感觉到我们必须以这种方式保持相互的联系，因为我们担心其他的做法可能会更糟。

因而，激励我写作这本书的个人忧惧可以说是由于我们公共行政界从事学术研究时相互发生关系的方式而造成的一种不幸。若是把这作为最后的参照点，那么，采用这本书的言述方式来表明问题，就似乎是我义不容辞的责任，因为著述是十分重要的一种建立关系的行为。所以我为本书选择了一个与众不同的语调，我希望借此至少在下面两个方面能有所促进：一是在对自身做进一步的自我反思上，二是在确立我与读这本书的所有读者之间的关系上。近来，其他具有相似意图的组织学学者对此也做了大量的说明。其中最好的两个例证是乔安妮·马丁（Joanne Martin）的著作《组织中的文化》（*Cultures in Organizations*，1992）和芭芭拉·查尔内文斯凯–乔治（Barbara Czarniawska-Joerage）的著作《探析复杂的组织：一种文化透视》（*Exploring Complex Organizations*：*A Cultural Perspective*，1992）。然而，由于我使用的语调非常不同寻常，所以可能会引起某些人的不安，因而，我想要把我之所以选择它的初衷详细地说明一下。

首先我要说的是我使用的这一最明显地反常规的语态，亦即用第一人称单数进行叙述。之所以说这是反常规的，是因为按照学术写作的一般规范，任何个人性的称谓都会使作品变得不可信，因而应当避免。由一个人创作的作品要么完全避免个人性的断言，要么使用第三人称单数的语体。合著作品通常采用第一人称复数。本书由两人写成，但它的作者署名是一个人。需要进一步说明的是：两位作者中的一位是男性，另一位是女性。使用这些反常规的方式当然会使这本书看上去好像是一

个人写的。“O. C. McSwite”这个署名是虚构的，但极相称地（或同时地），它无意 22
中也成了另一次公共行政理论会议上两位作者的化名。

选择用这个名字并非是哗众取宠，也不是为了搞恶作剧，而是出于一种严肃的考虑。在我的思考中，我是想以此表达做出这一选择的最为合适的理论语境，使这一选择富有深意的语境就是米歇尔·福柯（Michel Foucault，1977）的论文《什么是作者?》。这一题目已暗示出了福柯的主题：他不是要追问“谁”是作者，而是提出了是“什么”建构了作者这一问题。通过这种选择，他将写作活动客观化，使其从传统那种在作者身份内部确立个人中心转向了从外部在社会进程中确立个人的位置。根据福柯的分析，作者乃是一套产生创作活动的社会关系的结果。所以，任何给定的文本，仅仅代表或表达着它作为其产品的那种社会关系。就此而言，写作并不能传达某一特定的人想要表达的意义。

这种思维是相当法国化的，与涂尔干（Durkheimian）的传统相当一致。但不管怎样，作为一个美国人，它给了我许多启发。很明显，学术创作作为一种特殊的话语形式，只能从它得以产生的语境中获得其特色。我在这里所写的东西只不过反映了我在过去和现在的社会情境，并且，构成这一情境的社会关系与文本字里行间所显现的社会契机越接近，就表明社会关系对作品的影响越直接有力。因此，我使用现在的名字是为了尽可能清晰地说明是“什么”在支配着这些文字。这一文本是两个人的关系的产物，这两个人通过组成第一人称单数来言说。

其次，我还要讲一下我对本书修辞风格的看法。由于我认为不采用某种类型和某种程度的修辞手法来进行写作是不可能的，因而我想对自己的修辞手法做一说明。基本上，我是从一种高度个人的、随和的立场，即一种设身处地为读者着想、力求揭示所论事物被言述的过程的立场进行写作。像我在这里所做的，把本章的话语建立在个人的专业趣闻上，正是这一修辞策略的一种手法。这就是我的意图，并且我希望读者能对此有充分认识。若是我能成功地运用我的修辞手法，读者当能有所意识，对其效果亦能有所领悟。

采用我所描述的这种基调无疑是一种异端之举，是对传统和现代的学术写作模 23
式的挑战。甚至可以说，这样做是令人震惊的和不负责任的，因为常规学术写作的非个人性的客观文体作为确保学术话语责任感之必需已经被合理化。由于责任的问题是一个严肃的问题，尤其是涉及一本书时，我就必须对我所主张的责任理论做一明确的说明。

在攻读研究生时，我就开始练习以十分特殊的方式进行写作。马丁·基尔达夫（Martin Kilduff，1993）在一篇讨论马奇和西蒙（March & Simon）的名著《组织》（*Organization*）的论文中充分地描述了我所学习的写作理论：

> 马奇和西蒙（March & Simon，1958）贬低文体和隐喻之重要性的态度与西方从柏拉图到海德格尔的形而上传统完全一致，这一传统把写作完全看作是一种“不幸的必需”（Rorty，1978，p. 145）。从这一逻各斯中心的视角看，哲学和科学文本都是观念的再现。写作作为表达的手段非但不能给这种再现添加

任何有价值的东西，而且还可能“玷污它所表征的意义”（Culler，1982，p. 91）。（p. 14）

为防止我的写作“玷污”我正提供的源于资料的表述的意义，我不得不学习一种客观的、“质朴的”文体写作形式，以使写作就像是纯粹的报道一样。有人告诉我，采取支持这种写作文体的态度或价值观是一种保守主义的谦逊；我深知我没有任何权力要求所有的人都听我的，除非我能超越于世界之外从事卓杰的学术研究，能提供给读者事实的真相。如果我真想冒险做什么，那就必须把理论观点置于已经存在于学术界的思维语境之中，并且我的贡献也只能是对这一知识领域有所扩展或促进。我认为，可以恰当地说——尽管有点反讽的意味——我以一个作者署名出版的这第一本书其实并没有说出什么，它不过是从我的计算机词汇库中提取的选词统计的一个汇编（White，Waggaman & Hofstetter，1967）。

这一社会化的模式背后隐藏有一种观念，它似乎教导我们如何从疏离我们这些
24 有感觉的人类（或者如马克思常说的“感性的人”）的东西中进行学术著作的生产。责任心的本质就是给你的学界同人提供完全客观的作品，这样才能推进对真理的探索。当然，这一社会化过程部分地也是：作为学者的我们应当把学术研究和写作视作我们唯一真正的工作。教课以及同学生进行讨论尽管必要，但却十分烦人，因而应尽可能少地花费我们的时间、精力或注意力。这对我们是有些困难，因为作为年轻人和初露头角的教师，教课是我们此时能做的最具挑战性、最刺激也最实际的工作。

我很快就认识到，在我的研究生学习阶段的社会化模式中，存在着一个巨大的矛盾。我所学习的客观的写作基调唯有通过切断与自己和他人的关系时才能获得，但来自学界的评判却是对我作为一个人的角色的个人评判。没有什么比在录用过程中达到极致的重复评价更能说明这一点。正如我所经历过的，我成为一名最负责任的学者，就在于我能够让我的学术研究过程与自身保持距离，在保证作品的客观性的同时又能显示出个人必要的主观精神。显然，欲获得客观性的理想总是自相矛盾地依赖于对个人创新品质的展示，因为这一展示也能映射出同事们的个人品质，如热忱、勤奋、智力、成熟和不偏不倚的判断。

也许，把我所要描述的东西归纳起来，就是学术著作的作者应当学会在著作前言部分的最后，就责任的方面说一堆标准的套话。在对形成书的思路方面（以及在发展和丰富思路方面）曾有所帮助的人——有时是一大帮人——表示感谢之后（仿佛著书是一个社会过程，而不是某一个人实际地完成的，实际上事实并不一定如此），作者还是要对所有事实、解释上的或者读者在书中所能发现的错误“承担一切责任”。换句话说，尽管学术著作的作者言述的语调并不是他或她个人的语调（因为它是由意图使其非个人化和客观化的正式规则产生的语调），但每个作者还是要为所说的一切（为他或她的研究对象所采取的学术语调）承担个人责任。

我倒不如此认为。我相信，只要用审慎的、批判的眼光来读这本书，就能看到我作为一个学者许多的个人不足——尽管不是全部，或者说，就能看到：我在研究生学习期间用功不够，因而准备不足；这一懒惰的倾向在本书的准备过程中更为突

出，因为有相当多的地方本可以做得更好；最重要的是，我还不能完全自如地驾驭 25
好我在这里想要表达的东西；我甚至还缺乏一个足够健全的道德审辨力。说得更明确一些，就是我承认我还存在这样或那样甚至我自己还未意识到的不足。我不足以胜任此工作。

我也不大明白，高悬于学术著作之上的、普遍的接受评判的意识是如何影响著作质量的。我怀疑，实际上，学术的评判文化的真正目的在于使学者（他们最有可能成为批判的知识分子）置于某种控制之下。事实上，我觉得我必须否认并进而悬疑这一评判的幽灵能够胜任这一工作。因此，我承认我的这本书中存在着相当的不足，我也承认导致这些不足的条件就存在于书中。同时，我也要挑战评判本身。它究竟能做得多好？为什么它不关注真正有价值的东西而只关注学术垃圾？我并不是非要写这本书，你也没必要非读这本书。我写它是为了表明我属于某一对我而言至为重要的圈子。它是我献给这个圈子的一件礼物，不足是肯定的，但它是一件礼物。

通过给出这样一种接受本书的方式，而不是希望得到一个好的评价和（我必须说，屈尊）对其不足的宽容，我寻求着去认识那种反思性的、有意识的对话，亦即本书在考察围绕着公共行政在民主的治理体系中的合法性问题的话语时所提到的那种对话。让我用一个有启发的小例子对我的意图做一总结。

简·汤普金斯（Janne Tompkins，1992）在最近获奖的一部研究“西方人的内心世界”的著作的导言中，就土著美国人在西方的人种符号学中的作用以及她自己说了这么一段话：

> 印第安人在西方电影中的缺席，我指的是，作为个体他们并不真正在场，实在令人震惊，尤其如果你意识到就连那些熟悉这一暴行的人也不愿承认这一点。对西方电影中歪曲土著人的做法的不信任使我对个中原委难以细察。我不想去了解，我固执地期望着这个种族的状况能有所改善，如果它不能，我便结束这个主题。忘却只会使忘却本身永恒。我从未对我在西方之所见所闻大声疾呼过，但我现在要大声疾呼了，因为我意识到：在印第安人被疾病、迁移和征服大量灭绝之后，在他们被西方电影漫画化和贬抑之后，我也忽视了他们的存 26
> 在。这些人在欧洲人来之前就居住在这个洲并且还将居住在这儿，他们的形象被西方人所利用——他们究竟在哪里？不是在西方电影中，但也不在这本书中。（p.10）

我不愿回忆是否在公共行政著作中看到过这种段落。我当然期望它未曾出现在我读过的政治学、社会科学和哲学著作中。为什么？仅仅因为它对道德的不公正和个人的错误太坦诚、太自我承担、太直截了当。汤普金斯对自己的著作的那种意识具有感情的感染力，她的反应表明她愿意承受这种感情，反过来，由于这种感情，她实际上又将印第安人带进了她的书中，使印第安人的这种缺席成为其著作中有力的、感人至深的主题。

社会科学区别于人文科学的标志就在于：社会科学要么忽视情感，要么过分情感用事。在这些反应中，人们根本就不理解感情体验对于改变现状是多么有力、多么富有成效，而热情地寻求科学地认识或解决社会问题事实上又是多么保守。只有不断避免我所希望的本书有助于唤醒有关合法性问题的话语的那种意识，才能保持这种审慎的英雄热情。或许通过培养汤普金斯在上文中隐约地提到的那种反思性的意识模式，我们的话语才可能更有意义、更有活力。大胆地“想象光的形象”吧！是走出黑暗的时候了，尽管只能就着自己那昏暗的烛光。

第 2 章

问题的构架

理性，我们都已经认识的比率， 27
当我们认识更多时，
它就不是那个样子。

——威廉·布莱克（William Blake）

几年前，我搬到华盛顿特区后不久，曾受邀出席了公共行政领域几年前我就认识的一个令人尊敬的名人的宴会。当宴会结束大家开始闲聊的时候，我在想，这个名人究竟在多大程度上值得我们如此地奉承。我知道他是一个人道主义者（也是一个了不起的人），把毕生都献给了公共事务。而且，他还曾是一位精通于外交事务的外交官，并且是许多政府首脑和外交部门的其他高层官员的顾问。这些官员中的一些人都曾公开谈起过他对他们个人和他们所在的政府部门的帮助。坐在我旁边的是一个政治学家，在公共行政专业教公共政策。我曾与他共事参与一些项目，知道 28
他认定我是一个政治学家，而不是如他所说什么“公共行政学家”。当那位前任的外事专家离席到前台讲话的时候，这个政治学家靠过来对我耳语说：“实际上，真正说来，这算不了什么——他工作过的每一任政府都是独裁政府！”

“真正说来”这一乏味的肯定性陈述——至少在与我同桌就餐的这位政治学家看来——意味着这样一种观点，即公共行政学内在地就是对治理做反民主的研究。我的这位同事以为我能理解他的意思，而实际上，我一点也不吃惊。他的评论引发我去思考公共行政在民主政府中的角色所激发的那种情感的深度与广度。这一问题实际上包含着“好人”（热爱自由的、民主的政治学家）和“坏人”（喜欢秩序和效率、秘密的法西斯主义的公共行政学家）之分。

根据政治学家卡尔·弗里德里克和赫尔曼·芬纳1940年发表的一组文章中的观点，这一有关公共行政的反民主本质的认识还有一个更为有趣的方面，那就是传统构架这一学科的方式。那次争论的焦点集中于，在运用公共行政的裁量权执行公共政策时是否需要责任心。争论是由弗里德里克挑起的，他提出了迈克尔·哈蒙（Michael Harmon，1995）后来所说的“软性抉择，因为它能出于灵活的需要缓解对责任心的严格要求”（p. 41）。弗里德里克和芬纳的争论引出的系列问题规定了有关公共行政在民主治理中的合法地位的论战的各个方面，并实际上为后来的所有讨论划定了界限（Redford，1969；Spicer，1995；Waldo，1948）。这些论文进入问题的论辩方式各有不同，而这将有助于解释这样一个事实，即阅读它们已成为公共行政的研究生传统的副修课程。由于它们在建构公共行政的责任概念方面居有如此核心的地位，因而它们可为我在此想要做的那种话语分析提供独一无二的视角。通过对它们的考察，我们可以发现它们之外的东西并深入问题所造成的整个对话路径
29 之中。根据这次争论来构架问题会导致一种变形，使问题看起来像是：只要能解决责任和裁量的难题，公共行政人员就能成为民主政府合法的代理人。由于这是一个虚假因而不可能的问题，因而它只会导致永远的偏离，为理性的人的裁量练习提供一个事实上的基本原理。

2.1 卡尔·弗里德里克与赫尔曼·芬纳之争

我打算回顾的这次争论不仅涵盖了理论立场的冲突，而且包括国民性与政治文化的冲突。赫尔曼·芬纳（1898—1969）的父母都是罗马尼亚人，但他却是英国人。他曾在伦敦经济学院学习，毕业后留校在公共行政专业任讲师。后获得洛克菲勒奖学金前往美国，并受社会科学研究委员会的邀请对田纳西山区当局（TVA）的研究计划加以指导。他逝世的时候是芝加哥大学政治科学教授。他研究民主政府的角度显然反映出他熟悉并信奉英国的议会体制。

与之相反，卡尔·弗里德里克（1901—1984）是德国人，他母亲是冯·比洛家族的后裔。卡尔学过医（我曾经听他以反讽的口吻说，他觉得他在普通解剖学课上的经历使得他对人的自然本性产生了一种美妙的感觉，实际上是一种嗅觉感受），但最后他获得的是海德堡大学的法学博士学位。1923年，他作为交换生来到美国，几年后成为美国公民。1926年，他开始在哈佛大学教书，并在那里任教授达50年之久。弗里德里克一直没有改掉他的德国口音，他研究公共行政的角度显然是由他曾作为德国公民的背景决定的，这个国家的政体与芬纳经验中的政体当然完全不同。

个人生平上的这些差异就反映在显然贯穿于争论始终的文化向度上。明确地考

察一下这一文化差异将有助于凸显我们对弗里德里克与芬纳争论中提出的问题的更细微方面的认识——这些问题大部分都倾向于模糊其复杂性。

在弗里德里克的论点（Friedrich，1940）中，贯穿着一个有关专业人士的潜在主题。每当我重读和讨论他的论点时，总会想到我本人的一次经历，它可以说明弗 30
里德里克的立场。20 世纪 60 年代后期，我一直在研究美国国家航空航天局的后阿波罗改进计划的政策研究（Redford & White，1971）。在采访和与其他人接触的过程中——但很少正式接触航天局的工程师，不论是现场的还是总部的——我常听人谈起亚拉巴马州汉斯威尔的马歇尔太空发射中心火箭计划的头目沃纳·冯·布朗。当然，冯·布朗有着和弗里德里克相同的文化承传，因为他也是德国人；他作为德国 V-2 火箭科学家团体中的一员而被美国军方所说服（有人说是“诱骗”，尽管他很乐意从事这一行业），军方想要这些科学家完成美国的一个火箭计划。

冯·布朗是一个魅力十足的人，我的项目合作者和我对他进行采访时他的行为证实了这一点。他在航天局身居要职，他丝毫没有因他以前作为美国的敌人的地位而受到压制。阿波罗计划实施期间，航天局内部对于许多政策是有争议的。后来，我从航天局的大部分工程师那里听说冯·布朗在阿波罗政策制定时对一个工程问题坚持自己的立场，这个问题是：如何测算和证明仪器部件的可靠性。休斯敦人控太空发射中心（工作人员主要都是美国工程师）主张对可靠性的评价进行统计学的研究并身体力行。他们以源自太空船部件测试程序的统计学模式为基础提出了一个可靠性数据，这一数据被认为是发射成功的预示。休斯敦工程师认为这种研究是经验主义的，也是唯一值得信赖的。进而，他们还把它看作是唯一可信赖的研究，就是说，唯有它可确保人们对成功地完成发射并成功地从月球返回做出合理的解释。

在冯·布朗的马歇尔太空发射中心，科学家对可靠性问题的研究方法完全不同。根据冯·布朗的“实验室科学家”的说法——这是他对这些科学家的称呼——休斯敦的研究根本不是经验主义的，而完全是抽象的和不可信的。在德国的工程师看来，真正经验主义的研究应当是让那些直接介入改进火箭各个部件的人对实际飞行状态下这些部件的可靠性**给出他们成熟的意见**。这一观点是基于这样一个观念， 31
即火箭系统十分复杂，单单一个数据不可能说明成功或失败的可能性。冯·布朗小组的德国科学家研究部件改进的方法被休斯敦的一些工程师称作是“大众汽车的研究方法”。他们与原始的或源头性的设计的图样同步进行；改进主要包括性能的完善、增加原始部件的比例，以满足更大尺度的部件的需要。根据冯·布朗的观点，这一研究是为了确保可靠性，他曾经在国会面前自豪地证明说，土星号登月火箭事实上仅仅是一个大大放大的 V-2 火箭（后者是他和他的小组为希特勒研制的二战火箭）。

休斯敦中心主要的工程人员认为冯·布朗的研究方法是地地道道的现象学的和估约性的，他们倾向于认为后者强调其主观的可靠性研究的动机是为了拒绝对他的工作负责。由于国会、总统和公众被告知他们是以0.999 994来评估太空仪器的可靠性（这大约就是他们为可靠性规定的数据），美国工程师陷入了四面楚歌的境地，被指控为或者是在误导，再不就是不如冯·布朗负责任，后者只是说，他的人员“已经断定”火箭或许可以万无一失地飞行。由此，我们得知在这两个中心之间存在着很大的冲突。这一冲突在这两个集团举行的一次可靠性评估会议上达到了白热化的程度（根据我所获悉的决非误传的描述）。休斯敦小组报告和给出其最新的可靠性评估数据之后，注意力就转向了冯·布朗的报告。他简单地询问了一下他的人员：“克劳斯，你对于调压泵有什么问题吗?”“没有”，克劳斯回答说。“艾里克，你对于回转仪有什么问题吗?”“没有”，艾里克回答说。如此等等。询问完毕，冯·布朗报告说：“我的可靠性数据是：没有、没有、没有……”

关于这一问题——实际上是关于冯·布朗在国家航天局和太空计划中的作用的问题——最有趣的是美国工程师对冯·布朗的角色和冯·布朗本人持有的矛盾心理。一方面，冯·布朗以及他所占据的位置引起了某种不满——他拒绝按照休斯敦工程师所相信的方式将自己和他的同事置于模棱两可的境地。他需要独立工作的感觉，好像是他自己主宰火箭计划一般。另一方面，冯·布朗受到同事广泛的尊敬，尽管有时并非出于真心。马歇尔中心的一个美国人描述他具有“难以置信的胆识”。

32 有关冯·布朗行事果断的各种传说广为流传，这使得他声名远扬。在美国火箭发射计划的早期，有这样一个相关说法认为，这两个军事机构之间的竞争已经变得如此激烈，以至于艾森豪威尔总统下令所有的机构都停止火箭改进工作，直到他为计划制定出一个政策为止。据称，冯·布朗无视来自总统的直接命令而继续他的工作。当巡视员来检查命令是否被执行时，据说冯·布朗把火箭部件装在拖车上，用防水油布盖着，在亚拉巴马山上行游，直到巡视员离去。还有其他的传闻，有些甚至提到冯·布朗在纳粹德国的事情。希特勒不相信火箭能成为军事武器，他实际上曾一度取消冯·布朗的 A-4/V-2 计划，因为他要求它在一年甚至更短的时间内就能发挥作用，而这是不可能的。阿尔伯特·斯皮尔向冯·布朗报告说，希特勒做过一个梦，说是火箭根本到不了英国，因而他拒绝给予这一计划应有的优先地位。发射火箭的尝试以大量灾难性的失败而告终，其中包括有一次火箭返回皮钮德发射基地时发生爆炸，在发射台的跑道上留下了一个巨大的弹坑。不过，冯·布朗摄制了一段影片（一种传闻说它是发射失败镜头的剪接，另一种说法说它是运用电影制作技术添补的发射成功的镜头剪接），它给人以令人信服的印象，似乎技术问题已经解决，导弹可以发挥作用。这段电影以及冯·布朗的解说使得希特勒改变了主意，重新给予这一计划最优先的地位（Piszkiewicz，1995）。在批评家们把这些故事当作冯·布朗粗暴管理的证据加以宣传的同时，他们也承认他的行为可以解释美国为对苏联人造地球卫星尽可能快地做出反应而把人造卫星送入轨道的能力。

我之所以重述冯·布朗在太空计划中的这些事迹，是因为他提供给我们一种实际的公共行政行为模式，对比这一模式，我们可以反省弗里德里克与芬纳对公共行政的责任的本质的论证。弗里德里克的论证从这样一个前提开始，即管理中所面对的**真正**问题不是要控制行政人员的行为，相反——用他的话说——“更为重要的是确保任何有效的行为”（Friedrich，1940，p. 222）。弗里德里克的立场承认管理在社会中的积极作用和有效的公共行政的重要性。

弗里德里克强调说，“现代政府行为的复杂性”不可避免地使得其主人（人民与他们的代表）与他们的代理人（行政管理者）之间对于“即将发生的行为或至少将要实现的目标”只有近似的理解（p. 222）。他指出，有些“不负责任的行为”是不可避免的，这就是说，在某些时候某些方面，代理人的处事当然不可能与主人认为应当如何行事的想法完全保持一致。因而，在复杂的情况下，“不负责任”实际上是不可避免的结果，因为主人与代理人在何谓合适的行为上不可能完全达成共识。 33

在冯·布朗的例子中，他意识到要向希特勒解释清楚发展 V-2 这样的新式武器的过程中包含的技术细节的复杂性（以及他和他的小组将如何使它安全地飞行）是不可能的，由此我们可以想象，他极其自然地会得出这样的结论：需要做的负责任的事（对于德国人来说，对于**他们的**民族战争而言），就是搞出一部伪造的电影，哄骗希特勒能继续向计划投入资金。

弗里德里克（Friedrich，1940）强调说，在他看来，负责任的行为来自政府官员对实现政府的目标采取必要的主动。无所作为与错误的作为一样，都是不负责任。他认识到，错误行为的真正根源在于坏的政策，或者说，在于决断错误和运作不良的政策。然而，坏的政策与其说是一种例外，不如说是一种规则。政策的制定不可能明确到能确保管理者只需“执行”，而不用解释、修正和补充。因此，弗里德里克提出，公共政策和公共行政不可分离，相反，它们共同形成了一个“连续的过程”，两者之间唯一的差别在于，“政策的形成可能具有更多政治的意味，而它的实施可能具有更多公共行政的意味”（p. 225）。

弗里德里克的主要修辞手段就是向同时代人呼吁——或者说，针对新出现的现代形势向人们要求：行动必须有专家的指导。这些形势要求人们对于行动采取大胆的和创造性的态度，正是这一态度促使弗里德里克以赞许的口气引证乔赛亚·斯坦普（Josiah Stamp）先生的观点，说，公务员能够担当“新社会的主角，在每一阶段起到提示、促进和指导”的作用（p. 228）。在面对现代性压力的情况下，对公共行政者不放心并坚持一个简单化的信念——通过使他们保持对国会的信心来保护公众的利益——将是一种退步。

在指控立法机关不能确保行政责任时，弗里德里克不妥当地打出了一张更为有力的牌来支持他在争论中的观点，这就是民主过程作为进行管理的手段的固有缺陷。他的主要观点是，立法机关可能会擅自批准行政行为而根本不顾及党派政治或它们自己的政治安全。他把这一批评还扩展到已被充分证明的问题，即民主政治过程有时在某一特定时刻甚至会生产出一个部分准确的“人民意志”的形象。这些问题当然包括典型的低选举出席率使得选举权力或是被神秘化，或是没有代表性。 34

反之，被歪曲的政治对话能够改变选举结果；这种歪曲由于立法过程的非代表性——可归因于议会系统中的利益集团的压力，而被夸大（Duverger，1955；Schattschneider，1960）。还有大量少数派的技术问题，他们对政治问题有敏锐的感觉，但没有选举权或立法权来与少量的更强大但更冷漠的多数派斗争（Dahl，1956）。所有这些缺陷表明，民主过程——至少当它在代议制政治体制中被实施时——不能确保对大众的偏好负责，并且这些缺陷也突出地表明了认定一般的大众情感能作为评判政府行为的基础这一看法是多么地简单化。

有些理论家甚至指控民主制的原则本身，认为它把政府仅仅建立在通过创造社会异化状态而获得合法性的基础上——就是说，失败的少数派（又一次）可能是为数众多的和激烈的，但要由多数派来**统治**（Thayer，1981）。甚至麦迪逊的保护少数派的观念也只是尝试确保少数派不要太多地受别人主宰——就是说，要超越某些东西。在民主过程中，根本没有什么方法可防止少数派在选举中败于多数派。选举不可避免地会导致异化。我提及这一点以为后面的参照，因为它指示了我在弗里德里克的争论中看到的主要问题：他在为修正了的社会过程观点提供证明的时候走得还不够远，这一证明的真正不同之处与现代社会的状况正相吻合。

实际上，弗里德里克（Friedrich，1940）在揭示他的立场时是赞同一种相当普遍和一般的公共行政的责任标准。他说："负责任的管理者应当能对这两种主导因
35 素做出反应：技术知识和公众情感。任何违背或不能明确这两种标准（尽管它们具有绝对的必要性）的政策必定会使政府容易因不负责任的行为而受到指控。"(p. 232)

在明确了他的立场之后，弗里德里克便开始说明，他拒绝将议会民主制作为对责任问题的回答，其理由不仅在于他相信"人民意志"的观念是绝对形而上学的，更重要的在于他相信议会（以及一般的立法机关）不能体现和代表"人民意志"，即便后者是存在的。在其对公民参与的作用的讨论中，他提出，政治权力的真正影响不是通过直接控制（在阻止行为实施的意义上说），而是通过管理者力求**预见**和**避免**对议会与公民双方产生负面影响而被感觉到的。

根据这一观点，行政人员被认为是政策实施中的施动者。在实施过程中，他或她通过预见来自特定情境中公众和政客的反应的反复过程来改正与完善政策本身。我们不妨直接引用弗里德里克的一段话：

> 现今负责任的行政人员（又一次是在复杂的**现代**状况下）是根据预见来运作的。在现有法律的范围内，行政人员的功能就是**尽其所能让法律发挥效用**。加强控制的想法必须服从于实施政策的观念。(p. 237)

因而，弗里德里克关于负责任的管理的观念主要依赖于前设的或预见的公共行政，通过有效的计划和策略来避免或（如果无法做到这一点）解决复杂的现代状况下政策执行过程中不可避免的困难。其意思似乎很清楚：只有通过这种积极的、解决问题的公共行政活动，政策的最终形态才有可能在"公正的层面"得以实施。这一手段似乎是弗里德里克提出来作为达到"一般社群"的最佳甚至可能是唯一的途径。尽管根本不存在什么"人民意志"，但却存在社群所需要的共识，它是由不同个体和集团的偏好、观点和特殊情况合成的。立法过程不能理解或表达这一复合的共识，**因为只有当执行政策的过程开始时，才会出现组成共识的角度**。这一保证责
36 任心的根本连接点就存在于社群与行政人员的相互作用之中，因为只有在这里，千千万万的、最终决定政策的协商的处理事务方式才能被执行。

在弗里德里克的负责任管理理论中，行政与行政人员扮演着至关重要的角色，并且是立法功能所不可替代甚或主宰的（在任何特殊的意义上说）。因此，在论文的结尾，弗里德里克竟然把行政人员规定为尊严的维护者（既具有公民权，又具有充分的权力），就不足为奇了。不应把行政人员看作是应当控制的人，而应看作是值得信任的人，他们力图使政府能对社群所需要和想要的东西做出回应。例如，我们不必担心行政人员议论公共问题，因为他们的话语是一种特殊的话语，因为在有分歧的地方，必定就有某种反应，这种反应是科学的而不是政治的。根据政府行政人员因在管理中担当的重要角色而享有的权力、尊严和威信（这些将有助于他们**产生**负责任的行为），弗里德里克断言，这实际上是我们唯一的选择，因为这种负责任的行为仅仅通过政治权威粗暴的干预是不能得到保证的。

2.2　芬纳对弗里德里克的理解

我要重申的是，我讨论弗里德里克与芬纳有关行政责任的争论的目的，是想要揭示在双方的交锋中，对问题的最初构架已经歪曲了接下来的讨论。这种分析最好通过比较和对比双方所采取的立场来进行。不过，在这么做之前，最好是先简单地回顾一下芬纳对弗里德里克的观点的理解。由于理解本身比陈述自己的立场包括有更多无意识的过程，因而这一回顾最适合于对芬纳在争论中用以确立其立场的潜在价值做一描述性的解释。

芬纳（Finer, 1940）是通过直接提炼他对弗里德里克的论点的理解来确立自己的立场的。我只能通过引述他的原话来开始：

> 他（弗里德里克）论证说：(1) 政府人员的责任（在我们看来，这在今天 37
> 是至关重要的）不是政治的责任而是道德的责任；(2) 行政管理和政策制定的质量几乎完全（并且完全合法地）依赖于政府人员整个地发自内心对其职业标准的责任感和对公众的责任感，以及对他的特殊工作或他所就职的部门的技术基础的坚持；(3) 公众和政治的结合并不能完全充分地认识到政策的问题以便他能根据政策实施有效的控制；(4) 事实上，立法机关和公众有义务允许或积极地为官方政策的制定尽可能扩展言论自由的范围；(5) 对于整个选区的公众舆论、立法机关以行政手段控制普通投票的形式以及公众关系的建立等这些情况，应当有满意的东西来替代政府人员以及信息的方向；因此 (6) 政治责任，如行政人员对于立法机关和公众的责任，当且仅当被看作是民主政府机制中次要的方面，不仅如此，实际上，当公众抵制被选举的立法机关成员所提出的政策时，行政人员应当能正确地陈述和推进它。(p. 261)

我将逐条考察这些要点，并说明我自己的理解何以与之相同或不同，以及我是如何有所偏离或超越的。首先，我同意芬纳一上来就指明弗里德里克强调的重点是道德的责任而不是政治的责任。这一强调与弗里德里克在争论中所坚持的观点的核心立场是相一致的。在上面概述的第二点中，遮蔽了这一强调所产生的一个问题。尽管弗里德里克在其责任模式中特别地强调了职业化和公共责任感的重要性，但我怀疑他的意思是否就是芬纳所说的“整个地发自内心”。我认为弗里德里克是想证明公共责任感同样能产生一个**向外**的倾向，一种力求理解和预见、倾听和解决公众在政策实施的最后阶段表达出来的需要的倾向。对于第三、四两点，最好放在一起处理，第四点在弗里德里克的话语中主要是为了证明第三点的有效性。在此，我认为芬纳对弗里德里克的观点的表述是相当充分的，但实际上又完全“脱节”了。正
38 如我对弗里德里克的理解，他并不是说“公众和政治的结合并不能完全充分地**认识**到政策的问题”，而是说对政策的“认识”是通过政治以及行政过程制定政策时产生的（Finer，1940，p. 261）。简言之，弗里德里克是说，实际上没有什么东西需要认识（这是一个关键的区别，对此我马上会有更详细的说明）。第五点（正如芬纳所归纳的）在弗里德里克的论证中是相当次要的，但正如芬纳所指出的，它在弗里德里克的论文的整个结构中有着重要的作用，因为它为最后一点提供了基础，是后者的前提。

在此，芬纳力图在最大范围内归纳出弗里德里克的立场。他指出，弗里德里克的行政人员的形象是一个羽翼丰满的政治明星的形象，他意识到自己没有义务屈从于政府的政治掌控，他拥有言论自由，甚至可以拥护与民选的政府官员所拥护的政策相“对立”的政策。总体上，严格来说，芬纳对这一观点的评价并不是对弗里德里克的立场的发挥。不过，它有力地模糊了弗里德里克一直强调的在政治争论中居于上风的行政人员犹豫不决的本性（假定他们认为自己主要是技术专家）。芬纳也高估了弗里德里克对行政人员遵从所有法律、政策和来自高层的指示的重要性的强调以及他对行政人员总想调解科学对话的对抗的确信。当然，他认为他们主要服从的是科学过程，因为他们作为知识专家只应该谈论政策的事情。因此，弗里德里克的整个论证依赖于这样一个信念，即科学能对政策问题提供明确的解答。科学是行政管理能力的最后检验。

2.3 两种立场的比较、对比与融合

现在我要对这两种立场的要义加以考察，我尤其想发现结构这场争论但又未被陈述的主导前提以及争论中形成行政责任问题的话语的方式。我们可以从大体构成每一立场的底线的东西开始：芬纳为确保责任而强调了对行政人员加以“纠正和惩罚”的愿望（实际上是必要性），相反，弗里德里克从对立的方面强调要消除钳制的威胁——至少是所谓从钳制中“引出”责任感的观点。首先，这一对立表明，弗
39 里德里克对行政人员的人性持信任态度。他的信念似乎是，通过消除钳制的公开威胁和直接控制的包袱，将能激发出行政行为者最好的和最负责任的方面。而芬纳显然没有显示出这一信任的倾向。在一个最富启发性的段落（转引自蒙田）中，他

说，“德性本身是需要限制的”（Finer，1940，p. 252）。基于这样一个信念，芬纳把监督、控制和直接钳制的威胁作为其立场的核心，就不足为奇了。

不过，这一差别也揭示出了芬纳与弗里德里克之间的一个相似之处：他们似乎都持有一种静态的本体论，相信人类有一个**本质**，其在一个客观的、具体的意义上说或者“是”可信赖的（如弗里德里克所认为的），或者是不可信赖的（如芬纳所认为的）。他们一致地不同意把人性（例如依据社会互动的模式和结构）描述为**动态的**和**可能的**。他们共同持有的这一静态的本体论的假设（它当然形成了各自立场的基本前提）将他们的话语在所有方面都转换成了对事实的歧见。尽管这在某些方面仅仅是潜在的，但却结构了对话的前提。使争论变成事实的问题的结果是使得话语呈现出正确与不正确、对与错、是与否的对立形态，这一对立形态包含着一个潜在的假设，即只有当对话停止并通过诸如投票这样的客观手段来对其进行评价时，对话中最重要的方面才会呈现出来。对话被说成是接下来被评判的事实的呈现。所达到的解决只能以一种主导形式为基础，借此失败的一方服从于当场的判决，即前者是现实的反映，并因为这一象征而成为合法的。

现在我们可以看到，这次争论的决定性方面是观点的冲突。芬纳说，人民（行政人员只是他们中的特殊者）必须受监督；如果不通过惩罚的威胁让他们担负起责任，他们就会无法无天。另一方面，弗里德里克似乎更愿意相信人民。当然，他并没有用我这里陈述的方式将自己的立场一般化；他只是谈到了已被灌输成为科学的伙伴和专业行政人员的人民。不过，我觉得有理由以这种方式描述他的立场的特征，因为他显然认为人民有一个适应这一社会化过程的本质。芬纳似乎不承认这一点——德性本身是需要限制的，等等。他们的观点的冲突显而易见，但随着各自论证的展开，他们共同的静态本体论很快就使得由这一冲突引出的问题变得复杂和含 40
混了。

就论证的逻辑完整性而言，芬纳坚持的立场更为明确和连贯。他的客观主义的本体论与客观主义的认识论是相符的，而后者又是基于他确信（弗兰克・古德诺既为他的观点提供了来源，又是他的同盟者）把政治/政策/价值与行政管理/执行/事实分离开来的可能性。这一立场使得芬纳能够采取一种连贯的理性主义的观点，当他证明说民选的代表能够把政策阐明为一个有意义的“整体”（假如独立的陈述能够作为有效控制和责任感的基础）时，他就是这样做的。弗里德里克（Friedrich，1940）的立场缺乏连贯性，因为他必须否认把政策和行政分离开来的可能性，但同时又必须声称科学以及由科学产生的专业技术是有区别的、受限制的，而这又意味着话语模式与政治是相分离的。在一处两页的篇幅中，他一会儿断然地自相矛盾，一会儿又把自己的论点整个地转向新的基础，例如他说：

> 人民力图通过描述表面的区别——如公务员可以讨论事实但不能讨论政策，来逃避面对这些困难。说事实与政策不可分离可能会受到有力的反对。任何对事实的表述都需要选择，而这一选择又要受到观点和意见的影响，因而也会影响到政策。（p. 244）

接着，在后面的一个段落中，他又忠告说：

> 在一个广泛的、技术复杂的政府中（例如美国政府），唯一合理的标准就是，强调公务员的公共陈述应与科学工作的最高要求保持一致。如果一个人的上司不同意他的观点，那就让他们登上同样的讲坛，以证明他说的是错的；在科学女神面前，所有的人都是平等的……不论是在体制内还是在体制外，科学的人都要为他们的观点和发现而战，从而共同努力以达到正确的结论。(p. 245)

这两段表述形成了一个令人迷惑的对置。解决这一迷惑的最简便途径就是断定弗里德里克所讲的“科学”的意思是“关于事实世界的话语”，因而当他一方面指
41 出说“事实与政策不可分离可能会受到有力的反对”，而另一方面又强调行政人员的陈述应当与“科学工作的最高标准”保持一致时，他当然就会陷入自相矛盾之中。

一个更为有趣的解释是，弗里德里克第二段话说的完全是另一回事，亦即，科学的进步依赖于一种合并“观点、意见”（也就是说“价值”）和事实的话语，但科学所达到的是一个更高级的、合乎理性的和**客观的**话语，这一话语对于政策问题的回答将能得出有力的、非政治的结论。他似乎想赋予科学这样一种能力，这尤其体现在他那富于修辞色彩的论断中：“在科学女神面前，所有的人都是平等的……不论是在体制内还是在体制外，科学的人都要为他们的观点［价值］和发现［事实］而战，从而共同努力以达到正确的结论。”（Friedrich, 1940, p. 245）。换句话说，如果我们能够科学地言说，那么，我们是行政人员还是政治家，是体制内的还是体制外的，就不成其为问题了。我们的思考将受到科学本身的进步的调整和指引。如果这一解释是有效的，那么，弗里德里克就是认为存在三种话语模式，其中两种被混淆了。第一种是关于事实的“专家”话语（它是隐含的，因而总是与价值纠缠在一起）。第二种是关于价值的“政治”话语（它也是隐含的，因而总是与关于事实的话语纠缠在一起）。第三种是科学话语，通过我们恰当地称为“理性”的东西，它能对事实和价值进行分类和权衡，以获得弗里德里克所谓的“正确结论”。

否认这一解释或至少使其意味深长地陷入混乱境地的东西，就是弗里德里克把“技术知识”（因而也包括它的推论和专业技术）置于其观点的核心。这一强调使得要确切地理解他坚决主张政策形成与政策实施之间具有紧密的联系的意思变得不可能了。也许弗里德里克对于自己关于专业技术的独立性的观点根本上怀有一种矛盾心理。还有，他可能感到否认价值中立的专业技术的可能性在修辞上是无力的，甚至是一种不可能的策略。

正是由于这一点，弗里德里克才在“国家意志”不可信这一观念的基础上提出自己的观点，以否定行政管理的政治控制的可能性。通过集中于此处的争论，
42 弗里德里克巩固了他的立场，并可能引出了他与芬纳之间最深层的不一致，即他们对社群与民主政府之间的关系的评价。芬纳在这一点上是明确的：**社群**是“国家”的一个代码，因此它具有英美自由主义的民主精神，通常归于极权主义与专

制这些概念的所有否定性的内涵。他不想把人民看作是一个社群，而是看作选民，能够民主地清楚表达其对代表们的个人偏爱，因为他们期待着后者能够实现通过已形成的选举过程本身而托付的权力。他几乎是尖锐地反驳了弗里德里克的观点，即政治过程不能产生明智的政策选择——弗里德里克反复地甚至有点嘲讽地称之为“国家意志”的东西。芬纳的反驳仅仅就是指出，通过政治过程所表达出来的人民意志有着意味深长的内容。芬纳强调说，尽管“人民”不一定有什么学问，但他们是明智的，他们所选举的代表能够也应该主宰政府行政管理人员的行为。

因此，实际上，确切地说，弗里德里克与芬纳之间的分歧就是（正如我们在下一章考察美国宪法传统影响合法性争论的方式时将要看到的）导致宪章学派自身内部原初紧张关系的东西，即围绕着普遍主义的、客观的共同结构（亦即**社会建制**），组织社会过程的**法理**社会原则与相反的、在更为个人主义的**社群**内部组织社会过程的**礼俗**社会原则之间的紧张关系。由于芬纳对**社群**的定义无疑指的是共享某一意识形态的集团，因而他把社群看作是中央集权的经济体制的源泉，公共行政管理者不过是这一体制的代理执行人。具有反讽意味的是，弗里德里克似乎没有这样看待社群，他把它们看作是使过去形形色色的观点、偏爱、误解和分歧得以可能的关系网。这就是他说政策在被执行之前，就是说，在被传达给公民并在特殊的、现实世界的环境中被整个地贯彻之前，根本无法定义这话的意思。实际上，根据弗里德里克的观点，正是由于不存在芬纳所担心的那种意识形态的共识，因而，把行政管理看作是贯彻政策的意义的最后阶段才是至关重要的。换句话说，在政策据说能够被实际地陈述或理解之前，政策陈述的一般性必然地要贯穿于存在于社群的各种冲突的偏好和观点之中。

观点与视角的这一根本冲突表明，弗里德里克与芬纳看待人类关系的方式是相反的。弗里德里克认为人类关系本质上充满着一种紧张，它产生于不可避免 43
的、源自个体本身所具有的各种离散的观点或立场的差异。然而，同时，他又认为这种紧张实际上可通过话语的过程获得解决。人类的联系可以克服人类的差异。不停地从事预测并对制定而不是执行政策的需要十分敏感的行政人员不仅在那唯一可能的方面是有力的，而且在那唯一可能的方面是负责任的。另一方面，芬纳认为人类关系只会导向某种共谋的或汇合的、具有群体特征的一致认同。在一定意义上说，社群的观念本身召唤的是意识形态的幽灵以及通常伴随着意识形态的极权主义的经济体制。就此而言，他在某种程度上反映了英国的习惯法对共谋（甚至偏执狂）的恐惧。因此，对于人民而言，民主地管理自己的唯一方式就是让他们通过选举来表达自己的个人选择，因为他所相信的个人选择能附加地对集体选择形成一致表达，还有，这一选举代表的个人选择还能用于树立政府的行政管理人员的责任感，而当他们犯了错误时，它又可以用来惩罚他们。这一观点的必然推论似乎是，存在于政府组织之内的人类关系社群将会使行政人员在执行政策时产生出利己的、合谋的或意识形态的动机，并会确保责任感的需要和惩罚的可能性。

2.4 弗里德里克与芬纳构架问题的方式产生的偏见

在我看来，对弗里德里克与芬纳之争的这一反思表明，公共行政领域——当把他们的交锋看作是学术和实践者社群在某一框架内部讨论责任感的问题时，限制了其有关行政理论的这一基本问题的话语，并使这一话语产生了偏见。我认为他们的对话中存在有四种主要的偏见。第一，正如前面已经提到的，他们把人类本质的问题（这必然是所争论问题的一部分，并且同样具有普遍性）建构为人类是“善”的（如相信人类具有责任感等）还是“恶”的（如不相信人类会追求自身之外的目的，不相信他会对原则或公共利益负责）这样一个问题。芬纳的“德行本身是需要限制
44 的”的观点与弗里德里克的政治控制和规则若是没有行政人员的“善良意志”做依靠就不可能发挥作用的说法，就是其中的两种典型认识，其二元对立有赖于“行政人”（原文如此）以及所谓的一般人的本性问题。正如我已经说过的，这一看待问题的方式假定了人具有一个本质：就是说，人一般地或是“善”的，或是“恶”的，二者必居其一。因此它排除了另一个可供选择的假定，即人类本质不是一种特性或一个本质，而是一个动态的、自然发生的、通过相互作用的过程产生的状态。

这一静态的本体论和它对人类本质的定义改变了有关下面这一问题的话语，即必须通过控制来确保人类的本质特性对经验的事务的责任感。由于事实世界的问题只有当其中的各派愿意接受相互的证据（弗里德里克和芬纳似乎不愿意这样做）时才可得到解决，因而很明显，这一问题实际上不可能经验地解决。在这种情况下，当在某一框架内的论证缺乏社群在事实的层面上通过充分的调查来寻求问题解决的语境时，当其他可选择的框架的立场还没有进入视野时，论证就只能是没完没了地进行下去，问题无法得到解决，人们开始厌烦，最终导致人力浪费，人们被迫去研究这些传统的争论，以作为他们社会化或接受教育的一部分。进而，这些论证还会湮没产生它们的框架的假设，并因此会掩盖其他可选择的、来自不同角度的研究。

争论中的**第二个**偏见源自双方展示的棘手的认识论观点。芬纳和弗里德里克对于**事实**理论都带有一定程度的矛盾心理。芬纳尤为明显。他坚持认为，政治过程能够产生有约束力的选择陈述，这种陈述是如此之明确和独立，以至于它能够作为技术实施过程的责任感的标准。芬纳的这一观点其实就是说“事实与价值是相分离的”。不过，他同时又指出，政治性的政策应当在尽可能的范围内指导行政，他承认，在某种程度上，具体地执行政策的时候，对于政策和技术的分离应当有一定的限制。

弗里德里克也十分矛盾。正如我已经指出的，一方面，他把他的论证建立在这
45 样一个直接的论断之上，即公共政策的形成和实施是一个“连续的过程”，两者不可分离。另一方面，他又说“技术知识”是两种分离的和关键的标准中之一种，通过它，就可以评判行政的责任。另外，他还从其他方面提到“专业技术”，似乎想用它来指示纯粹技术知识的王国。

我们该如何解决这种不一致性？我的观点是，这两个人都想在两个方面取得一致，因为他们希望证明的立场是基于理论方面的（在这里，事实与价值或是分离的，或是不可分离的），而同时又承认对于“价值世界”和“事实世界”的存在有着共识性的理解。我猜测，如果他们就这两个世界进行个人对话，他们最终定会呼吁用理性来解决问题。换句话说，他们会达成这样一个共识，事实与价值原则上是相互区别的，而实际上是不可太过分离的。

基于这一点，弗里德里克与芬纳的分歧现在可以这样来看待：所强调的东西，实际上是政策在其中作为价值陈述的问题，与事实作为管理技术是可以分离的。这一汇合表明，两者实际上共同具有一个基本的范式预设，一个强调事实与价值作为原则性的东西相区别的预设。他们力图排除（而我想要证明）的角度则否认了弗里德里克与芬纳的范式为产生意义所必需的基本二元对立。从我所主张的范式来看，事实与价值本质上是合并的。讨论价值而不讨论事实（或与之相反），是没有意义的，也是不允许的。这可以说明，从弗里德里克与芬纳的方向来说，这一可选择的角度是多么重要；在他们看来，说理智的话语可以不靠这两种观念而获得似乎是不可思议的。

然而，弗里德里克与芬纳的范式的核心实际上并不是事实与价值这两个东西，因为，正如我们刚刚已经讨论过的，这两者是互为对方的问题框架。更确切地说，关键的东西乃是**理性**的观念，因为理性表示着共同的观点与标准，其有效性完全可通过这样一个事实获得证明，即话语的参与者共同拥有对话语本身的一种信念或信仰。实际上，事实—价值这一不可能的问题框架的作用不过就是产生对理性观念的需要并为其提供合法性的证明。正是这一古典的观念或者说**理性**观念，**作为这一话语隐秘的非凡方面发挥着作用**。这一观念重要的意识形态功能或偏见，就是引发（但也容纳）理论冲突，而同时又保护一个基本的范式一致性。这一伎俩（通过对理性的直接诉求）构成了弗里德里克与芬纳在争论中嵌入其行政责任话语的第二个主要的偏见。 46

这两个人之间还有一个更深层的、来自**第三个**偏见的潜在一致性，即他们都假定价值至少在某种程度上说是可以独立于行为的语境来定义的。他们相互都相信**有效的政策是可能的**——这就是说，对于政策该瞄准何方这一问题是可以找到答案的。这一假设预示了一种把社会秩序看作一个系统的观点，由于社会具有某一确定的、可辨别的形态，因而对于这一形态的任何偏离也是可识别的，并可以通过建构性的行为来矫正偏离。弗里德里克与芬纳两人似乎都相信对社会的思考能为社会问题提供有意义的、实际的答案。（弗里德里克的有关观点当然是可证明的，因为他认为政策在实际被实施之前是不可能真正被建构的，但事实上，由于他的框架中包含有独立的专家观念，这使得他**实际上**与芬纳具有同样的基础。）这一假设的重要性是不可估量的：它支持把社会公正定义为**能产生标准化结果的有效程式**的观念——实际上，这一观念在目前普遍受到支持。

这两种观念（“程式”是管理的范围，“标准化”是公正的意义）是目前政府行为的两个主要的建构原则。在思考政府的时候，它们是如此之根深蒂固，以至于对它们提出任何疑问都是多余的。不过，我还是要提出这样一个问题，因为假定政策是完全可能的，它会掩盖很少被考虑但又似是而非的一个观点，即政策在系统的、公平的程式的意义上说是不可能的——或者说实验性的、反复的行为对于处理社会问题是唯一有效的、可选择的和可行的。以这种方式进行选择是慎重的，因为这么做可以给不合理性（确切地说是非理性）的链环提供选择机会，而这正是真正的选择的核心品质。排除这一选择以及它的作为公正性的参照点在一定情境下（而不是在一定图式下）的行为和多样化的（而不是标准化的）后果中的必然结果，构成了关于治理的对话中的又一个主要偏见。

与这一假设（有效政策的建构可以在有限的政策制定范围内进行）相关的是**第**
47 **四个**偏见，即所谓等级制是政府行为赖以建立的、必不可少的结构。在使用**等级制**这个概念时，我必须特别小心地加以界定，我的意思绝不是说，弗里德里克和芬纳都同意把权威看作是治理实际的出发点。相反，我的意思是说，他们都否认这样一种可能性，即治理可以协作地和神秘地进行，而不必有提供指导的中心源头。在我看来，这实际上是那些认为等级制是必要的和必不可少的东西的人的**基本**预设。他们最终的意思是，如果将要发生有效的行为，有意识的心灵就必定是以某种形式当下在场的，同时又是受具体情境支配的。等级制，正如我在此所说的，本质上不过是表述这样一个信念的编码方式，即唯有深思熟虑的、精打细算的（机会是要费心力的，付出与收益是均衡的）行为能导向好的结果。一般地，等级就等同于权威，这一事实是次要的，它仅仅意味着来自有意识态度的行为是单方面的行为，因为要从倾向于创造的民族精神内部组织出协作的努力是困难的。

弗里德里克所论证的立场为解决等级制，实际上是如何意味着实施控制的有意识的态度，提供了绝好的机会。他关于政府行政人员如何工作或应该如何工作的观念极大地**降低了**权威角色本身的重要性，但同时又肯定了指导性的意识的强大作用。弗里德里克所说的行政人员是一个谦恭的、温和的形象，他必须遵循所有控制其个人行为的规则和政策，并且在执行政策的时候必须围绕着和通过政治与公共部门的分歧，借助不停的预测和协商，不断地寻求避免冲突和纠纷。

尽管在弗里德里克的行政人员中人们看不到芬纳所恐惧的“新暴君”，但却可以看到这样的管理者，他在实施管理的过程中从政治层面到大众层面都发挥着指导的作用，有着非凡的意识。行政人员是创造的精神，他能够预测和协同解决因其他集团关于这一过程的狭隘观念引起的困难。因而，弗里德里克的行政人员就像是毕恭毕敬的仆役（如吉夫斯），他实际上处于叙事的控制之中。（这也是 BBC 电视节目中专业的公共行政管理者的形象，他只会说“是的，先生”或“是的，首相”。）针对有人指控吉夫斯式的角色（如沃纳·冯·布朗）实际上并不谦恭，并不遵守规则或服从命令，反驳无疑是，他至少会安于职守——他总是使事情朝最好的方面发展。

48 芬纳在这个方面的观点不够精细。实际上，人们可能会（不会引起什么争议）认为他是求助于等级制原则的所有可能的意义。他明确地要求说，必须把公众（通过其议会代表的行动）置于“指挥”行政部门的位置。他甚至强调惩罚或威胁在其中作为确认这一权威的手段的必要性。然而，我所感兴趣的是芬纳与弗里德里克在“一般意志”的观念的可能性和意义问题上的分歧。当然，弗里德里克把它作为不可能的、无意义的东西取消了。而芬纳则把它抬高到管理中智慧的根本源泉的地位，认为它“不可能犯错误”。然而，正如我们已经看到的，他的一般意志观念根本上不是说它是社群意志的表达（实际上，这一观念恰恰是他所反对的）。相反，一般意志完全是由个体的声音叠加而成的。承认这一点对于理解芬纳的观点至关重要，因为只有个体才是进行经济微积分的自然场所。芬纳强调行政管理的政治控制根本上是想确保把我在此称作“意识的经济态度”的东西置于治理过程中明显最高的位置。

尽管弗里德里克和芬纳在场所（在确定政策的最终意义的时候，就是在这里采取主动和实施控制）的问题上也有**分歧**，但他们一致认为心灵或精神状态将对这一主动性和控制发挥重要作用。又一次是有意识的、理性的经济态度。这一基本的框架共识带给了那一几乎看不见的手以力量，当分歧发生时，它就被创造出来作为一个更深层的基础共识的掩饰。实际上，被否认的是不承认基本前提（即有意识的、理性的态度对于有效的、积极的行为是至关重要的）的另一观点。（我将在最后一章讨论由这一可选择的精神状态所表示的管理模式和公共行政行为模式。）

对把我称作有意识的态度置于控制的位置的偏爱，其实是对在政策实施过程中通过创造性的**协作**进行公共行政管理的有效性甚至可能性缺乏信心。甚至在弗里德克描绘的行政形象中，我们所看到的唯一可能的创造性力量乃是策划性的行政管
理者（又一次可能与沃纳·冯·布朗相同）。由于协作意味着各部分的联合，因而 49
要否认它的可能性，实际上就是要否认对关系，更广义地说，过程，甚至更广泛地说，社群的信心。这第四个否认或者说这一反对把社群作为管理过程的基础的偏见超越了偏爱与技术、价值与事实的分离，是最严重的歪曲，他们的著名对话产生了我们有关行政管理的合法性问题的话语。在某种程度上说，这一偏见是对所有其他偏见的归纳。

芬纳对把社群看作国家的替身这一观念的直接驳斥使得合法性问题更为明晰了。也许他对合谋、群体、集体、社群怀有一种恐惧，他思考的是习惯法传统的这种深层部分，而他的言论就来自这一传统。在使这一恐惧变得更为明确的过程中，他揭示出，合法性问题的主要方面（毕竟可以把它简约为给予管理者的管理行为一定程度的信任这一问题）是社会异化的问题。我们对管理者采取信任态度的困难是与我们（尤其是在美国）作为公民达到相互信任的困难相联系的。有了信任，我们就能为我们的社会广行善德。

2.5　结语

在结束这一讨论时，请让我回到我们一开始讲的那个比喻：沃纳·冯·布朗作为公共行政管理者。对于读者而言，像我这样一个公共行政管理学者在讨论行政责

任的时候提出这样一个比喻似乎有点奇怪，因为行政管理的批评家在官僚主义者与专制之间建立起联系实际上是再常见、再容易不过的事情了。我为什么还要提出这一问题？我要强调的是，我完全是有意识要这样做，其目的是想突出我认为弗里德里克与芬纳之争给予我们的主要教训的重要性。我们已经回顾了弗里德里克和芬纳各自的立场，我们可以看到，冯·布朗并没有讨论他们中任何一位就成为负责任的公共行政者提出的标准。尽管问题因希特勒行事并不是靠芬纳所赞成的那种议会这一事实变得复杂了（尽管他本质上是被任命的），但我们仍能（无须走得太远）把冯·布朗看作是一个示例。芬纳无疑会害怕这种想法，但不可避免的是，冯·布朗作为其政治领袖即希特勒的中立的公务员必须被看作在某种程度上是他所倡导的管
50 理者类型的典型体现。另一方面，芬纳还会害怕这样的想法，即冯·布朗在寻求成为可信任的人的过程中欺骗了他的政治首脑。

弗里德里克的情况与此相同。他必定会称赞冯·布朗在尽一切可能开发研制V-2火箭的过程中采取的富有创造性的、大胆的主动。同时，他肯定也会对冯·布朗没有寻求把他的行动和他的观点、他的价值观，如可能对广义上的“德国人社群”（而不只是纳粹党）的情感的反思结合起来，以及寻求抵制希特勒体制（他本可以通过以芬纳主张的中立方式顺从希特勒的放弃 V-2 计划的命令轻易地做到这一点）感到震惊，毕竟火箭已经由集中营的劳工在恐怖状况下制造好了。总之，对于已获得芬纳赞赏的冯·布朗而言，他本应因为更像是弗里德里克所说的行政人员而无法获得芬纳的赞赏，而对于已获得弗里德里克赞赏的冯·布朗而言，他本应因为更像是芬纳所说的行政人员而无法获得弗里德里克的赞赏。根本上说，弗里德里克和芬纳都不同意把公共行政人员置于管理过程中有效的或可行的位置。他们的争论告诉我们，如果我们想要为公共行政人员找到一个真正合法的位置，我们就必须为行政本身找到一个可替换的形象，这一形象应来自不同的社会模式，应以社群而不是行政人员的角色本身为基础。从某种意义来说，我在此描述的所有这些困扰着弗里德里克与芬纳的争论的偏见，归总起来，就是反对这一可选择的政府类型的偏见。

那么，他们着力要合法化的政府类型是什么样的？他们引发的对话的积极成就是什么？我们可以回忆一下前面提到过的有关他们的话语的本质与后果的几个要点。首先，我们认为，他们俩都持有一个静态的人类本质观，在人类是善还是恶、是值得信赖还是不值得信赖这一关键的事实性问题上坚持一种固定的、中心化的本质观念。最后，尽管表面上看他们在有关问题上互有分歧，但我们也看到，他们在根本上对于事实与价值的分离问题说的尽是废话，对于政治（价值的王国）与行政（事实的王国）的分离问题必然地也就持有一种矛盾心理。最后，尽管表面上看他们对于能否以及如何从集体那里获得对管理的指导有不同意见，但他们都一致认为存在集体意志——在芬纳看来，这就是通过立法机关表达出来的人民意志，而在弗里德里克看来，这就是借助对大众情感和技术知识的敏感发现的国家意志。

51 需要指出的是，这三个方面为一般性地理解行政管理问题提供了相当好的角度。有代表性的是，这些讨论涉及人是善还是恶。它们通常都是围绕着事实与价值

的复杂关系展开的。还有，常识总是接受一个客观的集体的善的观念，认为对于社会所需要的东西可以理性地加以说明。我们可以断定说，或者芬纳和弗里德里克从常识性的假设出发，或者他们的对话主要地就是结构了常识本身。尽管如此，但奇怪的是，这些问题仍典型地被用于讨论民主管理的本质本身，而事实上，它所做的就是创造了一个幻觉，认为民主政府是不可能的，或者换个说法，民主政体仅仅是一个幻觉。因此，总结来说，在这一章中，芬纳与弗里德里克之争所形成的问题逻辑尽可能地把人民排除在了管理过程之外。

怎么做到这一点的倒是相当简单。芬纳与弗里德里克都提出了现代行政管理的民主被建构的方式问题，在这一方式中，民主本身是无可辩驳的，似乎一直都在提供解决问题的框架（这无疑是他们的文章在近几十年的各种研讨会上成功地引发讨论和相关论文的原因）。人民是善还是恶似乎是一个敏感的问题，但它不论是在原则还是在事实上都是不可回答的。同样，事实与价值能否分离似乎是一个十分好的问题，但结果证明它也是无法用任何确定的术语加以解决的。说存在某种可定义的公共利益或集体欲望，这似乎是明智的，但和所有的定义一样，结果证明，这一观念的有效性必须能够对它寻求解决的问题（什么是民主政体）本身做出回答。

芬纳和弗里德里克所做的实际上就是在如何使民主政体运转起来这一实际问题的核心处，提出了一个不可能回答的理论问题。其目的是确立现实主义地解决问题的必要——实际上是绝对必要，亦即既要承认但又要策略地提出理论的问题并“继续那一计划”。这一解决办法就是我所说的理性的人。通过使对民主过程的结构做出理论的说明变得不可能，我们剩下的唯一选择就是**选择理性的领导并相信他们，**把我们对管理的参与根本上托付给选举和利益集团这两种天然工具。芬纳和弗里德里克构架的问题是虚假回答的发动机，但即便是虚假的回答，当所论问题被认为是明智的时，它也能使那一幻觉——回答是可能的——保持生命力。 52

同时，至少在公共行政领域，我们还是乐意由理性的人来统治。实际上，我们甚至感谢他们在执行公共政策的时候勇挑重担，去决定究竟能信任人民到何种程度，去解决来自价值问题的实际难题并从中选出一个最佳答案。我们大多数的人都十分敬仰和尊重他们，因为他们力图确立什么对于我们所有的人、我们集体的善是最好的，尽管这似乎是不可能的。我们一直不停地在思考的东西是，如果我们换一种方式用不同的框架看问题，我们也许能为自我管理的可能性找到有效的证明，而不必要理性的人去为我们做决定。芬纳和弗里德里克交付给我们的正是这一偏见。它使我们的思考不是一般地把人民，而是具体地把政治家和行政人员置于日常治理事务的控制之下。

我们之所以不容易注意到弗里德里克和芬纳对话中的这一相当普遍的偏见，是因为作为美国人的我们，具有和他们一样的偏见。这一偏见在建国时期尤其是制定其一般政治规则的时期的斗争中就已经埋下了种子。正是那个时候，共和制度与社群主义过程的对立原则之间的斗争在我们的历史中第一次结合了起来。正如我们不久就要看到的，在建国时期对这一合法性问题的解决无论如何都是不完善的，但根据弗里德里克和芬纳的思考，它的确决定了或者至少是正式地决定了当时的争论。说这些偏见（他们的争论的结构把它们内投到了有关合法性的对话中）主要地是在我们的宪法遗产中存在的对社群的基本偏见的反映，这并不完全准确。描述这一偏见在美国宪法制定时期是如何被生产出来的，将是下一章的任务。

第 3 章

问题的政治背景

但《邦联条例》制定者自己——如同他们喜欢说别人一样——也是自私的。为了论证他们在此前已经历的根本转变的合理性，他们指出，以前的政府形式即《邦联条例》的状况比他们所想象的还要糟糕得多。他们不否认亚历山大·汉密尔顿的天才……也不否认詹姆斯·麦迪逊的非凡创造力……但问题在于，如果美国人继续由《邦联条例》下组织起来的总体上非中心化的政治体系来统治，他们是否会走上不同的发展道路……一种错误的想象和错误的历史观点，是认为宪法所开始的联邦体系是美国人能够采取的唯一政治结构，是认为，从当时其他完全不同的政府形式看，美国人不会以更激进的方式统治自身。 53

——威尔达夫斯基（Wildavsky）
《论〈邦联条例〉》

实际上，美国的每位受过高等教育的公民都熟悉我在本章要讲的故事，尽管极少有人想过它是被曲解的。在得克萨斯当我还是个孩子的时候就已经开始学习政府课程，当时我就以一种间接的方式认识到了体现在这一故事中的那种歪曲。事实上，在学习美国政府课程之前，按照法律，我们必须先修完得克萨斯州的历史和政府课程。当然，阿拉莫战役已深深刻印在我们幼小的心灵中。桑塔·安娜（Santa Anna）是一个十足的恶棍，萨姆·休斯敦（Sam Houston）则是一个可怕的复仇者。甚至由于这些关于 54

荣誉的传说，我记得当时首先担心的是得克萨斯该怎么办。就我所知，早期美国的移民仅仅移居墨西哥，在那里生活一段时间之后，就声称要划出一部分地方作为他们新的国家——得克萨斯共和国。也许我怀有早期“后殖民”的想法，但我的一位老师的反应被证明是有预见性的和令人不安的。她对追述这段讨论的过程不感兴趣，而是要求我“相信教科书”和那些英勇的先驱/战士，他们为了我的自由献出了自己的生命。

她的回答的预见方面在我后来在大学的工作中有所揭示。在那些日子里，社会科学的研究生教育十分沉闷——或者至少在我看来是这样。人们在书中看到的每一次学术争论的文章都被作为讨论的材料珍藏起来。由于那时的学术界主要研究制度的结构，文献中涉及的大多数问题都相当苍白。(例如，传统的州界线还有意义吗?或者说，是否应该重新划定以便形成更有效的管理体制?)

最引人注目的一个例外是围绕着进步作家查尔斯·A·比尔德（Charles A. Beard）的《宪法的经济学解释》(*An Economic Interpretation of the Constitution*, 1913）展开的争论，由于这本书写得十分有趣，所以争论经历了从介绍到高级研讨这样一个复杂的过程。比尔德证明说，宪法的制定者代表的是有着经济特权和经济利益的特殊阶级。他的研究表明，这些人拥有肥沃的土地和奴隶，他们是工厂主和货主，是放债者，是公债的持有者，他们直接感兴趣的是建立一个能保护这种所有权和投资的政府。这是多么的不相称呀！这些材料中最激动人心的是它的批判性，正如它所暗示的，那些建国者（我们全都被告知要敬重他们）在制定宪法时可能是一些狭隘的自私自利之徒。在我看来，这种思考是进入大学后所有的人都应当做的。

55 课堂上对这一题目的争论通常都很活跃，其案例也很典型，因为它涉及许多根本上无法确定的问题，学生们寻找各种有关如何探讨它、从哪里着手归纳它，总之如何思考它的线索。教授们发出的信号相当一致：(1) 这些想法十分有趣，值得探讨，必须严肃对待，尽管它们各有不同且富有挑战性；(2) 尽管如此，心灵要保持客观的批判态度（这是爱思考的受教育者的根本品质）还是有困难的；(3) 这些想法在一定意义上是有争议的，因为它们的证据不够充分，不具有完全的确定性，有许多还与比尔德对他的研究资料的解释有出入。需要着重说明的一点是，比尔德（正如他自己尽力指出的）并不是说，那些建国者制定宪法是为了他们自己的个人利益，他的意思仅仅是，他们考虑的是商业阶级的利益，也就是新国家中商业的总体发展。

在许多人看来，我们学生应该远离这种讨论，把建国者当作是无与伦比的杰出青年（女性的缺席并没有错过我的注意），他们从事着建设国家的计划，通过斗争和争论终于把某人所构想的政府体制锤炼到了可能最完善的地步（我们并不知道他们是多么轻易就对影响商业的关键规定达成了一致）。我们被告知，这些制定宪法的天才考虑了宪法的适应性和它顺应国家很快经历的巨大变化的能力（我们并不知道在民粹主义者和进步主义者时期出现的相当广泛的批判性的反应——我甚至没有发现比尔德也是一个进步主义者，直到我的受教育生涯结束后很久，我才开始明白这一点)。我们被告知,宪法中的道德妥协(这是它处理奴隶问题、妇女问题和民主制本身的原则问题的方式)是必要的,是它的建构过程的临时产物,就像是一个丑陋的脚手架,每个人从一开始就知道,它实际上根本就没打算成为美丽的新建筑的一部分(McWilliams, 1979; Storing, 1979)。

尽管如此,我们绝大部分人还是被告知,这些建国者们使年轻的美国摆脱了《邦联条例》的错误,后者是美国的第一部宪章。意思是说,宪法的制定和批准反映了功能不良的、失效的《邦联条例》直接的历史和经验教训。之所以称这是无与伦比的变革,是因为它是在某种秘密的情况下采取和实施的。正是对我们的老师的 56
修辞力量的某种信任,我们才感觉到我们的开国元勋们是伟大的民主共和党人,尽管他们欺骗和操纵了那个时代的公民。它不知何故成了民主制的证明,那个时代的人民并没有意识到他们需要一个新的政府,而建国者还是这么做了,给了人民一个政府,并从某种意义来说是不顾人民的愿望。

建国者和宪法的这一形象乃是发生歪曲的背景,它是合法性的问题因而也是理性的人的政体的支柱。我在这一章的意图是想通过指出其所模糊的东西来揭示这种歪曲。歪曲所掩盖的是另一种可选择的民族精神和民主管理的方式,它们就存在于宪法政体的建立过程中,我们通常就生活在这种政体之中,但因为建立的故事传达给我们的方式而被模糊了。

许多学术歪曲已经为理性的人提供了"借口",掩盖了他们对我们的行政制度的有效控制,尽管这些制度显得是开放的和民主的。在弗里德里克与芬纳的争论中,对合法性问题的建构在表层完成了这一掩盖。然而,这一掩盖的技术层面并不充分。实际上,仅仅通过把它和时代背景相对照,把政府描述为必然地包括代理人,强调如何控制这些代理人的问题的重要性,这样做似乎会产生似是而非的感觉。

因而,有一种歪曲以下面的方式提供了"深层的掩盖",即围绕着我们的政治规则(在宪法中陈述出来的规则)揭示和传授历史的方式。由于我想讲的例子本质上是历史的,因而显然,要确定地证明它所有的内容和目的是不可能的。历史是最具有可塑性的艺术;我希望我所提供的解释平实、简单和标准,使其看起来比较合理。我的兴趣不在于用一些"事实"来反对另一些"事实",而在于通过传说的重述来强调众所周知的故事的不同方面。我想借此来打开有关美国政治源头的话语的理路,这样做有可能会重构我们对公共行政的作用的理解。我想说明的是,选择就存在于我们的创建之中,我想用另一种方式来考察《邦联条例》下的治理经验,以便揭示出这一可选择的精神的合法性,然后再透过反联邦主义的政府理论的视角来给它提供一个轮廓性的但也更为规范一些的陈述。

3.1 作为和平王国的产物的治理模式

目前,在政治领域存在一个相当普遍的共识,认为美国公民与他们的政府和政 57

治过程之间出现了严重的脱节（Barber，1984；Drucker，1995；Hall，1995；Maurer，1996；Olasky，1992；Putnam，1993；Sandel，1996；Toffler & Toffler，1995）。坦率地说，情况已经到了危急的地步。这一问题将是本书最后一章的中心议题，但也常常是分析的核心参照，它将导向结尾的讨论。

大量的研究瞄准了这样一个问题：是什么使得公民偏离其传统的政治认同、政治活动以及对政治事务的兴趣（Naisbitt，1982；Yankelovitch，1991）。有些更有趣的研究已经得到哈伍德小组（Harwood Group，1995，1996）的指导，哈伍德小组是一个咨询组织，从事公民社会的社群研究，目的在于唤醒公民的参与意识。决定其研究方向的特殊问题是：当人们相互谈论公民事务时，他们究竟想做什么？对这一问题的回答适合下面的这种情况。他们确实不想看到冲突发生，而只想把交谈当作加强与对方的关系的手段。他们认为社会问题是复杂的，是相互紧密关联的"网络"，对于它们，最好是从整体上加以研究。他们很少说问题是什么，而只想把交流当作一次培养洞察力的机会，当作和他人一起共同认识其见解的机会，以便就某个事件达成共识。他们想让情感和情绪的表达成为交谈过程的合法部分。尽管他们没有要求从交流中立即做出决定，但他们想让基于其洞识的行为决断在行动方向明确之后能成为现实或得到实施（Harwood Group，1991）。

一般地，作为公民，人们能够看到正在进行的公民讨论本身的过程，只要它是基于人的相互关系，只要源于这些关系的讨论是有启发的和丰富的。观察一下所考
58 虑的情形，就能看到这种讨论有着一个共同的语境。一旦有了这一语境，就会发生先前的一切，就能做出决定并采取行动。显然，重要的是人的互动过程以及互动的基础即人际关系。如果说这就是政治，那也是一种心灵的政治，是人际关系的政治。

关于这种话语情形和它所暗示的政治模式，有两个东西尤为引人注目。第一是它与经济利益、与基于专家统治的政治观念和政府模式（我们在美国实际上已经看到了）究竟有怎样的**不同**，第二是它与看起来是社会生活的原初精神氛围（在新美国与大英帝国的关系发生质变时曾出现过）究竟有何**相似**。尽管殖民主义者向往与他们所抛弃的生活方式有所不同的生活方式，但他们已经没有了选择，除非复制已经被他们抛弃的欧洲社会模式（Wood，1993）。另外，他们被迫忍受的那种隔离的和相当原始的生活状态，赋予了他们经历过的这一精神氛围完全不同的特质。

一般的文化形态可被描述为是社会关系与社会分离不规范的结合。用当代的眼光来看，过去的生活方式似乎是极端个人性的。正如伍德（Wood，1993）所说：

> 在这样一个小范围的社会里，正如我们所知道的，悠然独处并不存在，我们对私人与公共所做的明显现代的区分至今还未见到过。生活区拥挤不堪，没有建立正式关系的人们——仆人、雇工、保姆以及其他的寄宿者——通常与家庭成员挤在同一间屋子里甚至同一张床上。(p. 59)

人们一直看着（实际上是监视）对方，随时都会告发对方违背社群的规矩。行为的调整最初是通过面对面的关系而实现的。根本不存在现代意义上的个人自由。

社会关系构成了一种共同的家长制作风，一种交互的依赖网。再者，正如伍德所指出的：

> 根本不存在唯我独尊的或绝对的关系，每个人都是相互关联、相互影响和相互补充的。“人人互助互惠，付出总有相应的回报。”这些“从一方到另一方的回报”事实上就是“社会关系，家庭、邻里、国家就是由此而联结在一起的”。社会通过复杂的个人忠诚、义务和准依赖性而连为一体。这些个人忠诚 59
> 与不自由的法律关系全然不是一回事；它们也不同于对无土地者的直接征服；他们甚至不是益处多多的宗主国英国的原样复制。(p. 57)

尽管殖民主义者复制了欧洲的家长制，但他们赋予了它明显互动的和个人主义的特性。他们喜欢引用《歌林多前书》(1 Corinthians，12：25) 中呼唤社会关怀的那句名言：“免得身上分门别类，总要肢体彼此相顾”(Williams，1983，p. 3)。自私受到谴责，“最可靠的友谊也会在顷刻间烟消云散”(Wood，1993，p. 20)。实际上，当正式依赖的观念遭到放逐时，就只能用“友谊”“这唯一普遍的、富于情感的、足以描述它们的概念”(p. 58) 来表达形成社会联系的相互依赖感。

政府与政治也可以用个人主义的直接关系做出解释。行政人员都相互熟识，他们称党派是他们从事解决问题的家。公众的钱被用于私人目的，文职官员靠征收来的罚金生活；另一方面，行政人员用公民个人的钱补给军队或缴纳税款。法庭对关系的兴趣比对法律条款的兴趣还要大，法庭外的裁决大大胜过法庭上的诉讼。相互信任的破坏被认为比暴力更为严重，日常的惩罚反映了这样一个事实，即社会被认为是社会关系的总和 (Zuckerman，1970)。任命和选举过程常常只是通过非正式的会谈和商议做出的，并且是不经审查就获得批准的决定。朱克曼 (Zuckerman，1970) 对马萨诸塞州侨民所做的里程碑式的研究中描述了那美好时代的政治：

> 本土政治的现实取决于上百次有礼貌的会谈，打破僵局，平和的影射，微妙的暗示，绝对得体的言辞。如果一切顺利，居民们之间几乎就能心照不宣地达成共识，根本不需为职责争吵不休；不仅如此，“会议意识”在开会之前就已确立。(p. 182)

同样，法律不被认为是为了积极的社会目的。实际上，“政府实质上被认为是征召和动员私人力量去达成私人目的”(Wood，1993，p. 82)。因而当然不会把它看作是重新分配财富和权力的手段。社会被认为是一种有机的私人社会关系模式的
产物。政府仅仅是一个紧密相关的附件，大多数时候只是一个工具，通过它，对诸 60
如是否允许人民四处放养牲畜这样的问题就能有一个回答。

从某种意义来说更有启发作用的是，我们也可以通过殖民时期确立经济关系的方式来看待另一种模式。其决定性的因素是殖民主义者的生活观和它所产生的相应的心灵风格的具体形态。人们很少认同市场过程这样的抽象形态。例如，当像理性的市场机制这样的东西出现时，平民仍强行地维护惯常的价格和传统的商品分配方式，以反对通过非个人的市场关系形成的商品垄断 (Wood，1993，p. 90)。经济的特征被认为类似于家庭的私人关系，在那里，为所有的人提供必需品乃是做出决策

的关键。人们很少理解抽象的货币观念，通常也不理解流通规律。伍德（Wood，1993）这样归纳经济活动：

> 商人、货主、工匠全都倾向于把他们的商务看作是一系列同熟人进行的个人交易……他们常常把他们的经济活动简单地看作是其个人生活的扩展：他们把家务活动和商业活动混在一起，任何时候都很少甚至根本不会考虑到这些事务的收益。(p. 67)

甚至人与人之间的债务也被认为是一种社会关系（p. 68）。

总之，殖民地人们的生活观念强调的是有机联系。公正地说，人们至少是不公开地（或者说是没有意识到这一点）把自己看作是相互关系的一部分，看作是相互的创造者。一致性（从某种意义来说是对个体性的压抑）也是其中的一部分。外来人和流浪汉"受到警告"并被遣送离开社群，回到（原则上）他们的应居之地(Zuckerman，1970，pp. 62-63)。还有社会安宁保险金，也是殖民主义者所创造的东西之一，假定他们有必要引入他们所知道的唯一社会组织模式——也就是欧洲模式（Ver Steeg，1964）。

61 这一时代精神的一个隐喻就是美国著名画家爱德华·希克斯（Edward Hicks）画的《和平王国》。这件作品把儿童和野兽描绘成亲密的伙伴，并把他们置于一个平静的山村的背景中，首要的是，这象征性地刻画了有意识的心灵（画中的人类）与无意识的世界（野兽）之间明显平静的心理状态。有目的的——或者说商业的活动在画中是不存在的，因而是属于派生的。画面所暗示的有效关系是原始的，是先于所有其他关系的。在这个意义上，意大利锡耶纳城的著名壁画《幸福之国的惠赐》为海克斯的绘画提供了奇妙的注解。这个壁画描绘了城市里活跃的、繁荣的商业生活；它所传达的信息似乎是，一般的自然安宁有赖于集体健康的心理状态，这是好的政府的基础。

构成社群的关系的意义成为了朱克曼题为《和平的王国》（*Peaceable of Kingdoms*，1970）一书中所创造的那一强有力的意象。朱克曼在归纳殖民经验对于美国历史的重要性时证明说："不是在其民主制中，确切地说，不是在其对个体的尊重中，而是在广泛扩散的渴望以共识的地方自治主义作为美国群体生活运作的前提出现的时刻，才能找到这种重要性。"（p. 4）殖民主义者想要的或至少是意识到他们想要的东西，乃是社会生活的有机形式，这一形式强调对整体或社会体本身的共同关心，把它看作是确保和谐和繁荣的手段。不一致典型地导致了强烈的想把游离的个人带回到群体之中的愿望。逐出教会意味着社群将确保群体的成员能在下次做礼拜时出现（p. 63）。然而，如果这些努力失败了，分离就是最后的补救措施，其目的在于保护和平的社群的纯洁性。不能解决的分歧与差异被认为是破坏性的，因而必须加以隔离。重要的是，必须注意，维护和谐的关系"优先于更为世俗的物质优势，有时甚至优先于自然本身明显的律令"（p. 142）。导致不可调和的分歧的分离并不被认为是**负面的**，而被认为是评价整体的善的积极后果；迥异的文化与宗教社群在不同但又接近的社群中和睦相处。

3.2　《邦联条例》

上文中，我粗略地描绘了一下殖民时期的社会、政治氛围，以作为描述美国革命者所向往的政府类型以及他们反对那一普遍观念（即认为他们赢得对英国的战争后想要建立的政府是有缺陷的）的语境。我的这部分故事的主题是，对《邦联条例》下新美国的民族经验常规的历史叙述是一种歪曲，它开辟了对由宪法确立的政府品德期待过高的阶段。这一常规的历史不仅以否定的观点来看待《邦联条例》下的政府，而且压制反联邦主义者提出的、与宪法相对立的真正的政治理论。关键在于，《邦联条例》所隐含的、而在反联邦主义者的论述中表达得更加清楚的治理模式，是一种否定理性的人的作用的模式，其对政府行为的合法性提出了完全不同的基础，并包含了一种与我们当代根本不同的、有关治理中的行政角色的观念。 *62*

我们在中学的美国历史教科书中了解到的《邦联条例》的故事，首先是它们对新近从革命中诞生的美国国家带有偏见，因为这一革命经历导致了对中央政府权威的一种非理性的或极度的不信任。这一偏见反过来（正如历史教科书告诉我们的）又使得大陆会议（写作条例的集体）创造了一个过分离心化的、虚弱的和没有效率的政府。这是一个被认为没有能力从事生产和维护有秩序的社会、政治与商业关系的活动的政府。典型地，重点被放在了这一点上，即这个政府不能创造一个标准的、稳定的流通货币（这对于在校学生而言是一个无法理解甚至会令其惶恐的问题）或有效地执行贸易关系。总之，这个故事说，《邦联条例》是**失败**的，必然地**需要**一个新政府（Bragdon，McCutchen，& Ritchie，1994；Burns，Peltason，& Cronin，1984；Hardy，1992；Jordan，Greenblatt，& Bowes，1985；Kownslar & Smart，1983；Remy，Elowitz，& Berlin，1984）。

与全国政府相适应的权力被典型地以否定的方式列举出来，仿佛是为了从一开始就强调结构的局限性。一部流行著作的作者这样地描述了《邦联条例》的力量和不足：

> 《邦联条例》有一个**强有力的方面**：它们构建了一个新的国家——美利坚合众国……但是《邦联条例》太过软弱，无法为一个持久的政府提供基础。这个新国度是贫穷的。革命期间，衣衫褴褛的士兵的工资受到拖欠。借钱给革命政府的人要求政府偿还。议会向各州要钱。但各州都十分吝啬。议会甚至无力偿付贷款。对国家损害最大的事是缺乏执行法律的手段。没有全国性的法庭——只有州法庭。如果某个州不赞成议会通过的法律，它就根本无视法律的存在。直到1787年，美国的许多人还对他们的新国家的未来疑虑重重。（Kownslar & Smart，1983，p. 75） *63*

这不正是你在初中、高中甚至学院或大学听到的故事吗？然而，问题在于：这一描述是完整的吗？

1777年《邦联条例》所提议的世界是一个各社群紧密联系（它们合在一起成为州政府的单位）的世界。这些政府在公民眼里是具有主权的合法机关。各州宪法整个地致力于**保证**公民通过某一尽可能与主权的源头即人民紧密联系的过程直接参与政府行为（Morris，1987，p.55）。《邦联条例》所定义的中央政府主要是作为更广泛地讨论各州共同的问题的论坛而存在的。主权的问题从来未被提出过；《邦联条例》中的国会只有通过州政府的人民的直接授权才能拥有权力。因而，正如联邦主义者后来指出的，所谓州政府成了公众争吵的牺牲品，具体体现公众主权的结构在远离人民时将更为有效，这些说法揭示了它们与原则本身的分歧有多么大。

想在中心化与非中心化之间保持微妙的平衡的愿望是《邦联条例》的政府结构背后的推动力。尽管国会代表的人数是根据州人口数量按比例分配的，少的不少于两名，多的也不过七名，但每个州都只有一票，不管其代表有多少人。针对有人担
64 心代表的权力膨胀，宪法规定，所有代表在六年中都只有三年任期。代表们必然地需要提出一套程序，使他们能作为一个群体来对问题进行讨论和做出决定，以便行使其唯一的一票的权力。如果某个代表团对某一问题争持不下，这个州的投票就无效。在国会内部，通过任何问题的决议都需要有三分之二的州同意。总之，《邦联条例》下的国会常常被说成是一帮弄权者集中在一起讨论和考虑公共的问题。尤其需要强调的是，话语和协议的产生与形成实际上都是根据少数服从多数的原则（Hicks & Mowry，1956，p.96）。

《邦联条例》下的社会和经济状况十分艰难。战争结束后不久，各州的条件得到了改善，人们把战争期间的积蓄用于购买进口货。这个繁荣阶段到1784年开始走向终点，因为硬通货已经用完，接之而来的是两年的经济萧条。革命期间民主的刺激与革命后时期存在的繁荣可能性联合提高了一般民众的期待，许多社会变化也在进行之中。相应地，显然，依赖对外贸易是危险的。在同大不列颠的贸易关系中，更是困难重重，因为英国人不愿撤离西北，美国人又没有能力保证偿付国民的战争债务，再加上新政府在归还反对独立者的财产上的失败。尽管有1783年的条约和约翰·亚当斯（John Adams）作为代表被委派到英国，但双方关系仍很紧张。同西班牙的贸易也是问题重重，具体情况视美国坚持开放密西西比河河口的航道（它在西班牙的辖治范围内）的愿望而定。整个的对外贸易不足以提供供给预期增长所需燃料的市场。结果，在各州内和州之间扩展国内市场成为当务之急，以鼓励州际贸易之间的商品交换。这就要求内部调节，甚至更重要的是，要求有一个稳定的交换机制——或者说，流通机制（Ferguson，1979，pp.1－14；Hicks & Mowry，1956，pp.103－109；Morris，1987，pp.130－161；G.S.Wood，1987，pp.69－109）。

革命期间，纸币的发行使得政府能够以一种权宜的方式来支付购物和服务的费用。然而，政府继续这一流通方式的能力因为接下来的战争债务而有所削弱。在战
65 争期间，美国已经欠债4000万美元。其中一部分是欠法国和其他国家的，但大约有3200万美元是欠美国公民的，如士兵的欠薪、提供战时供给的国民的债务证书（Hicks & Mowry，1956，p.193）。

《邦联条例》对中央政府增加税收的权限是有限制的。借款是可以的，但必须

有信用担保。公共土地可以出卖，邮政部门每年以小份额买进，但政府首先要依赖从各州征用资金的过程。各州（其财政处境与政府差不多）同意国会的征收完全是率性而为，结果导致了支付大约只占总需求的 10%（Hicks & Mowry，1956，p. 103）。州政府也正经受着同样的命运。它们有能力征收国会急需的关税，但关税政策的灵活性与各州的执行的多样性导致了混乱，竞争引起了摩擦，限制了国内贸易（Morris，1987，pp. 148－150）。

随着战争的结束和《邦联条例》的确立，债务被用于投资增长和扩张（Riesman，1987）。因可用流通资金的减少而导致的萧条意味着生活标准的降低、债务过分扩张和循环扩大。要求印刷更多纸币的呼声在 18 世纪 80 年代日渐高涨，因为商人和新兴中产阶级以及农业部门要求继续保持战争期间确立的机会和期待。一旦允许以一种更为平等主义的方式参与，一旦市场社会壮大，非贵族阶级就不愿回到他们在战前的依附状态（G. S. Wood，1987，pp. 77－81；Wood，1993，p. 316）。

对印刷流通纸币的这一需求是战后产生的新的平等精神的直接象征，但也有可能是殖民意识的反映——在这种意识中，债务被看作是个人的事务，是稳定的社会关系和社会安康的附属品。另外，这个时候的人们对体现于货币中的抽象性质几乎没有什么认识。一般的国民都想在经济生活以及维持和调节经济生活的政府中占据更重要的角色。总之，**一般国民都想参与到公共事务的活动中**。正是具有自我意识的行动主义的这种转移，给“统治阶级”或农场主敲响了警钟（Wood，1987，p. 81）。这一警钟到 18 世纪 80 年代由于遍及各州尤其是在罗得岛州和马萨诸塞州的国内冲突的爆发而开始进一步升级并演变为暴力冲突。

在罗得岛州，传统的家族依赖纽带尤其脆弱不堪，对贸易的需要尤其高涨。两者加在一起，使得商人和纸币倡导者主宰了这个州的政治。纸币被大量地发行，并轻易地就借给债务人，以至于到 1760 年，纸币实际上已变得一文不值了。债权人
和商人开始拒绝接收纸币。于是，立法机关通过了一条法律，视拒绝接受纸币为违 66
法，甚至允许对违反者提出指控并判罚监禁而不用陪审团进行审判。强制的结果是导致了一个具有先例性的案例：特里弗特对威登诉讼案（Trevett vs. Weeden，1786）。在那里，最高法院推翻了这条法律，认为它违背了国家宪章。立法机关对这个决定十分不满，于是在下一届选举中直接对它投了不满意票并更换了法官。先前的法令得以幸存，但直接反对不支持通货膨胀的人的威胁在罗得岛州和其他州的贵族中仍有增无减（Hicks & Mowry，1956，p. 104）。

马萨诸塞州甚至经历了更为剧烈的由经济引发的暴乱，这次暴乱深深地影响了邦联的批评者。马萨诸塞州冲突的根源在于相当富裕的沿海地区与农业地区之间的分裂。农场主发现自己陷入了可预测的债务循环。农场主的问题遍及许多州，到 18 世纪 80 年代，监狱里装满了负债者。由于止赎销售、没收财产和法庭的原因，引发了多次暴乱和冲突（Parenti，1974，p. 43；Wood，1993，p. 307）。整个 1786 年夏季和 1787 年冬季，公开的暴动在马萨诸塞州此起彼伏，成帮的负债者在法院门前游行示威阻挠负债者案件的听证会。这些群体由西部马萨诸塞州农场主丹尼尔·谢斯（Daniel Shays）领导组织了武装，抗议升级为著名的谢斯暴动。到冬季，暴

动才被州的民兵组织最终平息，而这个民兵组织的资金筹措是通过“向富有的公民举债，由于担心出现大规模的攻击财产所有权，他们慷慨解囊”（Hicks & Mowry，1956，p. 104）。

尽管谢斯暴动是短命的，但它证明底层阶级力量乃是未来不祥的预兆（Brown，1987；Zinn，1995，pp. 90－94）。在马萨诸塞州的下一届选举中，总督鲍登（Bowdoin）（他的部门已经平息了反抗）彻底被约翰·汉考克（John Hancock）
67 击败，后者是一位造反明星。投票的老百姓大多数显然是同情农场主的担忧，这对当地贵族是一个警钟。事实上，谢斯暴动的暴力行径和它的政治后果对各州的贵族都有深远的影响。尽管稳定的流通和信用基础的问题已变得尖锐起来，但实际上，正是对传统下层阶级作为一个潜在的政治力量崛起的恐惧，导致了更大的政治狂热（Morris，1987，p. 264）。

尽管这种情形在当代人看来是不可思议甚至可怕的，但必须强调的是，其基本的源头在于经济（在财富分配上出现的新形式）而不是政府。导致这一时期大部分问题的环境并不像其批评家所力图宣称的那样与邦联的结构有关。“最近的研究……表明，不利的条件被人数更多的保守阶级的代表透支了，以强调他们对更强有力的全国政府的需要”（Hicks & Mowry，1956，p. 105）。到1786年，由于谢斯暴动，不满达到了顶点，邦联政府已经在治理上取得了一系列重要的成功，国内的总体环境正在改善。正如阿伦·威尔达夫斯基（Aaron Wildavsky，1993）所指出的：

> 不难证明，《邦联条例》的政府尽管在许多方面还不够完善，但在其他方面是十分令人满意的，人民的生活条件已从漫长的和疲惫的战争中恢复过来，并将达到预期的状态。大陆会议以及非中心的政治体系所控制的革命战争留下了许多可欲望的东西，尤其是在金融领域。不过，人们容易忘记，战争是这一非中心的体系赢得的，是它战胜了高度中心化的敌人。（p. 13）

战后的萧条正在上升，而国际贸易以及国内生产率正在增长。邦联政府的财政状况还未恶化到它的批评家所描述的那样（Wood，1987，p. 80）。国会已经有能力从荷兰借钱来偿还战争债务，并能偿还荷兰贷款的利息。外国投资者正在增多，他们愿意进一步扩展业务。尽管马萨诸塞州还是问题重重，但在其他州，如在弗吉尼亚州，经济环境正在迅速改善和稳定。弗吉尼亚州已经能够发行纸币并保持稳定的
68 面值。它还做投资，并很快偿还了战争债务。邦联政府甚至成功地处理了与外国政府的关系。战时同法国和荷兰签订的条约继续有效并得到修正，其他的一些贸易条约已经签署，其中最为重要的是同瑞士和普鲁士的条约。从各州的内部来说，整个的状况正在改善。甚至在比较麻烦的州际贸易和合作中，政府也取得了某些成功（Hicks & Mowry，1956，pp. 102－103）。

在《邦联条例》中，效率最大的区域以及对未来做出最大承诺的区域可能就是西部土地的管理（Hicks & Mowry，1956，pp. 56－102；Morris，1987，pp. 220－244）。在西部的定居地，邦联政府显示出前所未有的整合州际关系以及管理扩张和发展的能

力。经过《邦联条例》的同意，显然，中央政府要处理的问题就是如何扩展西部领土，并且各州对西部土地所有权的要求几乎全都在 1871 年被转让给中央政府。(佐治亚州直到 1802 年才交出。)

当地自治管理的权力受到《邦联条例》的保护，而一系列西北地域法令的通过保护了公民权利向西部的推进，以在东部获得的同样自治保证建立州府。1784 年法令［在托马斯·杰斐逊（Thomas Jefferson）的指导下制定的］使西部组织成了一系列可能的州。正如法令一开始就声明的，这一法令要废除西部地区的奴隶制，尽管这个条款在通过之前被取消了。1785 年法令创造了直线测量体系，确立了乡镇区划的各级模式，这一模式一直是西部美国最明显的特征。这些测量活动产生了俄亥俄和斯科托公司计划，国会通过这些计划同意退伍军人凭发给他们作为工资留置权而实际上毫无价值的债务证书买得土地。这一法令也准许西部土地的买卖，希望通过各州的竞争性拍卖来增加全国政府的税收。

所有西部法令中最为有名的是 1787 年的法令，这一法令促进了俄亥俄河西北部流域的发展和政府的建立。这引发了一个戏剧性的过程，通过这一过程，确立并最终推动了这一流域州府的形成。再加上保护宗教自由，废除不公正的关押，保护陪审团的审判，保证公共教育，法令废除了西北部的奴隶制，重新激活了 1784 年第一法令的目标。

具有讽刺意味的是，邦联结构下各州间努力合作的成果之一就是无意中为推翻《邦联条例》本身提供了契机（Hicks & Mowry，1956，p. 105；Wood，1987，p. 70）。1786 年，马里兰州和弗吉尼亚州的代表在弗吉尼亚的亚历山德里亚会晤，就切萨皮克湾和波图马可河的争端进行协商。他们成功地解决了矛盾，协商调整了各自的结构。州际间谈判的这次成功激励参与者呼吁举行一个全面会议讨论各州间整个的商业事务。弗吉尼亚立法机关于是邀请所有州派出全权代表出席 1786 年 9 月在安纳波利斯为此召开的特别会议。由亚历山大·汉密尔顿（Alexander Hamilton）主持的安纳波利斯会议只有 5 个州出席，会议提出了一个报告，呼吁再举行一次会议，讨论的问题不是州与州之间的协商过程，而是一般地考虑邦联本身的局限。结果便是 1787 年费城的制宪会议。 69

在我看来，在此没有必要再次重述围绕宪法制定产生的争论，不过，我想着重强调其中的两点。首先，《邦联条例》的政府当时已具有了广泛的合法性，已成功实施了一系列的管理活动，并正处在发展（学习）的过程之中，即如何以隐含的方式扩大其治理能力，这本是《邦联条例》的核心原则。正如伍德（Wood，1987）所说：

> 18 世纪 80 年代毕竟是大解放和大扩张的年代：人口前所未有地增长，越来越多的美国人疯狂地追求财富和幸福……总体的气氛是高涨的、充满期待的和兴高采烈的……为什么有些人如精英分子认为美国处在危机之中？引发这一危机感的肯定不是《邦联条例》。邦联的这些不足是可以弥补的，绝不会造成恐慌和绝望。(pp. 70—72)

迈克尔·林奇（Michael Lienesch，1980）也表达过相同的意思：

> 要当时的美国人承认邦联有多么的不好肯定会让人吃惊。在 1783—1787
> 70 年间，有大量的作家对美国事务的进程表示过不满。但是在那时的公众言论中，却没有显示出任何绝望的迹象，当代作家谈论邦联时期的口气尽管没有绝望但却总带有不确定性。(p. 13)

其次，公正地说，我们必须认为，是联邦主义者或者说宪法制定者引发了政变，这是一次具有典型意义的一般形式上的政变，它是秘密的，还带有些许暴力和一些修辞性的操作。

3.3 联邦党人与制宪会议

联邦党人的改革运动实际上等于是第二次革命，不过这次是因为日益增长的猜疑引起的，而革命战争则以经济稳定为代价创造了民主。受过教育的人以及（恰当地说）那些维护贵族体制的人觉得自己正在失去对州政府的控制权，债务阶层正渐渐地取而代之。正如希克斯和莫里（Hicks & Mowry，1956）指出的：

> 渴望新政府的需要显然是因为贵族政体不喜欢大众取得的新的社会和政治地位而激发的。辛辛那提协会（革命战争官员的组织）因欲望变革政府以便把**下层**社会各归其位而不断受到指责。各州的许多其他贵族组织无疑都认同这个协会。(p. 105)

有趣的是，在这段论述的脚注中，我们发现，革命军的薪水是：在册的士兵每月 6.66 美元，上校军衔是每月 75 美元——大约相当于工业工人与企业首席执行官间的常规工资比（Zinn，1995，p. 84）。因而贵族们转而求助于中央政府——远离民众的奇异需要——，希望政府发挥稳定机能，为确保财产安全提供必需的合适的社会秩序。

纸币问题是争论的焦点，也是掩饰因一般民众介入公共事务调节而引发的恐惧感的符号。在贵族们看来，强有力的中央政府能保护他们的安全、调节货币和贸
71 易，这不仅是因为它在新形式的制宪机关下具有直接的实施权力，而且是因为它必然地和可预先地被对党派不感兴趣的贵族有产阶级所控制（Wood，1993，p. 253）。

这些恰恰是我所谓理性的人的主要特征。在 20 世纪末，在考察了因联邦主义者的胜利而来的利益集团的相互作用多年之后，如果我们还难以相信这种理性的人实际上使用的是没有利害关系的权力，那么，那时的反联邦党人和大多数人都对联邦党人持怀疑态度就一点也不奇怪了。从当代的角度来看，费城制宪会议的事件和后来的宪法批准似乎是一次非常成功的政变。

费城会议刚好在冲突显出预兆的时候召开。成功的切萨皮克湾/波图马可河会谈导致了安纳波利斯会议，这次会议决心一般地讨论州际贸易。这个严重受到亚历山大·汉密尔顿影响的会谈小组提交了一份报告，详细说明了《邦联条例》的许多

不足，并呼吁 1787 年 5 月在费城举行一次会议以修订条例。这一呼吁书被送到州立法机关和国会，1787 年 12 月，国会同意了请求。正如正式的呼吁书中说的，费城会议的明确意图是要**提议修订《邦联条例》**（Mason，1979，p. 39）。尽管在大多数人看来，某些修改显然是必要的，但还是有极少数的国民觉得应实施大规模的改革，因而对会议意图的猜疑最为强烈。许多反联邦党人甚至拒绝出席会议。例如拒绝与会的帕特里克·亨利（Patrick Henry）就说，他“嗅到一股老鼠味”（转引自 Morris，1987，p. 269）。与会代表来自 12 个州；罗得岛州拒绝派出代表。

显然，在一开始，改革《邦联条例》并不是许多代表的意图，最为明显的莫过于他们一开始就采纳的秘密规则。为确保会议的议程不受到代表扬言要向他们所代表的州府和人民泄密的威胁的干扰，与会成员决定把会议厅的窗户钉起来，并在出入口一直派人把守，尽管——据本杰明·富兰克林（Benjamin Franklin）回忆说——有个别泄密的情况，但总体而言，保密的目的是达到了（Morris，1987，
p. 276）。最终通过的文件被称为是“一份秘密达成的公开盟约”（Morris，1987， 72
p. 277）。显然，类似政治密谋的会议性质对保证它的成功起到了关键作用：麦迪逊（Madison）本人声称“如果采用公开讨论，会议就不可能制定出任何宪法”（转引自 Morris，1987，p. 277）。

尽管会上的争论（就我们所能看到的而言）常常十分激烈，但结果人们很容易就能预计的到。最终的宪法与麦迪逊原始的《弗吉尼亚法案》十分相似，后者会前就已在弗吉尼亚州和宾夕法尼亚州的代表中间广为传播。对这一法案最强烈的反对意见［埃德蒙·J·伦道夫（Edmund J. Randolph）提交给会议的］来自以《新泽西法案》形式代表的小州，尽管有几点针对的是国家权力的增强，但这一法案实际上是单院制立法机关的《邦联条例》（其中每个州都有一票表决权）的一个再版。特拉华州的约翰·狄金森（John Dickinson）甚至对改革毫无兴趣，而是提议把《新泽西法案》和《弗吉尼亚法案》都搁置起来，对《邦联条例》采取更为温和的变革，以和国会的提议保持一致。

通过政治手腕的杰出运作，亚历山大·汉密尔顿使《弗吉尼亚法案》免遭狄金森提议的已经投票同意的搁置，当时他对《邦联条例》明显的不足进行了猛烈的抨击。他严斥两个替代性的法案都过于民主主义，而提出了一个根本中心化的、实际上是君主制式的选择。这是有意识地要产生一种效果，使条例看起来十分的不充分，而麦迪逊的《弗吉尼亚法案》看起来像是一种温和的、理性的反应（Mason，1979，pp. 37－55）；第二天，会议否决了一系列的提议，这些提议实际上“等于是对政府的邦联形式的完全否定”（Morris，1987，p. 281）。显而易见，反联邦主义者的担心是有足够的根据的，当几个著名人物如来自马里兰州的卢瑟·马丁（Luther Martin）和纽约州的罗伯特·耶茨（Robert Yetes）与约翰·兰辛（John Lansing）愤而离会时，本来就很少的反联邦主义代表甚至变得更少了。

回想起来，最为明显的乃是推翻《邦联条例》的意图自“改革”运动的开始所表现出来的程度。麦迪逊和他的同盟者已经决定提议一个不同形式的政府，在这一政府中，个人的经济利益被当作中心的构成成分。麦迪逊（Madison，1952）认为，

“纯粹”的民主主义政府不可避免的没落与以感情为基础的党派主义的兴起有直接
73 的联系，后者动摇了理性，破坏了安定（p. 50）。感情还为轻易就能左右民众的魅力领袖的出现提供了温床。出现这种党派主义的原因就“根植于人的本性之中”，因而十分难以处理（p. 50）。不过，党派主义的后果是可以控制的。麦迪逊的观点是建立一个基于不同的党派主义的共和国，这一以个人经济利益为基础的党派主义不是源于“所有权的不平等”，而是源于“所有权的多样性”（Diamond，1979，p. 54）。因而，

> 如果美国人能根据其狭隘的和个别化的经济利益来划分，那他们就能避免致命的、充满意见和情感的党派主义。相反，源于经济利益的、相对安静的党派主义将使一个稳定的和有分寸的民主政治得以可能（Diamond，1979，p. 54）。

具有讽刺意味的是，由于这一想弱化（尽管不是消除）个人情感力量，把它简约为经济利益的尝试被大范围的整个财富生产中和了，制宪会议上的许多争论便集中于批准的过程是具有个人的特征还是基于州的特征，联邦主义者是否需要一个个人的、以公民为中心的过程。这一表面上矛盾的论断，即一方面把个人看作是确认民主共和国实际有效性的基础，另一方面又认为个人容易左右摇摆、感情冲动、不可预料，因而需要总体的结构控制——无论如何，这一论断是完全可以理解的，尤其当考虑到所涉及的政治私利时。

确实，有关批准过程的整个争论是联邦主义者的政治智慧和政治投机的力量的有力证明。所谓批准必须以民众投票表决而不是州立法机关的同意为基础这一要求被表述为是主权的问题：人民或州的主权是基本单元吗？这一争论贯穿于整个会议过程。最终，联邦主义者获胜，他们要求通过把所提议的宪法提交给人民专为此目的而直接选举的州议会来获得民众的批准。这一批准程序最终于 7 月 23 日被采纳。这一认定批准过程在一定程度上说（它实际上反映了联邦主义者对民众支持的重要性的所有真正态度）是值得商榷的（Mason，1979，p. 53）。既然州立法机关的主导地位是由于本地政治利益集团和反联邦主义者的支持，那联邦主义者的程序要想取得成功，应当说关键就在于回避他们的干预。会议选择普选的批准方式是一次诡
74 异的政治操纵，这尤其是因为（正如批准期间所显而易见的）民众对于新宪法的广泛支持实际上是十分有限的。会议闭会的时候做出了一个里程碑式的决定，规定批准过程必须取得 13 个州中的 9 个州的同意。这相当于是“一次革命性的进程”，它戏剧性地废弃了这样一个规定，即在《邦联条例》下的任何改革都必须取得所有州的一致同意（Morris，1987，p. 298）。

3.4 批准过程

1787 年 9 月 28 日，批准过程正式开始。传统的记述表明，由于取得了广泛的

同意，整个批准过程很快就完成了，没有发生什么情况。但事实并非如此。正如理查德·埃利斯（Richard Ellis，1987）指出的，实际上，“不容否认，宪法最初通过时并未获得广泛的同意”（p. 297）。第一个提出异议的州是宾夕法尼亚，联邦主义者迅速赶赴那里以确保能顺利通过。事实上，9 月 28 日，国会做出评论之前，联邦主义者乔治·克莱默（George Clymer）就敦促立法机关监督宾夕法尼亚州的会议，要求立即批准制宪会议。他料到了这一可能的突发事件，即持反对意见的反联邦主义立法者会离会，从而使与会者人数达不到法定的三分之二。在宾夕法尼亚州，尤其是在西部地区，反对中央政府以及所提议的宪法的情况十分普遍。国会的联邦主义者意识到了这一阻力，他们以快递的方式连夜把国会的解决方案从纽约州送到费城，但直到 9 月 29 日凌晨才到。无论如何，由于还是没有达到法定人数，会议无法按批准会议的形式进行。因此 9 月 29 日下午，出席会议的人命令全副武装的警察强行把未出席会议的人带进会场。“在暴徒的协助下，有两名反联邦主义者被拖出他们的房间，强行带到会场。这样，法定人数就是到会的人，当天下午，代表们投票选举 11 月 20 日费城会议的与会代表”（Morris，1987，p. 302）。

这在宾夕法尼亚州仅仅是冲突的开始。11 月 20 日，一名费城暴徒袭击了几名
据说反对新宪法的与会者的家及其房间。尽管他们因此错过了 11 月的选举，但反 75
联邦主义者争辩说，这并不能代表州的大部分地区，恐吓和地理的因素使得这些地区无法参与选举。当新宪法如愿通过时，可以预计，这个州的西部地区的反应是强烈的，卡莱尔一名暴徒的行为就是证明，他焚烧了“苏格兰人詹姆斯”的雕像——这里说的就是制宪会议代表詹姆斯·威尔逊（Morris，1987，p. 302）。

尽管在批准会议上投票表决了考虑修正草案的动议，但修宪之战在这次投票之后取得了重大进展。西部地区 6 000 余名市民签名的请愿书被送到费城，责难宾夕法尼亚州代表在制宪会议上越权，要求会议为了各州的权利和约束全国政府的权力考虑修正法案。这些要求被会议通过运用程序手段忽略了。

作为人口众多的州之一，宾夕法尼亚州在批准宪法上的障碍表明了联邦主义者的立场的奇异方面。联邦主义者反复表达了他们所关心的一点，就是合众国的政府不必对中间单位（如州府）负责，而是必须直接对公民个体本身负责。这是联邦主义者的立场的基础，是他们提议的在每个州批准会议过程（而不是州立法机关的批准）的基础。联邦主义者证明说，批准会议应把公民与所提议的中央政府直接联系起来，而不必受到各州的影响。有启发性的是，批准过程的实际后果是，人口不太多的州如特拉华州、新泽西州、佐治亚州、康涅狄格州等很快就同意签署文件；人口较多的州如宾夕法尼亚州则因意见不一致而搁浅，甚至时常转变为暴力。小州的批准过程实际上说明了公众共识比事件所指示的要更为广泛。这一过程并不是那种广泛的民主同意的过程，联邦主义者证明说，这种过程是一个直接对公民负责的共和国所必需的。然而，富有讽刺意味的是，普布利乌斯（Publius，1952）在《联邦党人文集》中回顾这一过程时，以谨慎的论证提出，它不过是一个比较聪明的政治策略，他特别地警告说：

> [要注意] 影响全社会命运的制宪问题的参照物……通过挑起太过强烈的

76 公众情绪来干扰公众的平静的危险，仍然是对影响全社会命运的制宪问题的常规参照物的激烈对抗。虽然在注意修正我们已建立的政府形式方面取得了成功，但必须承认，试验本质上是极其不稳定的，没有必要再扩大。(p. 160)

联邦主义者没有运用州立法机关（在那里，全州范围内实际参与的公民已经被鼓动起来，并且重要的是，批准过程需要获得**两院**的同意），他们对遍及全州县的分歧程度有清醒的认识，他们论证了批准模式，并使其获得了批准，由于他们的国家是城乡并存，所以这一模式可通过排除大多数国民的顾虑而获得对新宪法的灵活通过。事实上，需要9个州参加的批准过程于1788年6月21日完成，尽管还是没有获得强大的和人口众多的弗吉尼亚州和纽约州的同意。它证明了联邦主义者的政治智慧，正是他们所确立的批准过程使得从根本上建立一个新的政府形式，同时又不必得到大多数国民的同意（改革从一开始就是以他们的名义提出的）成为可能。甚至当主要的州已经批准通过时，还是发生了严重的论战，这表明，在宪法批准的过程中，根本就没有出现我们的教科书所说的那种完全普遍的同意（Morris，1987，p. 305）。

正如人们预料的，各州支持联邦主义目标的主要都来自沿海的商业城市，且是出于商业的利益，而那些反对联邦主义的人则主要是从不太重要的、资金缺乏的和有组织的农场主，各州的既得利益者，债务人以及未派代表出席会议的所有其他利益集团那里获得支持（Morris，1987，p. 305）。最终，反对者的缺乏资源和风度成为笑谈，在弗吉尼亚和纽约州则几乎没有出现这种情况。需要提及的是，反联邦主义者如理查德·亨利·李在《来自一位联邦农场主的信》(1966)、詹姆斯·温思罗普在“阿格里帕”书信（Agrippa，1966)、乔治·马松在《驳联邦宪法草案》(1966)、梅兰克顿·史密斯在《对纽约州民众的演讲》（1966）中都分别雄辩地说明了他们的理由，但他们谁也没有《联邦党人文集》中强有力的汉密尔顿、麦迪逊那么雄辩和有说服力（Publius，1952)。这些以“普布利乌斯”的名字写作的作者先是在纽约州继而在弗吉尼亚州对制宪的争论发生影响，这两个州的人对新共和国的成功至关重要，尽管在其形式的批准上未必如此。

77 那年6月，在人口众多的弗吉尼亚州和纽约州发生了争论，这个时期最有影响力的几个领袖人物都介入了争论。在弗吉尼亚州，詹姆斯·麦迪逊本人领导联邦党人同代表反联邦主义者一方的帕特里克·亨利进行争论。汉密尔顿则在纽约州进行活动，他和麦迪逊不仅在各自的会议上而且在新罕布什尔州（它有望在弗吉尼亚州或纽约州结束争论之前成为第九个正式批准的州）的会议上通过特殊的安排介入争论。尽管据估计，弗吉尼亚州有四分之三的人反对新宪法，并且尽管有口才雄辩的帕特里克·亨利，但弗吉尼亚州组织能力出色、资金雄厚和深孚众望的联邦党领导人赢得了时间。1788年6月25日，弗吉尼亚州批准了宪法。

尽管新罕布什尔州批准宪法并使其正式生效比弗吉尼亚州还要早4天，但纽约州对于合众国的成功才是关键。在纽约州，反对宪法的势力十分之强；反联邦主义者参加批准会议的代表人数超过联邦主义者一倍多（Morris，1987，p. 312)。州内的分裂沿着两条可预测的方向，克林顿（Clinton）州长所领导的反联邦主义者获得了内部的支持，而纽约市则是联邦主义目标坚强的后盾。

联邦主义者通过有效的政治手腕在纽约州赢得了胜利。谣传如果会议不批准宪法，纽约市（合众国的临时首都和主要的商业中心）可能会脱离纽约州加入新成立的合众国。这是一个严重的威胁，它给州里剩余的为陆地所包围的其他地区提供了一个可怕的印象。正如反联邦主义方面的势力所证明的，代表选举的结果尤其重要。纽约州为各州遴选批准会议的代表提供了一个最为民主的标准——所有年过 21 周岁的男性自由公民都有权投票（Morris，1987，p. 312)。联邦主义者支持这一公开的选举，这一点令反联邦主义者甚为惊讶。反联邦主义者还被联邦主义者公开的动议（很快就被会议所批准）所迷惑，动议要求代表们逐词逐句审查宪法。这一动议（常常为其他州批准会议所提及，但被联邦主义者自己否决了）为纽约州的联邦主义者赢得了确保其胜利所必需的时间，这时，新罕布什尔州以及（更有说服力的）弗吉尼亚州批准的消息刚刚传到纽约市。显然，其他 10 个州的宪法通过和纽约市的热情支持使得纽约州是否同意的问题实际上变得毫无意义。据一封呼吁召开第二次会议讨论修正问题的信件说，纽约州于 1788 年 7 月 26 日以 30 票对 27 票的微弱多数批准了宪法。 78

还剩下北卡罗来纳州，这个反联邦主义的重镇也于 8 月 2 日批准了宪法，只留下罗得岛州还独自坚持着。反联邦主义者所控制的罗得岛州已经拒绝派代表到费城，现在它又拒绝召开批准会议。有意思的是，罗得岛州有关投票选举的法律是 13 个州中最为自由的，但它可能也是最为热衷于维护州的权益的堡垒。普罗维登斯和纽波特的商业海港城市都支持宪法，它们考虑退出自己的州加入合众国，但是，当新组成的国会开始考虑实施经济制裁甚至整个地禁运以对抗全州时，罗得岛州议会低头认输，同意召开批准会议，在人数严重不足的情况下，于 1790 年 5 月 29 日以 34 票对 32 票批准了宪法（Morris，1987，p. 316)。

通过上面详尽的考察，我们发现，批准过程根本不是“不经审查就直接通过”的过程，尽管各州内部的情况有所不同，但在摆脱一群充满英雄气概的、无私的国家建立者所确立的虚弱无力的《邦联条例》的政府方面倒是达成了一致。实际上，条例被一些人坚定地辩护为是革命精神的代表，开国者被怀疑根本不是什么纯粹利他主义的救世主。现存的政府已经经受了多次严重的民族危机，邦联的整体状况正在好转。《邦联条例》下的行政管理和政策已经取得了重要的成功，并且尽管普遍的看法认为一定程度的改革是必要的，但有许多国民（即使不是绝大多数）满足于他们的政府已经安排好的方向。各州政府已经成为真正民主参与的工具，尽管它同时也面临着各种附带的两难和冲突。并且，正如整个批准过程极其清楚地表明的，绝大多数国民都不愿意为了一个无甚关系的全国政府而放弃州的特权地位。批准的过程本身把许多人排除到了实际参与决定是否取代条例之外；支持至多只能被描述为是不平坦的。

79 1789年3月，当新宪法下的第一次国会召开时，人们当然普遍地松了一口气，不确定的时期终于过去，绝大多数的反联邦主义者转而支持并参与到新政府之中（Kaminski，1983，pp. 30-37）。这与其说是人们突然普遍地转向了宪法的原则，不如说是作为社群基础的革命精神的一种反应。他们以及其联邦主义的对手根据批准期间在5个州做出的郑重保证决定提出一个权利法案；1789年9月25日，宪法的第一个十修正案被国会采纳作为《权利法案》（Morris，1987，p. 230）。但是，反联邦主义者的不满情绪并没有完全消失，尽管他们也曾一度因被联邦主义者论证权力中心化和推进商业活动的观点所说服而有所平息。

3.5 反联邦主义者：和平王国的理论家

目前为止，我在本章已经首先证明了美国有机的社会关系与众不同的精神气质在革命前的时期里就有所发展。这一精神既发轫于殖民主义者从欧洲带来的社会生活形态，但又与之相矛盾。其次，这一精神因革命经验而得到扩展，并在一定程度上在《邦联条例》中被建制化了。《邦联条例》下的政府运作是可预测的，因为它根据的是条例中的原则，但经济动荡严重威胁着贵族阶级，以至于他们决心给政府以重创，结果便是通过批准过程而通过的现行宪法，这一宪法就是重创事实的证明。最后，这一解释意味着，有关这一时期的被接受的历史提供了一个歪曲的背景，在这一背景下运用联邦主义的策略考察我们现行政府形式的力量、弱点和可能性，尤其是考察其中的行政管理的合法地位，似乎是可行的和必然的。

反联邦主义者在立宪的论战中显然是失败者，因此被人遗忘和忽视，在后来的正式历史记述中实际上被排除在外了（Lienesch，1983，1988）。然而，他们失败的故事并不简单地是某一建制性安排的故事，根据这一安排，在新共和国的创立过程中，一些人得以入选，而另一些人则被排除在外。合众国创立期间，人们所争论的实际上是集体社会生活的两种形态，其每一种都有着特殊的政治和行政设计。至
80 于联邦主义者的胜利，也不简单地是某种政府结构的胜利，而是一种社会意识形态的体现，这一意识形态的含义比有关组织各州的具体方面的表面决定和安排要丰富得多。

宪法的真正力量在于它远不只是确立最高统治权力的结构、程序和执行机构。正如卢梭说的："敢于担当建立民众机构的人，可以说，应当意识到自己能够改变人性"（转引自Jacobson，1963，p. 568）。我们建构自身集体生活的方式把我们建构为这一生活中的主体。我们建构各种制度，而制度反过来也建构我们，并得以代代相传。正是制度的这一方面，深刻地创造了我们在其中的生活方式，正如罗伯特·戈尔德温（Robert Goldwin，1979）在他的著作中说的：

> 因而，我们应该想一想1787年之前美国人在这块大陆上生活了多久，看一下合众国的宪法制定之前美国制度的情况，以及随后合众国的宪法对美国制度的正式影响，这样做是完全有必要的。（p. 8）

因此我在此一直关注的乃是美国制度是如何被美国宪法改变的。现在我想对反联邦主义者的观点做更为深入的描述，我把它看作是前面我所描述的殖民地意识的表现。在这么做的时候，我希望从反思反联邦主义的失败的角度出发来说明那被忽视或遮蔽的东西其实是一种可供选择的社会生活图像以及与之相伴随的政府管理过程，正是这一点使得合法性问题变得毫无意义。

我想指出，联邦主义/反联邦主义争论的结果是美国政治和政府生活（在其预设的狭隘意义上说的）的改造。联邦主义的胜利强有力地确立了中央政府的地位，为这个庞大的商业帝国（这是联邦主义的美国形象的核心）必需的稳定和秩序提供了保障。联邦主义的创立者的梦想集中于经济繁荣，这一梦想的动力就是根深蒂固的自私自利的人性。永远追求、我行我素的人类渴望的只是他们自己的个人利益。政府的作用就是把这些可预知的动力控制、结构和调整在一定的渠道之内，以增强和维护公众利益，使后者也能从私人的赢利中获益。

因而，我们的联邦主义先辈们设计制度时，把方向定位在平衡和控制上。其所 81
设计的政府结构能确保所有相互竞争的利益集团对政治问题持一种温和的、理性的态度。这一态度（没有人完全满意）作为一种平衡和制约手段至少能为所有人所接受。这就是普布利乌斯（Publius，1952）在《联邦党人文集》中做出的著名表述："野心必须相互制衡……政府本身不就是最伟大的人性反思吗？……如果人是天使，就没有必要要政府了"（p. 163）。显然，"利益"作为人类动力的源泉，在一定意义上说必须受到约制；至少不同的利益必须相互合作、沟通和制衡。既然人不能直接管理自己，政府就应当由受理性控制的代理力量来执行管理人的任务吧。这是我们的政治文化的特殊起源，我称之为需要理性的人的管理。

宪法的行文源于一个父权秩序的世界。联邦主义者是这一世界中的贵族，他们中的许多人认为自己和他人的物质财富理应得到保护，这样才能使眼中只有公共利益的无私的官员为政府服务。这一本源性的精英，第一个理性的人，想当然地把群众当作恐惧对象，认为他们会拒绝接受自由贸易中追求私利所产生的得失模式。然而，那时与现在一样：如果我们害怕不受限制的私利的力量，那我们就必须通过制度调节对我们的领导人和我们自己有所约束，这种制度调节体系等于是一个广泛的和正在成长的国家。这一观点的结果是形成了一套严格限制的政府和公民关系，其目的是用理性制约大众的情绪。正如普布利乌斯（Publius，1952）在《联邦党人文集》中指出的，"但是，唯有公众的理性能够控制和调整政府的行为。情感应当受到控制，应当由政府来调节"（p. 161）。

创立者们力图构建一个中庸的美国性格，他们甚至把这设定为最高的道德目标，力图使美国人顺从于制度的领导，以确保对极端主义者有所控制。这是至关重要的，因为社会中的人总希望只让不协和的个人利益受到制约、控制和调和。然而，这一目标所变更的乃是产生和维持**集体**的道德意志的能力，对人民而言则是为他们的集体生活确立一套规范的框架的能力。避免极端主义这一否定性的（甚至卑劣的）观念有可能成为最高的原则。甚至罗伯特·戈尔德温（Robert Goldwin，1979）也在一篇文章中指出，从根本上说，可敬的联邦主义者的观点，在于承认了 82

中庸的道德的有限的和缺乏吸引力的方面：

> 如果这就是美国制度，那最具美国特色的道德任何时候都是所谓受制约、受约束或中庸的甚至卑下的道德……中庸的道德总有些单调和令人不满足。人对更高更纯粹的东西总是天然地怀有某种渴望。但凡欲望低级东西的人必定是觉得那东西有用，但这却会令许多优秀的男男女女感到无情和不满足。（p. 15）

恐惧人的自私的激情的联邦主义者只是在修辞上把高级的东西作为目标；他们的实际目标其实十分低级，他们把人类更高级的理想归于私人的王国。

显然，通过制衡与限制来强调道德中庸和实施控制并不能说明我们在建构出制度之前是如何被建构为人的。相反，它表现了美国社会与政治性格痛苦的**重建**过程与其革命的源头和反联邦主义的观点的分离。反联邦主义者提出了不同的观点。和联邦主义者一样，他们也认识到了人类本性阴暗和自私的方面。不过，与他们的论敌不同的是，他们没有把人看作是孤立的个体，而是看作处于相互关联的存在。他们认为人类关系的调节力量是源于社会，源于生活中的相互作用，而不是形式化的制度。

反联邦主义者对于政府控制人类激情的能力的看法甚至不如联邦主义者对人的看法乐观，因为这一点，他们常常被指控缺乏民主，不相信公民在自身的集体行为中的判断能力。这一危险的看法只说对了一半。他们不相信孤立的、理性的个体，即联邦主义者所钟情的17、18世纪的自由主义所鼓吹的那种自私自利的英雄。他们固然也是自由主义者，但是更接近卢梭而不是洛克的那种。梅兰克顿·史密斯（Melancton Smith，1966）问道："社会意志如何表达？""进入社会的个人只是一个躯体，这躯体应当由灵魂来赋予生气；而每一种政府形式都应当考虑到这一情况。"（pp. 376-377）在反联邦主义者看来，人类行为的局限来自以关系网络形式存在的社会过程，这一关系网络决非简单的互利联系。

83

> 反联邦主义者看到了……纯粹私利的社会的不足。他们认为，如果非要说美国政治是什么的话，它也只能是一个道德的社会；他们还认为，这一社会必须存在于人民的心中。（Storing，1981b，p. 76）

人类和人类德性不是个人理性的结果，而是参与和介入话语过程的结果。正是在话语中，建构了人这个行为者和他的行为；话语是保障自由的公民德性唯一可行的源泉。"公民自由在所有的国家都是由自由讨论和自由的人的行为促进的。"（John De Witt，1966，p. 102）约翰·德·威特对法律契约的本质的进一步讨论让我们认识到人类必需的相互作用在反联邦主义者的眼中对社会稳定究竟有何意义："所有的契约都是根据签订它们时双方的意思达成的。这意味着，双方要相互沟通，每一方都应向对方解释他们对面前的这个契约的想法。"（p. 104）所有比具体关系更抽象的东西都被看作是不可靠的，甚至是愚蠢的，它有可能会限制人类行为。帕特里克·亨利（Patrick Henry，1966）嘲笑联邦主义者依赖于法律/结构的制衡，因为它们产生于"把一切都归于一个强有力的和万能的帝国的合并力量"，亨利称它们是"徒有其表的、想象的平衡力，是你的锁链、镣铐，是可笑的空想制衡物，是异想天开”(p. 251)。

今天，我们相信结构和规则是必要的，因为我们就是我们的宪法的产物。我们相信制衡和约束，因为我们相互不信任，我们害怕自己的本性，我们认为这一本性的特征就是自私自利。戴维·舒曼（David Schuman，1973）称宪法所创造的这一过程是“不信任的政治学”(p. 28)。我们不相信我们自己能够通过关系和对话解决矛盾。因此，我们不相信亲密的社会中人类相互影响的过程。相反，我们认为社会过程是受追逐私利驱动的，社会过程不可能产生能有效调整我们的一般行为的机制。如果说任何制度最为重要的一个功能就是教育它的公民，那么在我们的社会里，我们的宪法教导我们，政府是必需的，它能制约统治者，而在我们这些能够约制自己的人看来，宪法只会使自我管理变得更加困难——尽管不是不可能。因而，有讽刺意味的是，我们需要有自己的理性的人。这就是联邦主义的宪法的结果。

反联邦主义者对政府形式与它的人民之间相互依赖的关系有清醒的认识。他们希望政府来自其公民的有生力量（这力量代表着公民自身的自由），他们还希望政府始终致力于培养公民的德性，且代代相沿。根据梅兰克顿·史密斯（Melancton Smith，1966）的观点，“政府影响人民的灵魂，同样人民的灵魂也影响政府……我们的职责就是去建立一个善待人类自由和权利的政府，一个珍惜公民的自由和培育公民热爱自由的政府”(p. 388)。反联邦主义者认为，联邦主义者的目标就是要通过结构控制约制人类的激情，但不是用德性，而是用理性。正如《一个共和的联邦主义者》(作者是一位坚定的反联邦主义者，其身份不详）一文所说的，这创造了“一个以**恐惧**取代**德性**的政府”(A Republican Federalist，1966，p. 125)。 *84*

根据那时人民的生活来判断，《邦联条例》下的政府还算不上是失败。认为条例的条款不过是粗野的乡巴佬为本地利益辩护的反联邦主义者也承认这一点。许多反联邦主义者的描述可以证明这一点：

> 乡村是平静的世界，我们没有受到来自任何方面的入侵的威胁。各个州政府的权力运作都训练有素；个人的生活、自由和财产受到保护。所有出现的紧急事件它们都能应付……战争后期造成的个人损失和窘迫正逐渐得到补救。勤奋和节俭得到提倡，懒惰和铺张正从社会中消失。个人的债务正在减轻，几百万的公共债务也被西部地区的销售额抵消。(Brutus Junior，1965，p. 103)

我们的人民就像是刚从一场重病中复原的人一样。战争打断了商业节奏，引发了通货膨胀，流通停顿，使许多有钱人放弃了一直从事的生意。

> 我们最大的恶也由此而生……但那时，我们不是在过去的三四年做了许多事吗？如弥补战争损失，修理住房和不动产，提倡勤奋节俭，鼓励渔业和办厂，等等，并以此为一个好的政府、为个人和政治幸福奠定基础，而不是像以前处在同样情况下的那些人那样一无作为？(The Federal Farmer，1965，p. 113)
>
> 先生，看看我们的处境：到贫苦人家看看，问问他想做什么。他将告诉你，他想在自己的果树下和妻子儿女一起平静安全地享用自己的劳动果实。到 *85*

> 其他社会成员家去看看——你将发现同样悠闲满足的情况；你看不到惊慌和不安。因此，为什么要和我们谈到危机，吓唬我们接纳这一新的政府形式？(Henry，1966，p. 251)
>
> ［《邦联条例》是］极其出色的制度——它已经经受住了时间的考验，它带领我们渡过了一般认为是无法克服的难关。(Lowndes，1981，p. 149)

我不是说反联邦主义者是英雄式的人物，对利他的人性充满着爱和信任，我所说的是，在他们的观念中，我们可以发现另一种政府角色，其基础是把人类行为看作是可有机地调整的和能够发展的，而不是机械的。由于联邦主义者虚构的建国神话的主宰，我们已经失去了真正的机会去考虑这一角色。不过，现在正是重新思考反联邦主义者的观点的时机；它们显然能够运用于当代的状况。正如林奇（Lienesch，1983）机智地评述的：

> 在我们的时代，他们［反联邦主义者］的例子显得尤为重要。今天的许多人已经不愿意思考进步的信念，其在19、20世纪曾启发了那么多的学者，可现在已日渐成为一种幻觉……因而当哲学家和政治家们盼望着找到一种不再如此乐观地假定进步之必然性的政治理论时，他们可以回顾一下反联邦主义者的原则。在遭到恶意攻击的反联邦主义的原则中，他们也许找到了一种能适应这个后进步时代的政治改革模式。(p. 87)

在学院的历史学家和政治学家当中，对我们的建国过程的讨论当然充斥了一直存在的学术分歧。然而，即便是在学术著作中，反联邦主义者也都是些令人不快的角色。

> 和绝大多数历史的失败者一样，反联邦主义者也没有得到友好的对待。直到最近，仍有忽视他们的倾向，或是简单地把他们当作“没有什么信念的人”打发掉，仿佛他们在美国政治或制度传统中只配居于一个边缘的位置。(Ellis，1987，p. 295)

86 确实，就连要确定反联邦主义者是什么样的人都不是件容易事。甚至他们的名称也是他们的论敌给取的。正如马松（Mason，1979）指出的，应更确切地把他们称作是“反国家主义者”，因为他们所反对的并不是“联邦主义”（事实上他们坚定地拥护原初形式的联邦主义），而是他们认为的过分强大的全国政府的威胁(p. 37)。新宪法的支持者是在1787—1788年批准之战期间，出于公共关系中进攻的策略，挪用“联邦主义”这一流行概念称他们的论敌为“反联邦主义者”的(Ellis，1987，p. 302)。

反联邦主义者是一个松散的集体。他们有着十分不同的背景，但对各州赖以建立的政治方向和本地问题都怀有兴趣，对绝大多数联邦主义者所归属的富裕的贵族阶层都深怀恐惧和不信任。大体上，他们是新近被造就为领袖人物的。他们知道自己对公共问题毫无准备，他们没有对于传统领袖人物的行为有决定性意义的表达和阐述的社会技能（Wood，1979b）。尽管个人的这些缺陷曾令他们苦恼不已，但他们还是提出了反联邦主义的怀疑，认为走向更中心化的政府的运动是一种阻碍作为革命遗产的平等与独立的贵族政治运动。

在 18 世纪美国的语境中，反联邦主义者认识到了他们周围的传统社会秩序的力量，联邦主义者就是依靠这一秩序成为上层社会的（Wood，1993）。在任何时候，反联邦主义者都觉得自己是本土的、乡村的、未开化的和“缺乏绅士风度的”。反联邦主义者是革命遗产的继承人；他们通过革命所激发的平等主义而成为政治家和领袖（Wood，1979b）。他们都是自学成才，他们天性中就不相信贵族阶层。他们不信任联邦主义的计划，因为他们意识到了产生这一计划的社会经济条件。反联邦主义者认为走向中央政府的运动是对革命果实的背离，他们怀疑提出这一计划的联邦主义者是想借隐秘的贵族政治的名义篡夺老百姓的政府。

> 因此，我们要思考一下那些要求无条件地立即接受所提议的政府形式的人的动机和计划是什么；他们可怕的东西是什么。如果你运用你健全的判断力和 87
> 辨别力，你就会发现那披着假面的贵族政治，它们正披着共和主义的可疑外衣蒙骗你。（Centinel，1966，p. 110）

他们也知道下层阶级顺从精英阶级、甘受比他们“优秀的人”的威吓、盲目相信 18 世纪关于事物秩序的信念（即为全体人的最大利益认识与行动乃是贵族天生的能力和责任）的天性。

《邦联条例》具体体现了结成松散联盟的各州的革命理想，这些州的政府依赖于小型的、同类的、构成 18 世纪美国社会的本地社群。小的中央政府的存在整个地依赖的是各州的认同，这些州的主权是最为重要的。反联邦主义者力图大刀阔斧地改变这一政府形式。他们对联邦主义的危机论断体验至深。

> 对于希望尽快采取措施的人而言，告诉我们现在形势危急（现在正处于紧急关头，要么抓住机会，要么前功尽弃）是自然而然的；应关上大门不闻不问，只要其所表达的意识还有局限，只要时间和探讨有可能发现这些局限。这一直就是一切时代的暴君及其侍从［原文如此］的习惯。（Lee，1966，p. 201）

综合反联邦主义者有关改革的各种立场，就能得出一种本质上保守的社会改革理论。他们相信社会制度具有稳定和维护现状的好处，他们担心激进的社会变革会威胁自由而不是增加自由。美国政府的结构是为最大限度地利用革命果实亦即自由而审慎地建立起来的；不恰当地擅自改动这一结构将为以更不适合或效率更低的机制取代这些保护打开方便之门。改革本身就是可疑的。习惯、仪式和文化规范反映的是社会的真实精神，社会制度的稳定是个人自由最大的源泉。反联邦主义者承认他们的保守主义具有某些讽刺的方面，如它的目的在于保护革命果实。他们认识到了革命性的变革可能造成的威胁，如会破坏人与人之间的联系，还有如埃德蒙·伯克（Edmund Burke）后来讨论法国大革命时说的，会造成动乱，给压迫提供机会。 88
他们甚为关切的是保存革命果实，阻止政府随着时间的流逝必然地会滑向集权的倾向。他们认识到，美国革命已经改变了陷入危急的关系，现行的社会制度还太不成熟，在遏制更进一步的变革方面还无法发挥效用，哪怕是旁敲侧击地发挥效果。辛蒂诺（Centinel，1966）（他既是一个作家，也是宾夕法尼亚州宪法的草拟者之子）写道：

如果不是因为时间和习惯赋予政府形式的稳定性和配置，我们早就处于启蒙和有野心的少数人的控制之下了，如果他们联合起来，他们随时都会破坏这一最理想的政府形式，甚至会把人民当作他们奴役的工具。后期革命已经大范围地消除了所有此前的习惯，现行的制度完全是最近建立起来的，在那里发生的并非迫不得已的变革，其在传统社会中也是极其明显的，且与理性相一致，因为最具理解力的心灵不能预见公民政治组织方面有形变化的充分运作；对抗变革乃是习惯法的本性。（p. 4）

反联邦主义者亲眼看到了革命根本地改变公民关系与联系纽带的程度。革命改变的远不只是政治权力的源头。

革命不仅根本地改变了人与人的关系和人与社会的关系，包括妇女的地位，而且摧毁了西方世界至少两千年来一直为人熟知的贵族体制。革命以历史上前所未有的方式并在一定程度上以与世界其他地区不同的方式带给了长期受到蔑视的普通人以体面甚至统治权力，赋予了他们卑贱的劳动以尊严。革命没有消除君主制和创立共和国；它实际上是美国人所谓的公众与州权力的重建，它导致了一种全新的公民政治和一种新的民主官员……最为重要的是，它使一般人的利益和财产——他们对幸福的追求成为社会和政府的目标。（Wood，1993，p. 8）

在反联邦主义者看来，这是一个首要的成就，它承认了普通人表达他或她自己的爱好并据此支配它们的重要性与权利。正是这一成就为《邦联条例》和建立一个
89 新的社会秩序奠定了基础，尤其后者是需要时间和稳定去提高一般公民的素质才能做到的。这一点是十分微妙的，反联邦主义者对于教育和培养普通人认识他或她自己的权益以及更大的社会的利益方面持有比他们的论敌联邦主义者更为乐观的态度。积极的政治参与是实现这一提高公民德性的目标的手段。

自由民最大的目标就是要建立自己的政府和法律，并做它们的主人，以便创造对法律的一种信任感和尊敬，并由此使社会的有判断力和德性的人能够为法律疾呼，且无须借重庞大的军事力量维护它们。（Lee，1966，p. 215）

正如斯托林（Storing，1981b）指出的，反联邦主义者"认为公民社会是教师，是性格的培植者，而不是行为的调节者"（p. 47）。

《邦联条例》把政府建立在较小的、由同类公民组成的社会的基础之上，在这一社会中，政治参与依赖于与他人的有机联系，而非教育或课堂。当然，不论什么形式的代表制都会冲淡公民在行政管理中的直接介入，但当代表就是其所代表的人民和社会时，它就不可能导致致命的偏离。

当我们说到代表时，我们心里自然而然指的是他们类似于他们所代表的那些人。他们乃是人民的真实形象，了解人民的环境和需要，同情人民的疾苦，

> 并尽力为人民谋福利。(Smith，1966，p.382)
>
> 要促进人民的幸福，就必须有本地法律；这些法律就必须由对法律有迫切需要的人的代表们来制定。(Agrippa，1966，p.133)

这些完全本地的调节机制能体现多数人的意志，在那里，公民自己能认识到他们自己以及更大的社会利益的重要性。这将创造出——正如珍妮弗·尼德尔斯基(Jennifer Nedelsky，1982) 所说明的，"公民与他的政府之间一种紧密的和积极的关系……反联邦主义者渴望这样一种政府，在那里，人民的行为是积极的、负责任的"(pp.343-344)。

反联邦主义者是平等主义者和社群主义者，他们"十分看重名誉和尊严，看重相互的友谊、勤奋和独立"——然而，他们对人性的理解一点也不天真或简单 90
(Jacobson，1963，p.562)。反联邦主义者对人的贪婪与自私的看法一点也不亚于联邦主义者；在大多数人看来，正确行动的可能性一直是他们所关心的问题。对人固有的自私本性的调节乃是争论双方共同关心的，也是每一方热衷的政府调节的基础。反联邦主义者认为，只有对影响人做出 (不能反映公众利益甚至他们自己的长远的个人利益) 正确选择的激情的真正控制，才能使仅仅在地方社区中发展和培育起来的公民德性以及对同类的感情有可能出现。个人交往的过程，他们的生活经历把他们造就为公民，并创造他们的一般价值，调节他们的行为，对于这些，反联邦主义者无法想象一个陌生的、无联系的政府结构能够完成。"一个共和的或自由的政府只能存在于有德性的人民当中，存在于财富几乎平等的分配之中。在这样一个政府中，人民是主人，他们的意见是每一个公共措施的标尺。"(Centinel，1965，p.134)

这一社区、公民德性和公民权相互连锁的观念，常常被看作是反联邦主义者的立场的核心，也常常是受到误解和批评的对象。所谓公民有责任控制、调节甚至管理他们自己的个人和集体生活，这一观点，除在社会调节中有助于相互关联的目标之外，对于反联邦主义者亦有着内在的价值。反联邦主义者相信公民出于自利的积极介入。这一观点贯穿于反联邦主义者的著作中，尤其是那些批驳基于阶级和物质优势的社会划分的危害的著作中。这是革命的核心，是自我决断、自由和自我管理的核心，反联邦主义者急切地想要防止它蜕化变质，他们正确地认为联邦主义者会接受，实际上是欲望这种变质。"除基本的审慎之外，反联邦主义者还有一个强烈的信念，就是认为真正自由的人能控制自己的命运，管理自己的事务，不论是公共的还是私人的。反联邦主义者决心保护权利，但他们也对真正自我管理的可能性有兴趣。"(Nedelsky，1982，p.345)

他们很少抱有这样的幻想，即18世纪一般的美国人必定愿意承担这一责任。 91
社会生活是发展的；积极介入日常生活的事务能使个人和集体得到完善。唯有当制度严密到足够考虑到这种积极介入时，上面的情况才是可能的。在反联邦主义者看来，宪法以安全和财富的名义将权力集中乃是精英主义的，并必然地是贵族政治。它消除了公民权的可能性，创造了分工，因而分裂了公众的善的观念。根本上，它威胁了自由和平等。

社区在公民德性形成过程中的作用乃是著名历史学家塞塞莉娅·凯尼恩(Cecelia Kenyon，1955/1979）针对反联邦主义者的最著名的批判的核心目标之一。在她看来，反联邦主义者留有两个关键问题没有回答：(1）多少以及何种统一是必要的？(2）如果完全缺乏同质性，差异该如何解决？这些问题是绝大多数学者出给反联邦主义者的典型难题（Beeman，1987；Schambra，1982；Storing，1981a；Wood，1979a)。在很大程度上，这是联邦主义的世界观和人性概念胜利的证明。由于我们首先是以麦迪逊式的观点来看待个人，因而我们可以把自己只想象为是一帮追求一己私利的乌合之众，并以一种计算的态度研究社会和集体问题，我们的已经形成的私心在经济交换中就是以这种计算态度去做交易。这一观点可以说明凯尼恩的问题。在这一情况下，知道利益交换或私心的形成需要多少人才能发生是必要的。我们必须有多少共同点才能形成一种作为集体生活必需的先决条件的社会“混合体”？如果我们没有足够的共同利益来说明我们的合作交换，那理所当然会出现这样的怀疑：谁是调停者？冲突和差异如何解决？

反联邦主义者很少关心这些问题，因为他们从另外一个有力的角度提出人性和交往的观点。他们接受了（尽管他们并未用这些术语来表述之）发展过程的概念的核心。他们直觉地认为，我们人类并非一些孤立的个人，只会斤斤计较（甚至可能是热衷于计算）我们的私利以获得一个可以接受的结果；相反，**我们乃是社会互动过程的产物和结果**。我们是在人与人的相互关系中形成的。目标的统一或行动的一
92 致是共同生活的结果，是面对面的亲密交流的结果，这一共同生活的过程就是公民形成的过程，因为它是我们人类主体性形成的过程。它也是解决不可避免的差异的过程。公民德性和自由只有在这样的语境中才有意义，它们只有以其被创造的方式通过共同生活的警戒才能得到维持。

反联邦主义者的天才就体现在他们对互动过程的调节与生产力量的认识上。凯尼恩认为这是不够的，因为她以及她的同事基本上都是善的联邦主义者，他们认为相信一个**过程**具有调节功能实在是太过简单化了。必须有具有足够权威的代理人（理性的人）根据长久以来的原则、规矩或价值来裁定差异。事实上，这正是许多当代社群主义者的局限，他们把社区看作本质上是集体在已经形成的共识和价值观的基础上的共同生活。反联邦主义者也认为社会需要一致和同质性；然而，他们的观点是，社会本质上是生产性的。尽管价值的相似性对于社会凝聚是重要的，但同质性的源泉不是理性而是关系。由于共同生活，才会有真正的一致；这正是造就人并在他们身上形成联系和一般幸福观念这一公民德性之灵魂的东西。反联邦主义者当然恐惧个人的自私，但他们认为，唯一可行的控制手段就是人与人相互间的关系，在这一关系中，每个人可以以他人为鉴，并每日反躬自省。

凯尼恩同意这一点，但没有看到它潜在的深意。她强调的是代表制的问题框架——有足够的人数以及充分涵盖的两难。她也看到了“反联邦主义者的一个基本担忧：个人与其代表的直接联系的缺失以及代表的学识”（Kenyon，1955/1979，p. 62)。然而，她根据传统的分配政治学解释这一担忧说：“每一位投票

选举代表的人直接的和个人的**影响**［黑体字为作者所加］有可能因此被削弱。”(p. 62) 这颇像是游说能力上的一种简约，它只理解利益的政治学。在反联邦主义者看来，缺失主要是亲密性与联系方面的，是通过共同生活的重复互动相互建构的能力的削弱。

凯尼恩的结论是，反联邦主义者是一些“没什么信念的人”。他们是反民主主义者，他们恐惧人的本性，因而对人的自我管理的能力表示担忧。他们甚至责骂其 93
联邦主义的论敌的“乐观主义”，因为后者相信民选官员的品行（p. 64）。她没有看到反联邦主义者恐惧的是脱离社会或人群（用当代语言说，正是这些把人建构和调节为主体的）的个人。反联邦主义者致力于通过创造一个有德性的公民社会来加强对自我管理的保护，而联邦主义者关心的是保护个人追求私利的能力免受名声不好的民主主义的大多数的损害。正是在这里，我们能最为清楚地看到那使我们有关统治的话语的基础发生严重变形的意识形态源泉。

珍妮弗・尼德尔斯基（Jennifer Nedelsky, 1982）的有先见之明的评论是中肯的：“联邦主义者与反联邦主义者之间的争论表明，宪法的出台是为了以有效的行政管理取代政治参与，是为了依靠私人利益而不是依靠公众德性。”（p. 342）这是一种通过理性的人实施的治理。他们让我们相互提防。我们需要他们，因为我们不能相互合作。联邦主义的政府致力于这样一种观念，即一个正在成长的建立在人自私贪婪的天性之上的商业帝国将通过财富和安全给人提供依赖感，反联邦主义的小社会则是通过介入和互动过程提供这种东西。简言之，反联邦主义者想要创造一个和平的王国，而联邦主义者则想要创造一个富裕的商业社会。

3.6　第二次建国的后果与遗产

回顾一下，导致通过新宪法的那些年的社会经济条件不祥地预示了未来，联邦主义者自己对他们坚持的东西有着清醒的认识（Wood, 1993, p. 366）。“尤其是，无论如何，在批准之后，由于美国政治开始蜕化为党派偏见与暴力，支持者被迫重新思考宪法理论，他们承认仅有一个好的法律不会产生好的政府……正如皮尔斯・弗伯斯指出的，法律‘不能抵达人心’。”（Lienesch, 1980, p. 7）

根据联邦主义方案执行的情况看，这一时期最有影响力的人可能要算财政部部
长亚历山大・汉密尔顿。他宣布在制宪后的头几年的目标是要建立一个稳定的财政 94
国家，其特征就是在既定的商业利益集团和政府之间建立紧密的联系。建立这一联系的目的在于把商业精英与政府之间联系起来，其手段主要是通过对国债的管理和创造一个“资助与依赖的等级关系”（Wood, 1993, p. 263）。正如联邦主义者克里斯托弗・格里指出的，“链条的两端环环相扣，政府的繁荣与有产者的利益共存共荣”（Pinkney, 1969, p. 37）。联邦主义的议程主要是经济上的，并且由于美国的大众都想从中央的全国政府那里受益，结果就是政府对经济精英的保护和控制愈演愈烈。

当经济合并和国有化在新政府的领导下正式开始时，普通公民的状况却以未曾预料到的方式日益恶化。18 世纪末的美国是一个充满暴力和动荡的国度。“似乎一切都四分五裂，凶杀、自杀、偷窃和暴乱日益成为对自由与利润的追求带给人民的负担司空见惯的反应。”（Wood，1993，p. 306）酗酒者越来越多；到 19 世纪 20 年代，酒精消费几乎是 170 年后的 1990 年的 3 倍。城市骚乱已是家常便饭，其诱因不外乎种族冲突、劳资矛盾以及老百姓方面普遍存在的怨恨情绪。家庭暴力酿成的悲剧也在上升。例如，据报道，17 世纪美国的各种家庭凶杀案为 120 起，而 1780 年至 1825 年则发生了 1 900 起。雇佣保镖和保安的情况急剧增加，19 世纪 20 年代则出现了专业的警察队伍（Wood，1993，p. 307）。总之，新共和国的人民以及他们与社会之间的相互关系疏远了，从一定程度来说，这是以前从未有过的。

与这种具有包容性的社区的这种疏远，当然也是联邦主义者在新政府中赋予其权力位置的精英分子的特征。联邦主义者整个地根据自私和只关心私人的个体概念
95 来定义他们的政府，他们牺牲了任何建立在公民德性与公共利益基础上的领导地位的根基。新政府的官员并非不关心德性的人，但他们更关注维护私人的经济利益，他们利用他们的职位谋取经济利益。为防止政府官员的这种以权谋私，政府不得不采取支付甚至增加薪水的措施。

政府内外的这些条件结合在一起成为许多联邦主义领导人幻想破灭和绝望的源泉，具有讽刺意味的是，正是这些领导人对这种情况的出现负有责任。联邦主义者的回应常常是想复兴对政府的选举权和参与权的控制，他们把社会和政治堕落的原因归于过度的民主与自由。“他们发现要接受民主的事实是困难的，因为他们现在的命运依赖于没有灵魂尤其是缺乏反思意识的普通人民的意见和投票。”（Wood，1993，p. 367）然而，这并不是说要转而求助于建立在个人私利基础上的经济国家的运作。

当然，具有讽刺意味的是，处于令人触目惊心的时代环境核心的并不是民主参与和个人主义，而是（正如反联邦主义者已经提醒的）参与、民主和个人主义**与任何社区过程或关系都没有联系**。反联邦主义者所害怕的正是曾经存在过的关系与话语遏制者的新民主制疏离的和缺乏基础的特性的脱离。正如新成立的共和党中的一位反联邦主义者于 1820 年所质疑的，联邦主义者难道不知道“我们的社会是一种个人的联系——人与人的联系，而不是基于财富的合伙关系?”（转引自 Wood，1993，p. 270）

反联邦主义者常常被指责为是人群中“没什么信念的人”，是反民主制的人，例如凯尼恩。真是太奇怪了，如果我们把民主制看作是 20 世纪末美国异化的变体，那他们就是反民主制的人。他们认识到那时的联邦主义者以及今天我们称作民主制的东西是人类主体——公民——的一种没有联系的和无实质的否定方面。疏离的和仅通过间接的满足私利手段与“他的”同伙发生联系的公民根本不是反联邦主义者的社区的产物。

联邦主义者认为人与人的关系不是他们认为对美国繁荣至关重要的商业帝国的充足基础。坚持这样一种梦想需要在更广范围内加强控制。因此，他们创造了我们

的宪法作为这一建国过程中的实验基础。然而，我们也许已经接近了他们的梦想的局限（实际上，到他们过世的时候，这些局限已经开始淡化了），美国政府现在的 96
危机意味着它需要对我们的遗产中被压抑的和未解决的反联邦主义的部分进行认识。我们一直在说着传统的故事作为评判我们的建国历程的方式、产生具有包容性的心灵的方式、使我们的人民与我们的主导联邦主义遗产的基本前提保持一致的方式。相应地，我们否定了我们本性中那属于反联邦主义的那些部分。正如戴维·舒曼（David Schuman，1973）如此雄辩地写道的：

> 我们是为了私人行为而不是合作行为而被建构的；我们获得的政府形式不是为提倡人的最优秀的东西，而是为维护他身上那最少的东西。我们必须意识到，我们是有生命的、自我实现的预言家，亦即通过建立一个适合于自私本性的政府，我们能维护它，且只能通过自私来维护。(p. 26)

我们已经被谴责为是“与世隔绝的公共生命”(p. 26)。

正是在联邦主义的这种公民形成和它的与世隔绝的公共生活中，我看到了公共行政的合法性危机的源泉。在建国问题上联邦主义者与反联邦主义者之间的大争论突出了这一问题，其核心的方面在此可以明显地看到。美国后来的统治话语也集中于这一源泉的问题以及由此而来的人与人合作的可能性。这是形成弗里德里克与芬纳争论的核心焦点，对此我们在上一章已经看到了。在联邦主义胜利的阴影下，我们把自己界定为是“与世隔绝的人”，相互间无法建立沟通和联系。这必然地使得我们的管理过程一再地与我们脱节，把我们交给更冷酷也更聪明的头脑（例如，从形式上说，这些人是用“头脑”即他们的理性做事）以便通过思考成熟的决定完成预定的目标。不过，在我们国家的历史中，反联邦主义的生活意象时常浮现出来，也许最有趣的是在公共行政作为一个具有自我意识的领域建立的时期。

3.7　结语

本章的历史解释传达出的信息不仅不是神秘难解的，反而是众所周知的，几乎一般的大众都容易理解。这些事实可谓是唾手可得。一定意义上说，我在此所做的 97
一切不过是对它们的重新定格，把它们置于一个不同的、非正统的解释语境之中。不过，围绕着美国制宪过程产生出来的知识曲解是如此之有力和广为传播，以至于当以此处的方式表达历史时（正如我以前在课堂上讲课和与专业的同事讨论时已多次表达的），还是会引发强烈的否定性的反应，甚至随后的对话会导致（正如常常发生的那样）批评家们采取决定性的防守立场——认为我所谓的“曲解”对年轻的美国人的社会化来说是必要的，因为必须教导他们要尊敬他们的开国者，是他们创造了各种制度，是他们创造了我们的传统。

我对这类攻击的回答是令人沮丧的——与其说是我受到攻击，不如说是我把这攻击看作是批评家的立场的破坏性含义。我们的老师们告诉说，我们的开国者亦即联邦主义者要比他们那个时代的人民更聪明。我们得知产生于美国革命（我和其他人如诺曼·雅各布斯相信这次革命反映了对人类和人类关系的可能性的高度信任）的政府是坏的、不充分的和不正确的。我们被要求要尊敬那些英雄人物，他们能够认识到这一点，能想出补救措施，并引导那个时候足够数量的右翼人民（虽然使用了一点点暴力）得出结论说应当支持新宪法。我们甚至不仅对教会要会心地微笑，而且要尊重使这一建国之战得以完成的修辞和其他措施。我当然要再现建国时代“被忽视的”那些人的情感——他们在批准过程中是输于计谋，并要指出，从这些人的角度来看，宪法的“天才性”并不在于能证明存在于联邦主义的政府方案中的道德妥协和反人民的设计的合理性。所谓这些仅仅是对建构一个伟大而美丽的政治大厦而言必要的丑陋的脚手架，或者称时间已经为建国者做出了辩护等，类似这样的观点根本没有说服力。至多，联邦主义的政府观还没有足够的证明（我们整个的民族历史等于仅仅是与其他政体有关的一堆记录），显然，所有当代的美国人都接收到了来自我们所提出的政府体系的混合结论。

尽管如此，最为让我沮丧的却是这样一个事实，即在被迫接受正统的历史，拒绝反联邦主义者提出的另一种精神时，我们也是在被传授一种微妙的自我憎恶。我
98 们的开国历程的故事的亚文本是：人民无法相信自己能建立他们的政府并使其正常运作，人民需要我们的开国者那样的优秀人才和杰出的精英分子来为我们设计与运作政府。制度是最强有力的教师，令人沮丧的是，我们的教师教给我们的就是这些。尤其令人沮丧的是，传授这一课的课堂总是坚持这样一种观点，即美国（正如它常常显示的）就是使民主制得以可能的东西的缩影。这正是歪曲的最有害方面。

反联邦主义者持有另一种观点，他们的观念在建国之后并没有完全消失，反而作为与宪法政府相对立的亚主题延续着。这一亚主题以一种特别相关的和批判性的方式在公共行政领域建立的时代爆发出来，不过产生的是另一种知识变形。我下面就要转而讨论这一历史过程。

第 4 章

领域的根基错误

白人真是奇怪——他拥有上百匹马，却让他的兄弟步行。 99

——坐骑王（Chief Sitting Bull）

1877 年全国铁路罢工与西班牙—美国战争之间的年代是劳工暴力的时代，这与其他任何工业国都是不相同的。

——斯蒂芬·斯科罗尼克
(Stephen Skowronek)

关键在于，19 世纪的发现是在职业化的方面，因而我们留下的不是智慧的扩展而是对智慧的更大需求。

——艾尔弗雷德·诺思·怀特海（Alfred North Whitehead）

从我居住的地方驱车几个小时，便是相当有名的大西洋海滩。几十年来，那里一直是休假胜地；它是 19 世纪被东部沿海的富人发现的。最初，它主要是身价百万的狩猎者使用，他们来到这里射杀每年从南部向加拿大迁徙的水鸟。据说，这些水鸟常 100
常是上百万只一起飞临，当它们的空降群临近时，天空一片阴暗。这一情形已经不复返了。射杀者荼毒鸟群，成百上千地射杀它们。时常，当我在夏末来到这里想着秋季的临近时，我总是想像，要是能看到同时迁徙至此的所有那些水鸟，那该是怎样的情景。尽管如此，大多数时候，我还是在想，究竟是什么诱使射杀者杀害鸟群到如此的程度。既然显然他们不是（在我所能想象得到的任何意义上说）“必须”杀害它们，那究竟是什么导致了这一行为呢？是什么样的社会背景使得他们的大规模残杀成为了一种理性的甚至健全的、当然的行为？

同样的问题也存在于大草原上美洲野牛数量的减少。美洲野牛的皮和骨头具有一定的商业价值。还有一种观点是认为射杀兽群能帮助“快要饿死”的土著美洲人，他们就生活在这一地区。但是，这种推论似乎涉及的是目的，而没有论证手段的合理性。

荣格主义者当中有一个广为流传的故事：有一次，卡尔·荣格访问美国，与美国的一位印第安酋长进行了一次谈话。这位酋长向荣格解释了印第安人是如何看待白种人的。他说，在印第安人看来最为明显的，是白种人没有“正确的表达方式”，他们只知道微笑和撒谎。他们似乎沉迷于占有财物，而对大地毫无敬畏。这位酋长最后告诉荣格说：“我们认为他们是疯了。”

尽管本书的意图是想探索知识变形的主题，但用这个酋长的话作为本章所述主题的基调并非完全不合适。实际上，公共行政学建立的时期（从美国国内战争到20世纪之交）美国真的有许多人都陷入了疯狂。这一时期的历史本身是众所周知的；我想以略微不同的方式来巡视这一历史的诸多方面。我要重述这段故事，提出一个新的解释，以作为就我们这个学科领域的起源进行一次新的对话的基础。我所描画的轮廓表明，美国人确实有点狂热，因而他们才曾经想方设法要治愈自己。这一医治努力的一个主要结果，就是公共行政学的建立。对正在走向20世纪尾声的我们
101 而言，现在的确是一个特殊时刻。人们常常把我们眼下所面临的社会、政治和经济条件与19世纪末美国的状况进行比较。对这两个世纪末进行这样的比较似乎是有力的。也许我们正再次进入一个时代，在那里，从全新的角度来看待我们的领域的可能性似乎即将成为现实。

我从上一章的结尾处开始对在殖民地产生的精神做一番描述，该描述表明，美国原本就是因一种合作冲动而组建起来的。这一合作冲动启示了《邦联条例》。然而，殖民主义者也是他们在英国所曾体验到的竞争的、剥削的社会组织模式的产物。他们所生产的集体心理实际上是他们的平等主义的、公社式的革命战争经历与他们的欧洲式的、阶级主导的剥削遗产之间的分裂（Wood，1993；Zinn，1995）。这两种对立的社会生活观念在联邦主义者与反联邦主义者就美国宪法批准所进行的争论中得到了表达。这一争论留下的遗产远非联邦主义的胜利所能述尽。事实上，反联邦主义的社会主题作为强有力的联邦主义的商业主义主题（它主宰了美国早期的发展）坚定的反题，其声音一直在回响（Ellis，1987）。然而，国内战争之后的一个时期里发生的变化仍毫无顾忌地沿着联邦主义的宪政公式不可能充分理解的各个方向发展着。到19世纪末，这些主旨作为社会条件在美国再次浮出表面，把这个国家投入社会和政治的牢笼，并引发了十分类似于一个世纪之前建国时期的关于公共行政的争论。正是在这一语境中，公共行政学作为一个领域出现了。

在展开本章的时候，我首先回顾了1870年至20世纪初美国经济和政治历史中的几个方面。我的观点是，正是在这一时期，联邦主义宪法的逻辑在这样一个范围里得到了充分的呈现，即其对社会生活的整个意义是可见可感的。当这一新美国的

轮廓成型的时候，出现了一种反应，激发这一反应的对象，我将描述为是反联邦主义生活观的一种新生的、哲学上经过锤炼的并在一定意义上说更复杂的版本。这一反应开始引发社会与文化方面的变化，暗示着一种新的政府形式，一种基于平凡的生活观并通过社会与政治合作的原则发挥作用的政府形式。这些变化本应有助于为根 102
本上全新的、以行政管理为基础的政府过程（它赋予公共行政者核心的和整个地合法的角色）建立概念框架和精神气质。然而，这种情形并未出现。相反，公共行政领域是在另一个基础之上建立起来的，这一基础与联邦主义把社会看作商业竞争的场所、把政府看作理性的人的领地的观点是相一致的。实际上，要说明这究竟是怎么回事，就必须描述一下内在于美国公共行政领域建立过程的强有力的知识变形。

4.1　经济与政治背景

南北战争末期至 20 世纪初期大约 30 年的时间里，美国经历了一次根本的、令人惊讶的变革。这是有关美国国家认同的实现过程耳熟能详的故事。这一认同（在美国进入 20 世纪的时候已基本完成）并不是小说虚构；这是商业巨人的认同，联邦主义宪法其实早就把它培植为这个新生的国家的遗传代码。如果麦迪逊、汉密尔顿、杰斐逊能亲眼目睹这个时期的全景，他们必定会击掌高呼：“对，对，这正是我们所想的。”

由于宪法的逻辑本质上是经济的，因此在经济发展的领域，我们能最清楚地看到美国作为一个庞大的商业帝国的英雄形象得以确立的机制。这一发展的特点是国家经济制度的范围的迅速扩大（Fainsod，Gordon & Palamountain，1959）。南北战争的经济需求常常被归于是 19 世纪中叶美国经济指数的持续增长造成的；这一说法的可靠性是不容否认的。然而，简要的回顾表明，尽管美国无论在什么条件下最终都会成为一个庞大的经济建制的社会，但是，没有关键的社会和个人付出，美国这个商业帝国的发展速度就不可能实现。

国内战争之后刺激美国商业的这种增长首要的结构性因素当然是通过全国运输与交流联系造成的经济合作，其发展速度的实现一定程度上是由于连当代人也为之惊讶的私人暴利。这些本质性的技术变化的社会影响是至关重要的，尤其对动摇作 103
为美国社会基础的有机关系方面有持续的作用。有机的联系被抽象的机械论所取代，后者把大的系统与整体联系起来考察（Wiebe，1967）。最明显的影响是商业模式方面。正如政治学家 V. O. 基（V. O. Key，1959）所指出的，“运输网络使人摆脱了小乡村小宗的土地交易”（p. 186）。另一个更为深刻的变化是个人层面的。例如，由于有五分之四的人口生活在乡下，人们的日常生活意识与自然节律直接地联系着。“一切都晚了”这样的状态几乎不存在，人们很少把时间看作标准化的等分仪器。铁路的出现改变了这一切。人们开始遵照铁路的时刻表，使个人的时间意识适应铁路时刻表对于农民而言至关重要，知道“现在是几点”成为商业之必需。因此，1884 年，铁路迫使联邦政府确立时区就不是偶然的了（Ventura，1995）。

人们还发现，新的生活“必需”——食糖、煤油、火柴等——现在全在新的制度形式、公司和托拉斯的控制之下。其控制程度达到了无法想象的地步，并且其在完全陌生和抽象的商业核算基础上做出的任何决定都会影响到每个人。这一新的社会结构的范围已经赋予了工业主义者一种市场理论所无法解释的力量，甚至把他们投入社会高压的领域（Hofstadter，1955，pp. 231－234）。其掠夺性的明码标价成了美国新的商业精神的主要参照点。

这一点还进而获得了当时的关税保护主义的支持，这种关税保护主义按照地区与阶级设立关卡，不利于南部、西部、低收入人群和农业地区的发展。心理重建——把南部人民看作是被征服者，认为他们没有自由，因为他们有不正当的行为，“理应”受到剥削——有助于为持续的高关税提供理由（Hicks & Mowry，
104 1956）。有利于富人的反通货膨胀的货币政策加剧了已经深入人心的观念，即遥远的、无名的代理人正在控制和操纵日常生活的经济，这对特殊群体造成了不公平的后果。这些心理上的重要变化动摇了乡村的传统精神，令美国人十分不安，导致了普遍的偏执狂，并在当时的政治中体现出来（Hofstadter，1955）。这一政治的偏执狂已深深扎根于美国精神，其源头甚至可追溯到殖民时期产生的明显具体的和社群式的生活观，这一生活观把社会关系而不是官方建制看作是社会秩序首要的基础。亨利·亚当斯下面的这段话明确地承认了这一点：

> 13 个地区的人民恐惧和怀疑的最大对象是权力；不仅仅是总统、王室、一个或多个议会、多数公民或少数公民所掌控的权力，而且还是抽象意义上的权力，总之只要是权力存在的地方，不论是何种形式的权力。（转引自 McConnell，1966，p. 33）

正是这种恐惧导致了声势浩大的民粹主义运动。正如麦康奈尔（McConnell，1966）评论民粹主义和同时代的其他政治运动时说的，“所有这些运动都是影响深远的剥削与混乱意识的征兆……在民族发展过程中出现的恶的意识是普遍的；公众对腐败的关注是最确定的征兆”（p. 33）。民粹主义想要做的是介入同抽象权力的运作的公开斗争中，这是抽象权力的信徒所极端害怕的。尽管民粹党在那个时代的政治斗争中极少取得胜利，但作为一种广泛的政治运动，民粹主义为受到压制的反联邦主义文化主题的复活打开了道路。就其作为一种社会运动的方面说——重要的是，其基础是农业社会维系自身的实际合作活动——民粹主义的出现乃是反联邦主义精神的明显复兴（McMath，1933）。人民在其中看到了实现合作治理的可能性，他们通过直接的介入就可以获得这种治理形式。另一方面，民粹主义运动也激发了存在于所有形式的社群主义内部的更隐秘方面：对所有非人的社会关系偏执狂式的恐惧。特别是，国家市场的迅速发展以及它所导致的抽象权力的新现实恰恰是反联邦主义迷人的隐晦方面正确的代理。在这一隐晦的方面，存在着对抽象权力的恐惧——野心正是普遍地想通过这种权力进一步发展自身（并且野心还为这一权力建
105 构庞大的机制或非人的建制）——以及对控制这些建制的精英的共谋的相应恐惧。反联邦主义者认为，这些建制一般地总是会损害老百姓和社会的利益。反联邦主义

的这一隐晦的方面也鼓舞了民粹主义者（Goodwyn，1976）。

不过，民粹主义与这个时代重要的政治争端重新引发的问题乃是政府（而非政治）在处理社会与经济情况时的合适角色。想完全从当代的角度理解政府在我正讨论的时期如何与国家的社会与经济生活相脱节是困难的。将社会意图积极地设定为政府“图式”的目标的观念根本就不存在。政府的行政管理，不论是民主制的还是共和制的，都没有把相当严峻的经济萧条形势看作它们的“事务”。相反，它们只需要在私人部门扮演自己的角色（Hicks & Mowry，1956）。当然，有一种观点认为，法律可以用于遏制特别腐败的行为，犹如我们思考刑法时那样。这一法律观念是存在于“积极政府”的理论方面的一切，并且一般来说，“法律”应由法院来解释（Skowronek，1982）。按照联邦主义者以及他们所制定的宪法的逻辑，19 世纪全国政府不过是为贸易确立结构性的条件以及根本性的规则，然后任由市场以及它所产生的社会生活形态自行发展。在这一时期，国家经历了也许是有史以来最广泛、最严重的经济与社会震荡；然而，我们几乎找不到一个基础去理解政府对此该如何行动。对 19 世纪末美国的“强盗式贵族”过激的英雄主义行为做的补偿性反应的最初尝试常常受到挑战，这些努力基本上都到 20 世纪上半叶才取得成功（Redford，1965）。

如此运用政策去建构社会生活，首先出现在调整活动以及通过限额、文化水平测试等实施移民控制的领域（Hicks & Mowry，1956）。当然，到目前为止，这一尝试最重要的方面是铁路线的调整。铁路线调整的历史揭示了美国政治文化体系的分裂程度，这种分裂乃是国内战争战后时期的经济扩张与动荡引起的。这一时期的政治舆论的范围也许是美国历史上最为广泛的。各种提议主要集中于解决铁路问题，即让政府接管铁路直接经营，或是建立政府的铁路公司，通过与私有铁路线的 *106*
竞争来降低票价（Fainsod，1959；Hicks & Mowry，1956；Redford，1965）。当然，反对这一观点的也普遍存在，调整似乎是唯一可以接受的选择。然而，甚至对于最小的调整也存在着心理矛盾。州际贸易委员会（the Interstate Commerce Commission，ICC）被授权调查民怨，寻求通过法院调解弥补过失。直到西奥多·罗斯福（Theodore Roosevelt）执政的改革时期，ICC 才在州际贸易的游戏中担当了真正的角色（Fainsod，1959）。

在国家为遏制新的集团垄断与市场控制（“托拉斯”）泛滥的斗争中，我们可以看到和 ICC 相似的历史过程。在战后出现的社会的—政府的语境中，这些新的大型公司统一体占据着绝对的优势地位。它们完全是新的创造物，一种超越了一般公共领域甚至政府中的公共领域所指涉的理论框架的创造物。公众对它们只有恐惧（又一次“偏执狂”），对它们的政治代表的要求就是能在遏止它们的方面有所作为。政府机构极力想在宪法的理论框架内找到自己的位置，尽管宪法为产生这些机构的经济扩张想象和提供了各种条件，但事实上，它不能为理解它们的位置、角色以及政府与它们的关系提供一个便利的框架。原则上，各州有足够的权力对它们采取行动，但它们要受到其地理因素决定的司法约束的限制——它们的行为不能影响州际贸易。

然而，习惯法传统能对“本质上属于公共领域的”贸易做合法的调整，这些传统也约束政府的行为，以反对贸易壁垒中的阴谋（Hartz，1948；Lippmann，1937；Skowronek，1982）。这些是大多数反对托拉斯的州采取行动的基础，它们向议会提供论证，最终于1890年通过了《谢尔曼反托拉斯法案》。托拉斯在法庭上与法案进行斗争，并发明了“控股公司”这个玩意儿作为规避法案的手段。最高法院在这一点上采取的立场对托拉斯是极其有利的（例如，只允许通过购买财产来限制贸易，工厂和产品本身不是州际贸易的一部分），前8个州试图以《谢尔曼反托拉斯法案》采取处罚措施，结果是7个失去了订单（Fainsod，1959；Hicks & Mowry，
107 1956）。甚至根据《谢尔曼反托拉斯法案》的文本，私人垄断在美国事实上变得合法了。调整愿望所体现的集体的国家认同中的根本变革并没有达到成为有效率的政府行为的指南的程度。至于ICC方面的情况也差不多，直到罗斯福执政下这方面的情况有进一步的变化时，《谢尔曼反托拉斯法案》才强行去部分有效地反对美国贸易的新巨大组织（Fainsod，1959；Hicks & Mowry，1956）。

调节愿望对行政事务改革的影响最为深远。建立第二行政事务委员会的《彭德尔顿法案》（第一行政事务委员会一直没有足够的资金支持）于1883年通过。起初，委员会对大约20%的底层政府机关有司法权。然而，由于接连的民主党与共和党总统想保护各自任命的官员的动机以及哈里森（Harrison）总统任命西奥多·罗斯福主管行政事务委员会的帮助，工作人数到1893年上升到了45 000人，1900年则达到100 000人，而在接下来的10年后，达到了500 000人（Hicks & Mowry，1956）。

正如我前面已经提到的，政府干预经济事务的观念根本不属于19世纪末政治系统中主流的“有效参考框架”。然而，这并非说政府调节的观点与美国政治文化完全相斥。来自英国的古代习惯法传统也是我们的法律最初的参考框架的组成部分，并最终（在20世纪）为我们的宪法中规定的调节提供了法律基础。这同一传统在殖民期间也发挥了效用，并且正如我们已经看到的，那时的政府在经济事务中即便按现今的标准看也是十分积极的——它不仅为商业活动制定标准、价格和规范，甚至还在某些地区规定工资（Hartz，1948）。回头看看这一点有助于揭示调节作为政治社会的一个方面的象征意义。刑法的目的主要是要减少甚至消灭会扰乱稳定的社会生活的犯罪行为。另一方面，调节的目标则主要地在社会积极地表达其自我意识的方面。调节州的肯定性规范（这些规范由集体制定）已确定社会中的人为
108 什么需要在一起生活。美国这个国家在19世纪经济扩张这个关键时期复兴其调节传统并由此把自己表达为一个政治社会过程的困难是十分大的，这一事实正是这一传统被我们的政府已经采取的运作形式所压制的标志。由于政府有可能要担当更为积极的角色，就需要一种新的和更受支持的社会精神。时代的社会与文化状态的变革根本上能为此提供基础。

4.2 社会与文化变革

1891年4月12日，本杰明·哈里森总统在索托高地就他的午餐列了一份清单：

> 牡蛎牛肉汤加上加利福尼亚的雷司令、德国的吕德斯海姆酒和法国的苏特恩酒；凉拌火鸡、鹅、火腿、口条、鹅肝、沙丁鱼、鱼子酱、芦笋、朝鲜蓟加大排；牛羊杂碎拌蘑菇（一道中间菜）和大排；烤鸡烤鸭加牛排；松糕、果子冻、冰激凌、蛋白杏仁饼干、草莓加上法国的苏特恩酒、香槟、白兰地或查特酒。(Bayley，1991，p. 205)

这份菜单乃是激发国内战争末期至 20 世纪初期这段时间的美国文化变革的辩证力量的象征。19 世纪末期的特征是，分化的两极的相互影响。那时，类似哈里森的这顿午餐的消费是十分少见的（我们可以想象，在富人的私人餐厅里，这顿午餐也是十分丰盛的），因为对于一般意义上的其他美国人来说，饿死在当时也是常有的事。这一形成鲜明对比的命运正是推动动荡时期历史变革的典型力量，它证明了美国性格中稳定的价值的明显意义，它们产生的是一种文化而不是暴力的政治革命——尽管只有少数人意识到这一点。

两极的这一对比（在各自的体现中）生发了一个中间的观点，这一观点想要表达人与人之间的关系，而不是每一分散的个人之间的关系。面对看起来预示着社会完全分化为剥削阶级与被剥削阶级（甚至可能更糟，堕落为一种受压制的文化无政府状态）的社会形势，一种新的集体精神似乎自发地出现了，这一精神力图创造出 109
一个共享的社会、经济和政治生活模式。大体上，这是支撑《邦联条例》的政府以及反联邦主义者想要表达的社会观点的改版。

随着国内战争的结束和美国加快步伐向新世纪以及国家经济时代的迈进，社会和文化形势发生了迅速而又混乱的变化。正在兴起的商业阶级作为开拓者与迅速崛起（主要是由于移民的缘故）且逐渐受到攻击的下等阶级并存。这是一个经济起伏严重的时期。战争已经创造了财富，但接着在 1873 年以及在 1893 年，恐慌与经济萧条横扫一切。与刚开始到来的一般萧条状态和灾难形式相反，美国在这时出现了一个完整的暴发户阶级，这一阶级在生活方式与个人行为方面遵循着最为低级的趣味标准，且对其粗俗至极的财富夸耀无一丝的羞耻感。正如当时著名的社会评论家 C. E. 诺顿（C. E. Norton）所指出的，“没有知识追求和道德辨别力乃是这个国家一切缺陷的渊薮。粗俗的流行乃是一个国家的耻辱”（转引自 Damrosch，1995，p. 57）。暴利与投机生产了数不尽的财富。新兴的富有活力的开拓者阶级聚敛权力与财富。至于铁路的情况，开拓者阶级利用州和联邦提供的保护与支持帮助投资大型的、可迅速完工的建筑项目，接着又同等快速地合并到巨大的铁路网络帝国之中(Hicks & Mowry，1956)。个人与严密的、小型的自私团体力图把小型企业合并到大的企业中，当它们成长壮大时，便力图利用规模经济压低价格，吞食小的公司，创造市场权力，然后又反过来利用这一权力去赢得其他的让步和优势。正如一位有思想的评论家论述这一新的美国权力精英时指出的：

> 如果我们的文明毁灭了，那绝不是因为底层的野蛮人。我们的野蛮人来自上层社会。我们的巨额财富创造者已经把一代人投进了无法预知的权力宝座……没有文化的克制，没有经验，没有自尊，甚至没有继承来的阶级或等级

> 威仪，这些狂热的人们认为他们是风浪而不是浮萍。在他们看来，科学不过是自然为财团储备的不会终结的获利项目，政府不过是特权的仓库，而国家不过是消
> 110 费者群体。(Henry Demarest Lloyd，转引自 Hicks & Mowry，1956，p. 416)

显然，这一经济发展模式在联邦主义的宪法理论的逻辑中有直接的体现。令人遗憾的是，联邦主义的框架没有说明使这一新的系统有效运作所必需的实际法律结构该如何发挥作用同时又不会破坏每一种经济体系所依赖的社会下层结构。实际上，根本不能这样来考虑联邦主义者的理论。这一理论把延续和维护社会的问题置于与政府无关的非正式、"非官方"的领域，并且在这么做的时候还假定政府的政治建制的灵活机制（遏制和平衡等）应保护政府免受建国者们所预想的随心所欲的企业界可能的负面影响（Diamond，1979）。

他们没有看到，当真正的大型企业形成气候时，自由贸易对社会关系、政治过程甚至对自由贸易本身的信念强有力的腐蚀性影响。在国家市场体系出现之前的小型商业领域（至多由地区性的巨头所垄断）约束商业行为的规范与标准是为贸易关系而存在的。做一个"好的商人"意味着首先必须通过尊重这一非正式的规范来善待消费者。这种面对面的关系或者说多少属于个人间的联系主要发生在小范围或中等范围的贸易领域，正是它使得这一规则系统成为真实有效的（Wood，1993）。随着大型企业的出现，这一至关重要的联系被打破了，又没有任何规则可以替代它，也没有合适的理论框架能够解释或呈现已经取代经济的公司掠夺。

相反的一方也同样走向了极端，尤其被新的劳动阶级推向了极端，因为他们是新生的经济秩序最直接的受害者。移民潮（在这个时期开始移居美国城镇）不仅引进了新的生活方式、外来语言、不同的食物，而且引进了（对美国政治领域而言）激进的左翼政治理论和政治的具有欧洲历史特征的暴力传统。美国在 19 世纪初就出现过一次有组织的劳工运动。然而，其联盟缺乏包容因剥削性的劳动条件——这
111 是新的大型联合企业的策略——而在工人中出现的反动情绪所必需的组织才能(Hicks & Mowry，1956)。

在这个时期，政府、州和联邦一致地介入所有者的一方，显然，美国并不想重复激进变革的道路。然而，日益明显的是，"不得不有所付出"。商业与劳工之间正在上演的经济斗争所引发的社会形势是极其可怕的，商业行为中的道德沦丧，体现在许多暴发户庸俗的斗富的生活方式中的奢侈与堕落，以及这些人公开表现出来的并通过赞成社会达尔文主义在理论上为其辩护的傲慢与自以为是的态度，这些与城市占有极大比例的穷人包括完全吃不饱肚子的人形成鲜明对比（Olasky，1992）。

城市中在经济领域处于劣势的一方的生活条件是难以述说的。较幸运的实际上就住在没有维护、没有卫生设施的房子里；不幸的则被迫搬到疾病流行的地下室。由于穷人没有预防疾病卫生学的实践知识（这是城市生活所必需的），同时又没有人教会他们这些，于是可预防的疾病如伤寒、斑疹伤寒症以及其他疾病通过空气尤其是通过新的移民群体传播（Hicks & Mowry，1956）。18 世纪中叶欧洲人口开始激增为美国人口的膨胀提供了基础，但连年的战争使得大量的廉价劳动力被征募到前线同样是迫使他们离开欧洲的真正原因。这些战争以及极其便宜的交通费用（例

如横跨大西洋的费用仅需 12 美元，还包括膳食费用）也有效地实现了为西部各州提供廉价劳动力和新人口的目的。其中最恶劣的是儿童与妇女也附带地作为劳动力而受到剥削（Hicks & Mowry，1956）。

美国城市的恶劣条件是空前的。造成这一情况的原因，在于把移民当作劳动力加以剥削以及不把他们当人看待这一公开的动机。除受到剥削之外，移民还受到广泛的歧视。因此，毫不奇怪，其他社会问题开始与这些城市条件联系在一起。酒精中毒（国内战争期间一度高涨）以惊人的速度持续上升。犯罪率也成倍增加，谋杀
案件的上升率为 2 倍，监狱人数在 10 年内增加了 50%。看起来美国城市似乎注定 *112*
要成为世界上最邪恶最卑劣的场所（Vidal，1976）。

然而，这一破坏性的改变并不限于城市。农场主也经历了一种衰退。作为自负的个人主义者，他和他的家庭“靠土地维生”，并帮助他们的邻居这样做，而现在，他们成了机器的使用者，只想尽可能多地生产，为的是在市场上尽可能牟利，然后聚集在一起通过政治寻求集体的优势。农业社会的堕落在南部尤其明显。尽管工业革命使生产大幅提高，但获利却很微薄，因为大量的农民是承租人。向商人借贷直到庄稼收获时还贷，这一实践驱使一部分农民越来越深地卷入了一种契约使用权（Hicks & Mowry，1956）。国家政治体系作为两党竞争的场所对解决这些困难的状况很少甚至无法提供希望。两党都无法为这些所谓国家正在经历的社会危机的问题的解决提出一个议程，相反，政治已堕落为“肮脏的交易”、宣传鼓动和人身攻击。重组政府与行政转让的丑闻显示了当时的道德基调，纽约州的特维德圈子为腐败的城市机器政治提供了组织楷模。向混乱的美国人宣讲的政治修辞或对话没有一个能自圆其说（Hicks & Mowry，1956）。美国社会的结构无法承受战后这数十年的压力，这可能是因为它被这个国家的历史嵌合成了一个百衲衣式的模式。社会一直存在着，但它本质上完全是本土的且极其多样化。正如我已经提到的，当城市工业化的时代来临时，它很快地跨过了这一百衲衣的方面，使美国人对正在崛起的新社会形式提不出任何进行社会选择的框架。

实际上，除了社会危机，政治软弱和经济动荡，还有知识上的无方向感和混乱，这使得要形成一种选择意识变得尤其困难。首先存在的就是多样性的问题。移民随之也带来了一定程度的、美国以前并不存在的多样性。尽管移民引进的那些外
来的政治与社会理论并不能克服美国对社会稳定的基本需求，但移民现身说法地提 *113*
出的宗教异端对把美国人民集体的道德精神折射到众多不同的方向产生了重要的影响（Hicks & Mowry，1956）。

其次，科学在大众心目中的重要性的日益上升甚至发挥了更大的作用。根据一些人的解释，科学实际上成了新世纪美国的有效宗教，它动摇了传统宗教观点的基本信念。达尔文的“进化”理论（或自然选择理论）在这方面尤其具有破坏性的影响。物理学领域出现的新统计学理论似乎强化了那正在扩散的相对主义思潮。教堂成为“现代主义”的牧师们争辩的场所，他们走下讲道坛，向绝对必然性的教义发起挑战。看起来，能为正在解体的美国文化编织各种思路的某一观点或角度是绝对必要的（Hicks & Mowry，1956）。

4.3 医治趋势的出现

发展这一新型美国文化的结构条件通过全国运输与通信系统以及新的国有经济而得以确立。美国人因他们对新的大型生产者和他们在日常生活中使用的商品的市场的依赖而被捆在了一起。正如希克斯和莫里（Hicks & Mowry，1956）所概述的：

> 所有地方的美国人都习惯于同一厂家“生产”的洗衣机、农具、自行车、货车和轿车；他们穿同一品牌的成品衣服；用国人熟知的涂料品牌粉刷房屋；买各种各样的早餐食品、牙膏和化妆品……邮订房间……这一切造就了商业的繁荣。零售价格各个地区之间相差很小，甚至经商的方法也标准化了。(pp. 539-540)

人口也开始从国家的一个地区迁徙到另一个地区，进一步加快了融合和同质化的进程。

公共教育实际上已十分普及，并且巧合的是，在机构形式和教育内容方面采取了极其相似的模式。新的教育理论正蓬勃出现，并于1867年一位美国教育专员通过建立新的依靠税收支持的教师培训学校和免费公立中学制度而得以实施。甚至南部（尽管行动滞后）也走上了同样的发展之路。尤其明显的是美国大学的迅速发
114 展。《1862年莫里尔法案》确立了本地批复的大学制度，要求每个州五年内根据这一制度至少建立一所大学。在慈善机构和新一代既熟悉欧洲教育建制但又热心于发起一种新的美式高等教育的教育专家的帮助下，美国大学体系迅速成长。大学方面受教育机会的人群甚至扩展到了妇女和黑人。战后一些女子学院就已经打开了大门，但妇女真正大量接受高等教育是男女同校的原则被采纳之后。霍华德、费斯克和邵氏大学，弗吉尼亚的汉普顿学院与农学院在战争后期都迅速采用了新制度，使南部黑人都有机会接受高等教育（Hicks & Mowry，1956）。

由于这种推进，教育成为美国集体精神中发展起来的所谓中心产品或类似的新主题。其象征就是内战后以惊人速度发展起来的大学教育。越来越多的普通美国公民成为受教育的人，他们拥有专业知识，他们把科学过程看作是医治社会问题的普遍手段，他们和他们的孩子依靠这种手段能更好地掌握自己的生活命运。

与之相平行的发展，是专业协会、委员会及其他在全国基础上建立起来的组织的纷纷出现。由于有更便利的运输，这些团体的来自全国各地的成员能聚集到同一个地方听讲座，参与公共的对话，从中汲取各种思想，然后再把这些思想带给自己本地的同人。新的四通八达的交通还便利于讲演者和艺人做遍及全国的“巡回演讲”。这有助于向整个的美国人口提供一般的知识和艺术经验。道路与当地的“股份”公司迅速发展，把纽约州的流行文化带到“各省”的乡镇，以至于甚至在无线广播出现之前，全国上下就能唱同一首歌。一条新闻故事现在可以通过新闻代理

中心如美联社、报纸和杂志迅速仿效制造卖点的轰动手段（这似乎是抓住新的全国市场的最佳方法）传遍全国。通过这一新的手段，棒球很快成为**全国性**的娱乐形式，它通过“棒球分会”体系把各地的棒球会员结构性地联系在一起，由此强有力地把全国的人汇聚在同一身份之下。橄榄球在被各大学与学院作为运动项目之后成为仅次于棒球的运动，在台上的职业拳击比赛也是十分受欢迎的娱乐项目，它吸引 *115*
了全国人的注意力（Hicks & Mowry，1956）。

越来越多的美国人把自己看作是反映消费品、活动、娱乐和观念的一员，认为自己拥有同一种身份、同样的命运，并且这意味着对自己如何与他人共处和交往有着同样的责任。同样急速且时常混乱的经济发展给战后十余年的美国的社会结构造成了巨大的压力，同时也为医治其所造成的破坏性的动荡提供了基础。这些因素的混合到 20 世纪初产生了总体上显著的美国精神。所谓显著的美国精神，就是说它的源头是复活的反联邦主义气质。所谓的“生态学因素”与一般的经济与政治形势的相互融合形成了一种集体精神，从这一精神中产生出了一种与反联邦主义相一致的行政管理的渴望。

所需要的是社会与社群间的新关系，为新的社会关系形式中的经济与政治活动提供新的基础。与这一需要对应着出现的是一种不同的美国社群，一种**国家**意义上的社群。实际上，正是通过平静但却深刻的社群变革过程，在政治和经济领域出现了一种对破坏性斗争提供补偿的医治手段。在这一形势中的各个方面产生了一种实践的社群主义，一种激活社会行动的动机。实践的社群主义把自己说成是一种改革冲动，其直接目标是要通过合作组织与活动来与形势相对抗。一个例子就是酒精中毒的问题，它体现在一系列的政策中，如提高酒类产品税收和禁止买卖本地或本州酒类产品等（Hicks & Mowry，1956）。

还有一些例子就是，许多州设立慈善机构来处理扶贫、聋哑人、盲人和少年犯罪的问题。这些活动最有特色的是它们想通过在问题本身的层面采取联合和实践的行为找到解决社会问题的指南（Olasky，1992）。实际的联合产生了合法化的意识 *116*
形态力量，这实际上是为建立专业的公共行政提供灵感的意识形态。

4.4　进步主义的崛起

尽管新的国家认同意识在不知不觉地发生变化，并且这种意识与源自明确的政治变革的国家意识形态毫无相同之处，但美国正在出现的国家意识本身为一种政治革命提供了基础，并在其自身的各种以信奉进步论形式存在的意识形态类型中得以完善。要理解这一意识形态，我们首先必须理解它是如何成为中产阶级的理论的。为此，我们必须理解前面提到的与民粹主义者与资本主义者对立的辩证法。

新的美国工业主义者真诚地相信市场中存在着一种神圣的逻辑，一种社会达尔文主义，以及一种把某些人归入拥有所有权与经济力量位置的方式；人人都能致富，只要政府能有条不紊地实施“物尽其用”这一过程（Lux，1990）。他们的整个立场（不同于他们的联邦主义先驱）是要让游戏（在他们那里，就是经济斗争）尽情地玩下去。他们认为，来自政府干预的必需保护可以通过他们的政党的活动和联合在政府内施加特别的影响得到保证。另一方面，民粹主义者认为，政府一般地应受人民的约制（McMath，1993）。多数人能够也完全应该要求政府采纳保护大众免受市场波动导致的经济潮流的冲击的政策。因而，这个时期的政治思潮是精英对抽象权力的运用与大众对抽象权力的运用之间的对立。这两方面实际上都在玩同样的游戏；因此，都不能代表新的或积极的选择，一种能使国家走出已经卷入的混乱状态的选择（Key，1959）。

进步主义者的观点正好介乎二者之间。在一定程度上说，他们代表的是利益集团，尤其是小型商业企业和它们的受到两者威胁的所有者；资本主义者以其巨大的联合组织威胁着小型企业，而民粹主义运动似乎与社会主义过于接近（因此可能会变异为社会主义），因而从另一方面形成威胁。然而，进步论信条的本质并未受到这种经济利益的启示，如同它也未受到社会该如何通过政府表达自身这一新观念的启发一样。进步论信条的基础产生于经济和政治斗争表层之下未成型的方式。这一过程正汇聚在一起形成反联邦主义社会生活意识的所谓肯定性方面，即人与人之间
117 的联系意识，这一联系所产生的社群意识，以及由此产生的集体生活的方向意识。这些东西的建立为进步主义运动提供了首要的基础（Noble，1981）。

进步主义者首先认为，凌驾于政府之上的私人权力（在当时主要体现为政党政治的运作）必须废除。政府不是依靠制定广泛政策的多数原则来变革市场的过程与后果中的残暴力量，政府应该在自身之内把调节经济领域的能力建立在一个有效的基础之上。进步主义者在正在出现且为他们中的许多人所拥有的专业的、有教养的、科学的和技术的“意识”中也能找到这种调节行为的基础。这一新的精神构成还包括有另一种可能性：政府能够积极地行动以实现价值和理想。这一点在进步主义者想要阻止妇女和儿童成为市场的牺牲品的愿望中可以最清楚地看到。就进步主义运动中的某些方面而言，政府甚至成功地设计了一种“好”的生活方式——例如没有酗酒和赌博的生活方式。当然，针对各个特殊政策的问题——如同对待托拉斯所做的那样，人们可能会觉得进步主义者中间的意见并不相同。总体而言，他们的特征最明显地体现为力图在美国建立一种新的政府形式的运动，这一政府将反映和坚持一种**国家**社群意识，通过依赖市场过程来激发才能和推动物质进步，同时为人类提供道德社会所特有的保护和支持。最初，进步主义标志着美国出现了一种新的政府理论，这一理论的基础就是通过积极的实际行动获得社会德性。

从这一观点来看，进步主义运动乃是反联邦主义的现代版本。到世纪转折时期，国家的条件已经使原初的社会与政治生活的反联邦主义版本变得不合时宜和不可能了。然而，进步主义蓝图的许多方面以及广泛的各种类型的政治变革可以看作是美国的反联邦主义品质的更新与变革。进步主义者反对官方宪法依赖私人领域带来的后果，他们图谋变革，而这些变革针对的是美国大范围地出现的社群或者说国家社群的方向。在这个意义上说，正如其他评论家已经指出的，我们在进步时期看
118 到的是罗斯福新政时期由官方启动并在接下来的半个世纪中延续着而在林顿·约翰

逊的“伟大社会计划”中招致失败结局的计划的开始（Schambra，1982）。

公共行政领域就是这一时期建立的，这个时代的精神风气在其历史中发挥了关键的作用。事实上，由于 20 世纪美国的历史是美国式的行政管理的历史，因此可以毫不夸张地说，公共行政学是对新宪法的总结，美国在这个时期就是依靠这部宪法治理的。那么，所谓公共行政的历史就是反联邦主义在当代重演的历史，这就是我的故事的主题吗？不。尽管反联邦主义的积极方面确实为公共行政的建立提供了灵感，但这一建立过程不久就流产了，其方式就犹如联邦主义在官方宪法签署期间击败反联邦主义。对建立公共行政的真正精神氛围的这种歪曲导致了进步主义计划的转变和失败，进而还导致了作为本书主题的合法性问题。

要了解这一切是怎么发生的，我们就必须看一下进步主义改革的历史，必须看一下它们的基本意图。因此，我们必须考察一下社会精神为这些改革提供的语境并以此指导改革的动力机制，同时还要了解一下反联邦主义精神是如何又一次招致失败、遭到歪曲和否定的。

4.5　进步主义改革的意义

对于当代美国人而言，如同我们已经习惯于中间派政治一样，要我们完整地理解 20 世纪初期美国政治体系所发生的变革是困难的。我认为，当代美国学生在面对为改革提供灵感的批判思路（正如它所显示的那样，其注意力集中于宪法作为一种政治表述的有效性）时几乎是怀疑的。那所发生的乃是一场革命，一种政府赖以发挥功能的方法以及政府所追求的目标的根本改变。

这一变化表现得最为明显的地方就在地方自治政府方面，在那里，它采取了协 *119*
商的方式去打破政府过程中的政党机器的钳制。纽约州的坦慕尼厅机构的出现不是一种失常，而是地方政府与政治广为流传的模式最显见的例证。针对预防契约签订过程中出现贿赂和腐败而采取的保护措施，城市机构回报以有组织的犯罪，通过对郊区穷人做“生活环境调查”，通过填塞投票箱、更改投票结果和雇佣成百的其他腐败的政治实践，来迫使投票者通过它们的特权（Mosher，1980；Waldo，1955）。

改革运动一开始只是想把政治与城市政府的运作完全分离开来。这一理论上的关注主要是由于这样一个事实，即在 19 世纪和 20 世纪之交，对城市居民最为重要的城市公共系统（汽油、电、交通和水的开发）被私人所拥有，他们只关心在城市所授予的特权下经营业务。因此，逻辑的结论似乎是，在这一图景下根本不需要什么政治的介入。政治家唯一的目标就是在签订开发合同时收受贿赂。显然，改善公共设施和降低价格的途径就是让城市拥有和从事开发，这样，通过把政治家完全从那一图景中分离出去，才可以使政府廉政。从本地层面上说，政府就像是一种生意场。它为什么需要介入以全国政府为模型的政党政治（Mosher，1980；Waldo，1955）？

这一把政府看作生意场的想法因 1900 年得克萨斯州加尔维斯敦市的特大洪水

以及城市为有效地抗灾而出现的斗争而日见明显。重建计划被送到一个由 5 个市政部门领导人（其中每个部门各负责其相关的方面）组成的委员会（Uveges，Keller，1989，p. 6）。不久，其他城市也实验了这种委员制，到 20 世纪初期，这一制度又激发了地方政府实施城市管理者的想法（Mosher，1980；Waldo，1955）。成百的绝大部分较小的城市都采纳了这一新的理念，这至少足够形成这样一种看法，即对于市政府而言，是存在比单一依赖政治过程要更有效或“更好”的选择。尽管
120 政府运动中理性的城市管理者模式没有立即席卷全国和取代整个市政府中的“政治常规”，但它的迅速而广泛的推进足够获得一种道德的高级基础。

这一点至为重要，因为它表明对于政府如何能够和应该发挥功能已经产生了一个共识，一种反对政治中随心所欲的市场竞争过程的意识。从这一共识中可以必然地推出这样一个结论（它就隐含于正在完善的市政观念中），即应当把公民看作是城市政府事务**有裁决能力**的消费者，而不是通过生活环境完全受到操纵和被迫接受供应者以随便提出的任何价格提供的任何服务的受害者。城市服务系统的理性化标志着与市场精神的偏离（这一偏离在托拉斯出现时就已经开始出现了），在这一精神内部，公民个人被认为是一种密码，没有裁决能力，没有与其他公民的足够联系，以便能够为反对主宰着局势的大型组织提供基础。

当然，城市层面中广为流行的腐败政府模式在州的层面上被复制了，因为正是此处的变革赋予了它们最为意识形态的和政治上最为激进的形式。威斯康星和罗伯特·拉·福利特（Robert La Follette）是州层面上实施变革的先锋——增加联合公司（尤其是铁路公司）的税收，政治改革，重新强调保守。拉·福利特的追随者在密苏里州有约瑟夫·W·福克（Joseph W. Folk）、在纽约州有查尔斯·埃文斯·休斯（Charles Evans Hughes）、在艾奥瓦州有 A. B. 卡明斯（A. B. Cummins）、在明尼苏达州有约翰·A·约翰逊（John A. Johnson）、在加利福尼亚州有海勒姆·约
121 翰逊（Hiram Johnson）等，这里所列的还仅仅是其中最著名的（Hicks & Mowry，1956）。

州层面的政治改革模式十分明确：澳大利亚式的选举和经过改进的投票人登记法；废除议会提名候选人的过程而以公开的预选制度取而代之；实施自愿的公民投票制度（公民可以在任何地方向立法机关对其所提议的立法提出和/或表达个人意见）（Hicks & Mowry，1956）。还有，在这一政治语境中，国家宪法的第 17 次修正案获得通过，这一修正案是针对美国参议员的直接选举提出的。这一变革几十年来一直受到参议院的抵制，尽管国会曾 4 次向它提交了这样的修正案。然而，在 20 世纪初开始出现的民众控制的精神中，压力十分之大。预选选举制度（在那里，投票者可以就参议员的位置向州立法机关通知民众的选择）在过大半的州中被采纳（Hicks & Mowry，1956）。

州政府的改革最明显地揭示了改革运动的潜在意义。正如我在上面已经指出的，尽管地方自治的改革是在使城市政府变得像私人生意场一样这一有名无实的观念下进行的，但其意图实际上更多的是提供一个场所，使正在兴起的对民众裁决力的认识能够被接受。这一主题在州方面的变革中甚至更为明显。毕竟，生意可

以说是腐败的和剥削的，它和政党、机构、老板一样是社会的敌人。“威斯康星观念”（州改革运动的象征）主要集中于通过切断州政府与腐败的党魁的联系来把它从大企业的控制中解放出来。

这一有名无实的观念是：每一个表达民众意愿的场所都应当开放。然而，在最后的分析中，假定公民介入的这些机制实际的意图是想为官员设立行政机关，这些官员是通过专家讨论来管理“只有正确地行事的自由”的人民（Hicks & Mowry，1956）。又一次，“正确的方式”这一概念必须为“共识”或基本上被认同的社会生活观所支持。越来越多的人接受了这样一种观点，即共同坚持的标准可以通过政治来断定，这标志着对主宰经济并且结果在 19 世纪下半叶也主宰了政治与社会生活的市场方向的偏离。

尽管进步主义者的由技术专家管理政府的观点，已经被认为是对公民的作用的否定，但这一描述忽视了转向专家治理论之前的激进的社群观（Noble，1981）。早期的进步主义者必须为信任专家治理创造基础；他们必须激发十分有力和积极的社群形态，继续维持受普遍支持的、行为恰当的政府观。尽管这一共识实际上比任何公众公认的观点都更接近于“理性的心智”，但否认这一共识以及它所暗示的选举“标准”的有效性，甚至在今天也不同于作为一种社会理论的微观经济学。

这同一主题在社会改革的领域也能看到。当时新的《州级工人赔偿法案》就是一个好的例子，因为它明确地推翻了习惯法中与市场理论相一致的传统原则，这一原则把工伤的责任承担归于工人以及他或她的同事（他们签订做工合同是自由选择 122
的）而不是雇主。新的法律规定了“公平”原则。本质上，如果所从事的工作是有危险的，那么，所雇用的工人在任何情况下只要他们因公负伤就理应得到赔偿（Hicks & Mowry，1956）。

尽管各州的另一个劳动立法仍显示出不公平，最多与欧洲的情况差不多，但还是应当认为这是一个重要的进步。限制妇女和儿童每天的工作时间，禁止雇用他们从事某些类型的工作的法律也获得通过，并且补充的法律强制要求他们入学接受教育。有些州甚至通过了最低工资的法律（Hicks & Mowry，1956）。

此类的立法标志着一种正在扩展的意识的发展，这一意识认为法律能公正地反映集体规范，人民有权通过政府为自己创造一个社会环境。在这个方面最明显的事件可能要算对酒精施以社会控制的运动。随着 1893 年反酒吧联盟的形成，这一运动在新世纪来临之际赢得了巨大的动力。啤酒和白酒制造商是最配得上“行贿者”这个称呼的人，因为他们长期以来一直卷入了利用政治进一步达到其商业目的的过程。主要地通过不屈不挠地消耗对方和在当地局部地赢得禁酒令的胜利（到第一次世界大战时期，禁酒运动创造的“禁酒”场所包括了这个国家近一半的人口），改革者在 1919 年《禁酒令修正案》的批准中把他们的战役推向胜利的顶峰（Hicks & Mowry，1956）。不论我们是否赞成这一政策，禁酒令的批准表明美国在其历史中第一次力图利用政府来选择其所愿意的生活方式。

还有证据表明美国正在日渐理性地走向都市生活。为确保建筑物的安全与卫生，特地颁行了门牌，公园和娱乐场所也开始筹建，街头赌博和卖淫遭到禁止，控制少年犯罪的法规开始颁布（Hicks & Mowry，1956）。

在国家的层面上说，这些地方的革新主要见于劳动立法运动，尤其是对妇女和
123 儿童的保护、铁路工业中雇主对工人应负责任的原则的确立，还有对用工的限制。在我看来，进步主义者的改革对于国家方面的重要性可能在森林保护运动中看得最为清楚。美国最好的公共用地都已经被开发，其中森林有80%被砍伐，且又没有任何造林计划，所有的矿产资源都完全被浪费地开采。《1902年开垦法案》和1907年内陆河道委员会的成立至少标志着人们对美国作为一个社会应如何处理与环境的关系出现了一种新的思维方式（Hicks & Mowry，1956）。尽管从当代的观点看是难以理解的，但这些计划在当时的语境中确实引起了极大的争议，因为它们以一种直接的和前所未有的方式面对的时代精神是如日中天的个人主义和个人自由，它们反对政治与市场（通过它们事实上的结果）决定社会政策这样的原则。相反，人民是通过他们的政府来设定社会生活的结构和过程的。

这一方面的改革最生动地体现在伟大的改革家西奥多·罗斯福总统对商业采取的态度中。从某些方面来说，罗斯福就体现了（也许就那个时代的人而言）我所描述的那一正在兴起的时代精神。尽管认为他持有把美国看作一个社群的观点可能是不恰当的，但他在“美国”作为一种观念的方面是极端的民族主义者和浪漫主义者（Cormin，1957；Hicks & Mowry，1956）。进而，对于像他这种背景的人而言奇怪的是，他强调无依无靠的人的困境，而毫不掩饰对商人的蔑视。他尊重文化，但却把它看作是人类成果的展示，而不是看作不公平的社会地位的划分工具。他有一种观点认为，美国人民应该共享和参与文化符号与文化产品。据传闻，作为总统，一天晚上他与家人共进晚餐时，居然要求一个助手去拉开餐厅的窗帘，以便人民能够看到总统就餐（Corwin，1957）。

他还认为总统是人民的积极代理人。他的这一观点取自另一位总统安德鲁·杰克逊（Andrew Jackson）首次给政府机关下的一个定义，后者据说把美国政治精神中的反联邦主义宪政主题具体地凸显出来了。罗斯福认为，不应允许由无情的市场
124 过程来决定社会政策；总统在设计和提议立法方面应该担任积极的角色，以保护公众不受竞争后果的影响。然而，罗斯福的总统理论最有趣的方面还在于，他认为在运用政府权力的时候，应当为评判提供一个能反映公认的标准的基础。

这一点最为明显地体现在西奥多·罗斯福为实际上已经无效的《谢尔曼反托拉斯法案》做的殊死斗争中。由于最高法院根据第14号修正案授权给那些有地位的人，联合组织以几乎成倍数的速度发展，到世纪之交时已达到了巨大的资金占有额——1897年资本总额为17亿美元，1990年达到了50亿美元，到1904年则达到205亿美元。尤其糟糕的是，这些组织已开始不仅控制了钢铁、运输这样的基础工业，而且控制了人民日常生活赖以为生的“小”消费品和商品。罗斯福在他执政期间采取了25次行动来反对这些托拉斯，并且在有些方面，如在铁路和肉类包装中，他取得了戏剧性的胜利。在这些领域，据说罗斯福在一定意义上领导着最高法院。他说服最高法院推翻了骑士糖果托拉斯的保护性决定，但更为重要的是，他为区分“好的”托拉斯与“坏的”托拉斯提供了基础（最高法院也表示接受），这一区分依

赖于这样一个观点：有些托拉斯在它们的商业行为中会考虑公众的利益，而另一些托拉斯只把眼睛盯着它们自己自私地规定的商业利益。最高法院在确立“不合理”的标准形式时也采用了同样的区分，根据这一区分，只要托拉斯没有不合理地干预州际贸易，法院就愿意承认它在这一工业中的垄断（Fainsod et al.，1959；Hicks & Mowry，1956；Leonard，1969；Mund，1965；Redford，1965）。

对美国治理原则的这些理论革新的重要性不能给予过高的估价。它们提供的不过是把联邦主义与反联邦主义主题的辩证法综合进一个新的治理模式的可能性。我们可以通过根据联邦主义的政府理论简短地考察《谢尔曼反托拉斯法案》的“问题”来看看这一综合是如何完成的。《谢尔曼反托拉斯法案》在许多方面都是联邦主义角度的完美例证，因而也是其本然地具有的两难的完美例证。联邦主义认为，政府只应该对私人活动的运作给予“客观的”限制，这样个人及其自由才能得到保护。原则上，这就是要赋予个人主动性以自由的权力，但同时又必须对它有所防范。问题在于政府会传递信息，例如在经济的领域：“自由竞争，以争取最大的胜利，但（如在《谢尔曼反托拉斯法案》中）不是整个地赢得胜利，因为如果你这样做了，你就会受到惩罚。”一个客观的规则，如对范围的限制，惩罚胜利方（Redford，1965）。要解决这一两难，就必须有一条规则来评价结果而不是后果，这样， 125
只要游戏者的范围不会使州际贸易的游戏停止，就可以允许它们赢利（成为大的企业）。这恰恰就是罗斯福要区分好的托拉斯与坏的托拉斯以及提出最高法院的合理性标准的目的。从象征的层面上说，这些新标准相当于这样一种观点，国家作为一个通过它的政府来发言的社群可以对个人的行为（在这一情况下，就是作为个人的公司）设置“有实际意义的”而不是“客观的”限制。这一革新（正如后来的历史当然地证明的）是无效的。其失败的原因与作为其基础的复活的反联邦主义失败的原因是一样的，公共行政作为新管理形式的关键组成部分，其创立的过程就这样流产了。在此，我的目的只是想把罗斯福的反托拉斯政策看作反联邦主义精神表现自身的一个例证。

另一个明显的例子就是货币。货币问题（正如在民粹主义时期所体现的）表现的是抽象权力；因而，它有可能成为最不稳定而政府又必须处理的“政策领域”，因为它过去（以及现在）与偏执狂和集体的信心的心理学的短暂王国的联系十分紧密。罗斯福的第二次执政为这一现象提供了规范的证明材料。他的“解散托拉斯”、调节优先、劳动优先和保护政策（商业社会认为）帮助动摇了健康的经济增长所必需的信心氛围。这一指控在 1907 年商业恐慌的浪潮中尤其突出。尽管股票操纵明显是导致恐慌的一个重要契机，但货币政策也发挥了动力作用。由于当时的货币供给（主要是金、银、国家银行和财政部的中期国库券）是固定的，任何心理上的动荡都会导致货币囤积，并迅速导致货币短缺。而另一个事实使这一情形进一步恶化，即信贷的供给是（出于所有的意图和目的）通过对纽约几家大银行的判断力的信任来决断的，后者实际上又常常运用这一权力控制国家的整个银行网络。当恐慌出现时，大银行就得扩大业务以便抵抗，而这就迫使财政部积累资金以尽其所能。 126
恐慌期间，摩根利用灾难临近的恐怖幽灵说服罗斯福同意免除对美国钢铁公司进行反托拉斯的起诉，以便它能吸收另一个大型但易受攻击的钢铁公司（Hicks & Mowry，1956）。

罗斯福根据经验确信是贸易本身引发了大部分甚至所有的问题，也许他是把这当作证明他的主张的一种方式，即他的政策正在动摇经济信心。然而，经验似乎毫无疑问地表明，美国货币体系需要置于政府的控制之下，以便判断力而不是集体心理能够支配它。这为最后形成联邦储备体系——成立于伍德罗·威尔逊执政期间——埋下了种子；《1908年奥尔德里奇·弗里兰法案》加强了国家银行进入流通领域应付紧急情况的能力；而国家货币委员会主要是研究世界流通体系，为改组美国货币体系提出计划（Hicks & Mowry，1956）。

然而，经济改革运动最直接的影响是在调节领域而不是在更具“结构”的改革领域——《谢尔曼反托拉斯法案》就是一个例子。尤其是随着《1906年赫伯恩法案》获得通过，罗斯福在赋予州际贸易委员会那种调节的权力——这正是铁路的批评者所渴望的——上迈出了一大步。现在，运营者不得不采取主动，如果它不愿接受委员会规定的价格，可以走上法庭。另外，州际贸易委员会的权限被扩大到包括其他的一般运营者（甚至管道和桥梁的运营者）。不得批准免费通行，公司自己生产的商品（自己使用的除外）不准自己运输，最为重要的是，委托统一簿记的权力获得批准。结果，价格大幅下降，委员会的威望和接受程度大大提高；尤其是，它的决定被接受不再需要铁路的意见（Fainsod et al.，1959；Hicks & Mowry，1956）。

尽管引起了记者和社会批评家的注意，但政府有效影响的范围没有这么快和这么全面地波及食品和药品工业。现存的督察法律被扩展到包括了国内以及进口的肉类食品，而1906年的《食品与药物安全法案》对成品食物与专利药品也做出了某些限制。1911年的修正法案则对假冒或缺少标签的问题进行了攻击，但对于误导广告的问题未
127 采取什么措施。不过，这些行为证明政府对建立在公众裁决贸易过程基础上的标准的运用已具备了有效的基础（Fainsod et al.，1959；Hicks & Mowry，1956）。

总之，地方政府的变革和州政府的改革，政治过程的重建以及社会立法与经济调节方面的发展，反映了这样一种观念的出现，即诸如能体现共识的这类“原则”会影响公共世界的事务。又一次，对作为当代美国人的我们而言，要理解这一观念变化的深刻性是困难的。因为那根植于美国社会的情感基础的运动是必然要发生的。这些结构性的机制构成了我们下一章的主题。通过对它们的考察，我们能够更清楚地看到美国精神在这一时期是如何根本地发生转移的，这一转移的向度是什么，以及为什么会对这一转移出现如此有力且如此广泛的反响——这一反响分裂和动摇了公共行政赖以建立的基础。

4.6 集体认识和实用主义态度的出现

正如我上面已经强调的，正在出现的真正有说服力的变革不是社会、经济与政治的变革本身，而是在发展表达公共认识的社会能力方面出现的根本性变化。这个

时期的变革不过是这些深层的变化的反映。在这方面，最明显的变化之一就是美国开始获得真正广泛的集体**趣味**。美国百万富翁阶层新近出现的摆阔的行为反映了这一事实，即不论是出于什么样的意图和目的，这一认识在美国一直是缺乏的。正如这个时期的一位社会评论家查尔斯·珀金斯（Charles Perkins）指出的：

> 现代社会没有一个地方在形式创造方面的贫乏有美国这么明显……我们的民族趣味都是从第二手获得的，我们不敢自命有自己的东西。我们从英国借来了自己的建筑形式，从巴黎借来了时装样式，从世界各地借来了工厂模式，我们没有一样是真正本土的。（转引自 Bayley，1991，p. 122）

这一状况随着一位名叫埃尔茜·德·沃尔夫（Elsie de Wolfe）的妇女开创室内装修这样一个行业（并且是在操作中创立的）而开始有所改变。尽管低级趣味的问题一直受到社会批评家的攻击，但直到德·沃尔夫出版《高雅趣味的房间》一书之后，“高雅趣味”这个词才进入美国社会话语中（Bayley，1991，p. 124）。（这本身就是一个有趣的事实，它表明，肯定性标准的观念本身就是世纪之交语境中的创新。） *128*

德·沃尔夫的高雅趣味理论是从反对美国新兴企业家的铺张挥霍开始的：

> 即便是对仅具有少许审美判断力的人来说，要购买只能坐的椅子或只能报时的钟表也不再可能了。家居装修者注定要按最好的标准从里到外装修他的家。但最好的标准是什么？当然不是一般的美国百万富翁那无用的、花费过高的家居样式。（Bayley，1991，p. 124）

进而，她的趣味方向是普遍论的、民主的和大众的而不是精英主义的。她的理论坚持认为，“没有一间房子会差到不能在上面安装有价值的东西”（Bayley，1991，p. 125）。她只是强调了要关注过去、效用、创造性的自我表达和真实性。根据她的观点，高雅趣味不过是健全感官的运用，“共识”能决定适宜性。她的书是大众的、成功的和有影响的，印刷了许多版。她通过在许多杂志上发表论文和出版第二版《成功的菜谱》扩大了这一影响，在这本书中，她再次强调了好的判断力、简朴和真实性的价值。她在美国发出了正在出现的一种观点的声音——人民的判断力是可以通过他们的生活方式得到培植的，这一判断力可以为一般的行为所共享，并能为其提供基础。作为一个“文化领袖”，她帮助巩固了美国精神并由此深化了这一精神至关重要的变革。

共同的趣味观念对相互的社会承诺的发展的重要性，就在于它是集体行为的基础，这一重要性可以在美国历史的一个最为显著的文化事件中看到。可以毫不夸张地说，在这个时期，国家不过是如何为自身作为一个社区找到一个身份认同这一问题的诱因。其标志就是《追随他的脚步》（Sheldon，1984）一书中所阐述的那一非 *129*
常的历史。实际上，作为基督教实践的一个寓言，它所讲的这个故事是有关1896年一个牧师和教会会众的，这个教会受到了一位无家可归、饥寒交迫的失业的陌生人的挑战。这个人于主日集会时走进教会要求谈谈在美国普遍存在的可怕的社会与经济状况和这些状况引起的广泛不幸。他要求教会思考一下耶稣对饥寒交迫的信男信女们能做什么。说完后他就昏倒在地，尽管牧师把他带到家中精心护理，他还是在一星期内死去了。牧师和教会（因遇到一个临死之人而发生了改变）于是着手一个补救周遭的社会状况的计划。它们以一种“社会福音”为指导，努力为道德问题找到相应的特殊答案，这些答案有许多是耶稣通过寓言手法教导的。通过这么做，宗教的抽象教条走向了实际的社会世界，并把它们作为行动的基础，在行动中形成共同的、把自己看作有同情心的人类社会共同体的认同。

对这本书的回应可以看作是在美国发生的一个更为令人吃惊的文化现象。据统计，这本书到 1925 年在美国售出了 800 多万册，但简·汤普金斯（Jane Tompkins，1992）却评价说，除了大概的估约，要计算究竟卖了多少册基本上是不可能的。由于出版者方面的一个错误，这本书没有版权页，在当时仅在美国就至少被 16 家出版机构盗印，后来又相继被翻译成 21 种文字，在欧洲和澳大利亚另有 50 个出版商“私自印刷”。这本书极其流行，根据《每周图书》（Tompkins，1992）的说法，其销售量仅次于《圣经》。

这本书的巨大成功标志着对理解美国精神转型至关重要的社会语境的变化。“实践”则是把握这一变化的关键词。这个词乃是对斯宾塞的社会达尔文主义的意识形态做出回应的关键。世纪之交的神学家们认为使基督教的人道主义观点摆脱进化理论冲击的途径，就是通过突出达尔文主义自身所强调的有机体发展中环境的重
130 要性来反对其自身。通过改变人类社会机体的环境或者说社会的物质环境，人们就能变革其心灵与灵魂。这一理论的转向使神学关注的重点从宗教的神秘维度转向了社会活动的“世俗”问题，其结果是大众对禁酒运动、住宅区运动、启发式教学计划甚至基督教科学的全力支持，尤其是基督教科学，通过鼓吹精神之于肉体的优越性，使宗教实践发生了异乎寻常的转向（Olasky，1992；Stivers，1993）。

由于这一实践性的意识形态的广为传播，教会信条间的教义差异开始缩小甚至消失；教会把注意力集中于社会改革事务，开始为特殊的目标而共同奋斗。反映这些变化的乃是小说家向明显具有社会批判意向的“自然主义”风格的转变，以及爱德华·贝拉米（Edward Bellamy)、威廉·迪安·豪厄尔斯（William Dean Howells)、H. H. 博伊森（H. H. Boyeson）和保罗·L·福特（Paul L. Ford）这样的作家写作的有影响的作品，这些作品揭露和批判了现存的社会状况，描绘了一幅“基督教社会主义乌托邦”的图景。受这些图景启发成立的各种社会俱乐部遍及全国，其目的就是要把这些唯心的想象进一步投射到美国的未来。尽管这些发展在进入 18 世纪和 19 世纪之交之前就已开始，但它们形成了一种社会文化语境，并迅猛扩散，甚至影响波及 20 世纪的头十几年（Hicks & Mowry，1956）。

我正在描述的所谓“基督教实践”的精神与进入新世纪的时期出现的知识环境有直接的联系。这一时期美国发生的知识转向主要地是为了回应导致宗教态度从“神秘”维度转向社会活动方面的同一种动荡与无序状态。人们理解和阐释其生存状况的认识所依赖的传统参照框架面对新的外部发展已显得不够充分了。许多理论需要重新阐释，以适应社会的发展，尤其是知识界阐释美国历史的方式的变革，是其他方面无可比拟的。

我已经讨论了进步知识分子查尔斯·比尔德的《宪法的经济学解释》(1913)一书，在这本书中，可敬的建国者们被描述为是一帮雄心勃勃的、占尽天时地利的年轻人，他们力图巩固他们所代表的社会阶级的经济利益。不只是作为美国总统的罗斯福相信这一点，当考察一下它所出现的时代语境时，就会发现这本书与 131
其说是一个意识形态的争论，不如说是一种不偏不倚的分析（Hicks & Mowry，1956）。

例如，如果比较一下比尔德与其先驱的分析，我们就能更为清楚地看到这一点。艾伦·史密斯的《美国政府的精神》(1907) 是一部有争议的著作。根据史密斯的观点，宪法内在地与民主制是相对立的。他的许多论证是建立在类似于该书第 3章提供的分析之上的。由于《邦联条例》表达了对民主的信念（这一信念乃是革命精神的核心，也是国家赖以建立的基础），因而宪法本身作为富有的保守党人的杰作乃是一个“反动的文献”。体现在宪法中的政治表述不论从哪个方面说（修正过程、司法独立以及监督立法的权力、遏制与平衡、权力分离），都是为了制约大众意志的表达。实际上，往常认为标志着制定者的天才的这些设计，在史密斯看来不过是贵族们的阴谋的体现，这一阴谋在费城会议上就已经开始，并在与民主制的原则及其选民即一般老百姓的持续斗争中一直存在（McConnell，1966）。

史密斯和比尔德这样的作家对宪法的攻击，构成了把实用主义观点表达为一种政治理论的有效背景。威廉·詹姆斯的学生、《新共和国》杂志的主要创办人、记者兼社会批评家赫伯特·克罗利（Herbert Croly）对此做了最好的阐述。克罗利既把实用主义当作一种哲学，又把它当作一种社会与政治组织的理论，同样地，他的著作为理解实用主义与政府问题的联系提供了最佳的场所。尽管实用主义作为一种哲学是当时学术精神的中心，但它作为一种社会行动理论，实现了先前的进步运动“把理论付诸实践”的初衷。

克罗利直接借用比尔德的分析，他引用后者的证据说，宪法是极少数的特权阶层所支持和批准的。宪法问题现在已超越了联邦主义者的范围，并且根据克罗利的观点，由于它导致了奴隶制，因而应对过去几十年国家所经历的社会和经济动乱负责。从最一般的层面来说，他的指责显然针对的是宪法的非民主特征，因为它否定了人民按自己的意志行动的可能性。通过结构性地集中于权力，宪法使它所创造的精英社会永恒化了。他接着又说，民粹主义者与反联邦主义者属于同一种类型的人 132
（Noble，1981；Safford，1987）。

从哲学的层面来说，美国的实用主义采取了社会批判的形式。实用主义乃是 20世纪初美国学术精神的核心。我讲的这一思想派别包括（按字母顺序排列）这样一些思想家和社会活动家：阿瑟·本特利（Arthur Bentley）、赫伯特·克罗利、约翰·杜威（John Dewey）、玛丽·帕克·福利特（Mary Parker Follett）、悉尼·胡克（Sidney Hook）、威廉·詹姆斯、C. I. 刘易斯（C. I. Lewis）、瓦尔特·李普曼（Walter Lippmann）、乔治·赫伯特·米德（George Herbert Mead）、C·赖特·米尔斯（C. Wright Mills）、C. S. 皮尔斯（C. S. Peirce）、西奥多·罗斯福（作为一位历史学家）、索尔斯坦·维布伦（Thorstein Veblen）以及伍德罗·威尔逊（作为一位政治学家)。美国思想中实用主义学派的发展，无论是就其激进主义的程度而言，还是就其在政治与社会领域的实际影响而言都是美国历史中的一段著名插曲。在美国，很少有人否认意识形态或理论体系与事件有某种遥远的联系。进而，在美国历史的其他方面，政府的结构从没有因其处于某些实用主义者及其学术追随者的详细审查之下而不受如此严厉的质询。实用主义运动的学术旨趣、基调和一般的意识形态方向究竟是什么?

首要的是，实用主义是一种看待现实与人类经验的态度。其特征在这个方面体现得最为明显。例如，如果有人只是关心方法论，那实用主义就类似于众多其他的哲学立场。我们可以把实用主义的态度描述为是（在最广泛的意义上说）对**持续实验的预设**，这一预设乃是基于这样一种观点，即通过行动可以最好地理解现实。这一预设意味着必须把人类所“认识”的一切看作是暂时的，是必须作为假设或无限的东西悬搁的，直到下一次行动来对其进行检验。尽管有人可能会说，这一态度会遭遇实在论哲学的反对（克罗利肯定就这样认为)，但实在论与唯心论的对立其实是无意义的。事实上，所有典型的认识论对立在实用主义的态度中都得到了巧妙的处理。事实与价值、本质论与相对论、现象学与实证主义，所有这些二分法都因实用主义对假设做持续的实验的预设而分崩瓦解（West，1989)。

实用主义所挑战的唯一的二元对立是精英的理性选择与协作行动的对立。理性的行为选择模式的本质，就是正确或最佳选择的概念。尽管人们承认还存在一些障
133 碍，但他们还是认为，“必须审视一切”，只有一种正确或最佳的理解处境的方式，因而只有一种正确或最佳的行动路线。根据理性的选择模式，决断的作为者必须达到这一正确的认识，做出有预见的选择，然后再行动。不同意这一点的人不仅仅是意见不一，而且还被断定为是“错误的”。相比之下，实用主义的模式把知与行合并为一个过程。如果对一切都进行实验（即假定没有什么东西能被可靠地认识到足以得出一个结论作为行动的基础)，那就必定会得出这样一个判断：有些处境的认知者是正确的，而另一些是错误的。因而，在意见不一的状况下采取行动是可能的，因为甚至正在论战的党派也能在进一步的实验中联合起来。

实用主义在所有方面都挑战和否定了理性选择的先决条件。它把社会关系描画为一种合作的、有联合计划和联合行动作为基础的关系。作为一个同道的合作者，我可以介入同我的同事们的对话，而不必向他们“证明”什么，不必出于自身的动机（例如操纵他们）就他们对我的质疑申诉什么，总之不必保持什么“客观”。我所必须说的东西与我们的计划有关，不论我是一名屠夫、面包师、烛台制造者、策划者、传教士、哲学家、科学家还是一名工程师（Schmidt，1993)。因此，我们决定遵从的试验程序是效率或便利性的事情，而不是有关得出一个独立于我们的集体对话的权威结论的基础的问题。最后，我们承诺实验的理由本身是，作为实用主义者，我们认为，“现实”是多元决定的和动态的；重要的是，必须尽可能地按我们的需要并通过我们的行动去改造世界，而不是试图去“认识”它。

如同实用主义动摇了传统哲学的二元对立一样，它也否定了传统政治的二元对立，如个人与集体、自由与责任、效率与民主。民主政治作为一种集体的协作行

为，当其哲学框架是实用主义时，它便与效率是同义的。集体、团体想要做的事必然地是在一定情境中最好最大效率地完成的事。代理人与首脑的关系（这是客观地评价效率的基础）被淡化了。

克罗利对美国政治与社会生活的分析反映了实用主义观点的本质，尽管并不明确。其立场的出发点是对受法律限制的政府的批判。他认为法律的观念是限制（例如在司法评论的原则中）和遏制社会试验的过程。必须把美国民主政治从“持续效 134
忠于任何特殊的法律条文”中解放出来，以便提供“日益增强的能力作用于它的[社会的]集体目标。”他强调说，“实验的自由比限制可能的权力滥用更有价值”(Croly，1963，p. 400)。

对法律的这一批判的基础是实用主义对真理标准概念、对任何在当下的处境中以“知识”或得自过去的情境的原则为基础确定的行动倾向的否定。通过把法律看作一种无条件的限制来遵从法律的观念，与理性主义的正确过程和累积的、超越处境的认识的观念是等义的。要接受这一说法，就必须否认实用主义的核心观念，即真理是通过当下的现实处境中的结果而被认识的。

指责法律是约束性的限制的一个必然推论，就是社会的自我理论。克罗利攻击美国传统的个人神话以及与之并存的天赋人权理论。这样一种观念否认实用主义所谓人产生于行动的理论，这意味着在某一外在于行动环境的地方存在着进行判断的基础，存在着指向结果的真理。社会的自我观念，即认为自我来自社会行为和包围着社会行为的互动，对于实用主义的动态性进步（即人民负责任地选择的朝向未来的进步，而不是简单地完成某种预定的“人类命运”或实现某一确定的或给定的“人类本质”这一朝向未来的进步，这两者都是神话性的观念，其基础就在于把自我看作确定或给定的个人主义理论）信念是至关重要的。克罗利的观点是实用主义的，他认为人民可以通过实现集体目标而成其为其个体自身；通过这种行动创造自身，并且，他们也创造他人，同时他人也创造他们。集体行为因而是一种学校，在那里，人民能发现自己之所是，并“教导”他人他们是什么，而他人也为他们做同样的事（Croly，1963）。

在克罗利以及其他进步论者如威尔逊看来，美国的政府体系与这一人学、社会与政府观点完全不相吻合，需要把它连根拔起，重新建构，以考虑到实用主义的进步观所需的联合与实验的方面。游戏的基本规则必须重写，因为旧的规则（来自宪法的原则）假定了以私利为基础的对抗性的社会关系。根据这一社会世界的观点，
政府必然地会成为最有野心、最成功的利益集团出于自身的目的所捕获的一个危险 135
的战利品。因而，政府乃是可怕的东西，应置于一定的限制之下以防止它的滥用或为它所俘虏。

从这一有利的观点看，美国政府的历史有效地证明了实用主义的自我理论。宪法作为社会课堂中最强有力的教师把人民建构成了自私的个体，他们中的一些人掌控着政府，使其为我所用，这对于作为一个社区的美国而言将会导致相当严重的后果。表面上看，克罗利以及进步主义者不过是想以不同于宪法的方式来建构美国公民。进步论完全走向了最基础的“宪政改革”的运动（Eisenach，1994）。[伍德

罗·威尔逊呼吁建立议会制政府，他的观念产生于重划各州边界线（为的是形成更敏感的地方政府）的时期，他的呼吁和观念正是这种气氛的表征。］进步主义运动（就其是实用主义的而言）力图重新把美国建构为一个庞大的社区，在那里，社会合作就是公民关系的底线。这就是根本不同的实用主义精神在美国语境中的情况。

所要求的远不止这些。那时的美国的学术精神是肤浅的，缺乏对处境的研究。从一定意义来说，联邦主义的政府理论以及以它为框架的宪法已归于失败。反联邦主义的精神自然要重整旗鼓，但是，尽管其气质与基调正符合新的情况，但它的政府理论则不然。人们需要一个具有新的指导原则的新世界观。克罗利这样的代言人在政府研究方面所表述的实用主义提供了所需的哲学启示。

从本质上说，实用主义预设的本质就是它所包括的科学方法理论。通过装出不断怀疑的姿态，通过把试验置于合作的语境中，通过获得可操作的真理定义，实用主义信守着科学精神的最高方面（如开放性探索的原则），而同时又赋予它一种能适应政府面对的全新语境的形式。实用主义的公民、政治家和行政人员（或者说，实用主义的科学家）**不觉得民主制与效率或民主制与自由之间存在什么不一致或紧张关系**。一个实用主义的政府不可能是统治的或成为暴虐的
136 政府。就此而言，政府行政可看作是大众意志的表达，而不是否定后者的工具。

克罗利还证明说，“行政委员会实际上只有正确地做事的自由。当它们误入歧途时，契约就会对它们施加压力。它们从它们的知识以及它们与公众舆论的特殊关系中获取权威”（转引自 McConnell，1966，p. 43），在此他的意思不仅是说“科学的客观性”或专家将作为外部力量发挥作用以限制委员会的官员的决定与行为，而且还是指通过公民对行动结果的决断来判断行为的真理的态度，将能保证委员会通过持久的自我修正过程实施统治。根据这一观点，专家的意见并不就是有为他人做决定的权利与特权的“知识”，而是使清楚明白的实验设计（它能产生可理解和可被大众评判的结果）得以可能的技能。

作为时代学术精神的一部分，进步主义者以及与之相联系的实用主义的世界观对传统体系的攻击为变革提供了一个强有力的公式。正如有人证明的，如果进步主义的改革时期和与之相伴随的精神在新政时期达到了顶峰，如果新政确定的美国政治与政府过程一直到 1980 年，那这一公式的力量显然就获得了充分的证明。然而，新政以及它所产生的历史与我所描述的时代精神根本不相一致。进步论实际上结束的是一种调节性的福利政府，这一政府严重地依赖于工具式的和理性主义的公共行政形式。这一政府形式实质上遭到了反对，公共行政越来越失去了合法性，正如它现在的低下地位所表明的。要理解所发生的一切以及这一时期的知识框架和在此基础上形成的社会思潮是如何偏离方向的，我们就必须看一下这一进步论暨实用主义的观念在政府中实际上是如何体现的，以及这一体现激发了什么样的解释和反应。

4.7　新精神的表现

上面的故事所描述的美国试图通过找到一种把社会合作建制化为其官方的生活方式的途径，来治愈没有社会中介的个人主义竞争时期造成的创伤。这不过意味着联邦主义的宪政传统的颠倒。但是，有何证据表明这一改变在美国甚至已经发生 137
了？实际的情况难道不是这样的吗——到 1910 年左右，向合作精神的重要转变在国家方面就已经显而易见了？

在描述世纪之交时期的社会变革时，我已经提到专业化的出现（正如在新的合作形式中所显示的）对议会和其他会议的把持，以及新观念与新信息的传播。这是新兴的专业"白领"中产阶级以及其自身不同的阶级趣味发展和完善的时期（Hofstadter，1955；Merkle，1968；Wiebe，1967）。如果说这一发展存在一个明确的意识形态，那就是泰勒（Taylor，1947）所阐发的科学管理理论。尽管泰勒的体系主要是作为工序与关系最优化的方法而广为人知的，但我在此想要关注的方面乃是它的乌托邦主义——这是它最为人忽视的方面之一。当泰勒运动广为流行时，它基本上被说成是有关未来世界的一个完全乌托邦的版本，在那里，冲突可以从人类事务中消除。泰勒本人对冲突有一种病态的厌恶，无疑正是这一人格特征促使他开始研究组织与劳动（Copley，1923；Habor，1964；Kakar，1970；Nelson，1980）。尽管他的理论在当代世界被宣传为是一种统治和剥削工人的技术（March & Simon，1958），但他的意图实际上是想通过给每个人找到一个能恰当地结成和谐系统的方式与场所来巧妙地解决管理的难题。他的理论开出了一个专业化的药方，这是一种具有民主制基础的专业化。他充分地证明说，个人的背景对他或她想要成为新的科学管理者的期望不会有任何影响。需要考虑的是这个人能做得怎么样。这里涉及的唯一统治就来自对系统本身的需要的服从，当然，系统的良好性能符合人们的集体利益。根本不存在所谓组织系统将使某些人受益而使另一些人受到剥削。科学管理整个地是一个建立在合作原则基础上的理论，它实际上是进步主义改革运动的意识形态的一部分。在这么说的时候，我不想被人误解为我对这种乌托邦主义的可能性过分乐观。折磨泰勒的一个思想张力（尽管不能说是矛盾）也同时普遍地影响了进 138
步主义运动。这就是对"普通人"的一种复杂的矛盾心理（Cross，1993）。它过去是现在仍是美国知识分子的一块心病，它不仅产生了神秘的知识精英主义，而且对于"专业知识"如何才能与下层人民持有的知识相结合这个问题产生了一种不完善或者说常常不相连贯的观点。尽管对于主要的实用主义者而言，这并不是问题，但进步主义（作为一种不完全的实用主义思想）却在这方面深感苦恼。

正是在这一语境中，我们必须让运动发展出一个新的组织类型即**贸易联合体**。这种组织形态由于一位名叫阿瑟·杰尔姆·埃迪（Arthur Jerome Eddy）的理论家、代言人和律师的完善而成为一个社会诱因（McConnell，1966）。正如埃迪描述的，贸易联合体的出现造成了"商业与工业世界……的根本变革——从竞争性基础变为合作性基础”（转引自 McConnell，1966，p. 58）。新的组织形态使美国能超越其过去商业时代的罪恶，如要阴谋、搞谋杀这样的行为。联合体是迈向更文明的政府与社会生活形式的第一步。埃迪公开地反对斯宾塞的弱肉强食的观念，他的观点是：“人类法律不应该是强者独尊，而应该是**让所有的人都有生存的机会**，最优秀的人通常最能获得生存的机会，人性在弱者那里要比在强者那里更具有真实的价值，有更多的善。”（转引自 McConnell，1966，p. 58）

“价格公开的贸易联合体”是取代残酷的竞争的手段。尽管联邦贸易委员会在1929年就研究了这种组织形式，但结果发现：是它们应该获得许可。然而，这一特殊的组织形式并不是美国政治文化发生的广泛转型的本质。正如有人指出的，埃迪鼓吹这种联合体乃是基于对这一转型的总体认识，并且“他完全正确地看到了商业中竞争观念的广泛转向，并在大社会内寻求一种有机社会”（转引自 McConnell，1966，p. 58）。

更广泛的文化海洋的变化在 1912 年开始正式地体现出来，当时，塔夫脱（Taft）总统的贸易与劳动部的秘书查尔斯·内格尔（Charles Nagel）呼吁各商会与其他商业联合体召开一次代表大会，这次会议就在内格尔的办公室内举行，会议
139 期间，代表团为商业团体的全国组织起草了一份蓝图。接着又组织了一次讨论会，上千个贸易组织应邀参加。塔夫脱与内格尔都在大会上发言，与会者接下来的会议进程为美利坚合众国商会的成立奠定了基础。

经塔夫脱总统同意，内格尔设想为商业与政府之间的合作建立一个结构性的联系，事实上，他甚至提出，给商会起草一个“全国宪章”，授权它为政府草拟和提交一份“共同贸易意见书”。政府官员转而承认这些意见是来自“美国商业与工业的公认代表”（McConnell，1966，pp. 59-60）。尽管塔夫脱和内格尔都没有认识到这一点，其实他们在宪法层面玩弄了美国的政府机构。然而，也许是因为他们的行为与美国社会与政府的总体变革方向相一致，他们的所作所为并未引起特别值得注意的反应。

在理论和范围上尤其明显的是第一次世界大战总动员期间对政府与商业领域之间的合作的依赖（Skowronek，1982）。当然，美国从未经历过集体的这种总动员。为使之能够实施，一个巨大的工业巨头网络介入了政府。至少在一个短时期内，私下的与公开的合作的观念成了美国政府的运转原则。总动员所引发的复杂的调和与服从的难题“被极其成功地解决了，其方式完全依赖于…… [政府—私人部门合作的意识形态预设的发展]”（McConnell，1966，p. 60）。工业巨头被授予重要的权力，并且由于贸易联合体在调和过程中十分有帮助，政府便跟着出台了一个正式政策以鼓励它们的发展。合作原则有效地模糊了政府与私人部门间的界限。

这一合作体系（主要是通过战争工业部和食品管理部来运转）在“出于国家利益为工业确立合作、民主和自我控制”过程方面取得了巨大的成功（McConnell，1966，p. 61）。它不仅在实现其目标的意义上取得了成功，而且在下面这一方面也是成功的，即作为颠覆许多传统的、不经济的工业实践的结果，它既具有“科学的”效率，又促进了资源保护运动。自由、效率与资源保护被认为是完全兼容的

价值。

这一治理形式作为战争动员期间的一种运作体系，在当时仅仅具有历史的意义；然而，经验本身也具有巨大的和持久的影响。从某一重要的方面来说，这是由一个人来实施的，这就是赫伯特·胡佛（Herbert Hoover）总统。胡佛是一个工程师，其对公共行政领域的重要性一直未加重视（实际上，他的威望在于创造了新的行政管理者类型）（McConnell，1966，p. 65）。作为战时国家的食品行政官员，他使合作原则的应用范围扩展到了工业动员之外，使它运用于单个家庭作业的范围。 140

如果战争延续下去，如果美国卷入战争，实际上就是开拓了美国的征税资源，那么向自愿合作的治理过程的转变就会发展到永久改变治理美国的现行宪法原则的地步。胡佛在总动员方面的经验［在（尽管是隐在的）意识形态因素的语境中获得的］，激发他完善了政府如何适应于民主的和个人主义的社会的理论。这一理论的主要原则是尽可能使个人摆脱政府的高压；依靠自愿行动为完成社会目标最大可能地开发和配置集体资源；不是通过法律而是通过使联合体采纳和发布伦理的实践规范培育"道德的发展"；运用资源保护的原则（尤其是避免浪费）作为吸引合作和志愿者的方式；借助贸易联合体机制，通过依靠自愿同意和自我调节，来尽可能使社会政治决策非中心化（McConnell，1966）。（请注意反联邦主义在这些方面的态度——好像反联邦主义已经"超前"了 100 年。）

胡佛以高昂的道德激情阐发了这一理论，而这一理论又对胡佛提出和实践它的周围环境产生 了巨大的影响，进而这一周围环境只有那些与其历史时刻的文化、社会和知识环境完全保持一致的理论家才能获得。在选择从这样一个理论基础开始行动时，胡佛提出了一个与赫伯特·克罗利这样的代言人阐述的实用主义的社会政治理论相吻合的运作方法。和"独断地"实施其反托拉斯政策的西奥多·罗斯福一样，胡佛采纳了实用主义的试验法用于私人权力的占有和运用；如果权力的运用导致了好的结果，它就是合法的和可以接受的；如果它产生了坏的后果，那就是恶 141
的，是政府应当防止的。这一立场使得胡佛走向了一种试验主义。又一次，实用主义的精神意味着反对把法律看作社会行为的手段。战争动员提供了一个语境，在这一语境中，法律方式作为实施社会计划的手段这一观念似乎是严厉的、麻烦的和无效的。每个人都知道总动员的目的是什么，社会更容易重复地通过非中心化的、自愿的行为而不是通过合法地遵从来自中心权威的指令实现那一目标。

正如在许多历史时刻所表现的，当萧条时期出现并转而取代持久的繁荣时期时，如果胡佛没有不幸地当选为总统，思考一下对这种治理原则最终会导致什么样的结果应当是有吸引力的。甚至正如事实所表明的，显然，富兰克林·罗斯福和新政就会严重地受到影响，即便不受胡佛的例子的直接影响，也会受到当时正如日中天的合作意识形态的影响（Himmelberg，1976；McConnell，1966）。正如任何一个宪法学生都能够证明的，国家复兴委员会（the National Recovery Administration，NRA）的政策似乎直接地受到胡佛的治理理论的启发。为什么事实并不是这样？罗斯福也在激励新的劳动组织并在他的农业政策中扩展了胡佛的逻辑。

然而，我不必为现在的目的赘述这些故事，它们已经众所周知并有充分的文献论述。我想提出的核心主张是，来自对美国动荡的经济发展时期的回应的精神是一种合作精神，其基础是正在兴起的有关公共的善的共识。在治理过程中实现这一精神的结构性手段就是私人的自愿行为通过政府在商业、劳动和农业生产中的联合。政府的作用就是提供一个使这一联合得以发生的公共空间。这一空间是由这种网络的行为的激励、刺激和合法化创造的。这一方案成功运转的核心是这样一种信念：民主制与所谓的“效率”不仅是兼容的，而且是互为补充的和共生的。

对民主制中行政管理的合法性问题的歪曲论述，使这一信念显得极其令人费解，尽管不能说是荒谬。对于由合法性话语所形成的心灵结构而言，民主制激发的政治意象和政治选择是通过基于且反映情感、偏好、趣味与标志的过程得以成为可能的。在民主制中，没有人能对谁说应该做什么，或者说人们所坚持的信念就是：“人民”是唯一的老板。另一方面，“效率”的机构被认为是冷血的敌人，它通过客观地决定必须做什么来主宰和统治情感，并因此成为社会秩序事实上的“老板兼专家”。

142

这一时髦的和流行的观点的两个方面当然都是正确的，但同时也都是错误的。说它们是正确的，是因为只要人们持一种实证主义的科学观点，它们就能建构合法性的问题；说它们是错误的，是因为在民主制中，多数派统治或指挥着少数派（尽管少数派会得到保护不受过去的某一观点的主宰），而专家不是常规意义上的老板，因为他们必须屈从于自己的方法。然而，如果有人持实用主义的科学观（塔夫脱、胡佛及其同时代人都信守这一观念），那这一观点就与合法性问题没有关系。在此需要重申我先前描述过的特征：实用主义把情感、价值、客观性和事实与经得起考验的试验行为合为一体了。

在这一语境中，极有可能建立起一种公共行政，它不认为自己在民主治理中的作用是有问题的。这是一种不受“合法性问题”局限的公共行政。为什么没有出现这种情况？为什么我们在美国的公共行政中提出了合法性的问题？这一问题究竟来自哪里？我的观点是，它的源头必须到它建立时发生并自那时以来一直把它的偏见置于公共行政话语中，从而使得合法性问题越来越严重的大量知识变形中去寻找。这一变形是什么？它是如何发生的？它的代理人是谁？是什么激发了这些代理人——或他们难道没有意识到他们的变形的偏见吗？为回答这些问题，我们现在可以转入另外的问题。

4.8 创立美国公共行政的隐秘代理人

143 要完整地回答刚刚提出的问题，就必须回顾一下公共行政的整个学术史。在着手这一任务之前（在下一章），我想叙述一下定位回答方向的核心主题。概括地说，这一主题就是：**在创立公共行政领域期间，曾有一个隐秘的、未显露的甚至可能是无意识的旨趣在发挥作用**。把行政领域（或者用它的另一个名字：官僚机构）理论化为一种与民主制有着紧张的、不一致的关系的存在，对于加强这一旨趣而言，是至关重要的。这一隐秘的旨趣的存在，能解释“合法性问题”在这一领域是如何出现的。我将以概述的方式通过批判性地回顾创立时期的两种解释来描画这一主题，因为这两种解释都对我的主题有直接的影响——尽管不是有意识的。

我首先要借助的分析（因为它的视角更为宽广）是约翰·卢顿·萨福德（John Lugton Safford）的著作《美国实用主义与进步主义运动》（*Pragmatism and the Progressive Movement in the United States*，1987）。我之所以选择这本书，是因为它为合法性话语的各种变形的影响提供了卓越的说明。在我看来，萨福德对实用主义的评价恰恰在可预知的方面是有偏见的，因为他是用有偏颇的框架来思考已经由合法性话语建立起来的民主治理。我只集中讨论他的分析中直接影响此处所论问题的部分——他称这个部分是他的“第二主题”，并说“美国的实用主义哲学已经损害了真正的社会科学”（前言第 10 页）。萨福德用以评判实用主义的“真正社会科学”的标准是：社会科学家应当作为社会健康的医生发挥作用——就是说，“和生物学家一样，社会科学家应当能够毫无偏见地区分社会或国家的……健康与不健康”（前言第 10 页）。要扮演这一角色，社会科学研究就必须能够沿着两个相关的方向发挥作用。它必须有能力确定规范的标准来定义“健康”的社会，它还必须有能力经验地检验实际的社会状况与这些标准的规定是否吻合。

萨福德说，实用主义失败了，因为它割裂了这两个方面，还因为它的经验评价方法有缺陷。这一割裂使得那些对提供规范的框架有兴趣的人成了浪漫主义的神话制造者的角色，他们设计出一些根本不可能经验地检验（除非使用完全实证的、非唯名论的方法）的社会图景。后一点引出了实用主义的另一个问题：它的经验检验方法的问题。由于它是以一种唯名论的认识论和这一研究所暗示的操作主义作为基础（在萨福德看来），实用主义完全像是具体的实践者，以至于它描画出的社会世 *144* 界图像是黑暗的、模糊的，离常识的理解相距甚远。这一问题的最好例子就是那些力图把神话制造与实践结合为一的实用主义者；他们的失败的尝试，即想把实用主义方法的两个方面合而为一，彻底地证明了这样来结构基础理论只会使那两个方面成为不相兼容的。B. F. 斯金纳（B. F. Skinner，在哈佛任威廉·詹姆斯教授职位）就是一个典型，他对瓦尔登湖第二和“神秘的”试管婴儿怀有奇怪的乌托邦梦想——这是一个不可能的“规范”神话，它的实现有赖于一种无法操作的技术。

萨福德对这一问题的回答就是用自然法则作为产生特殊的规范假设的指南，然后再用更为严格和严密的实证科学方法论来经验地验证这些假设。在此我所关心的并不是这种解决方式——并且我所看到的是困扰它的严重问题，因为我们所感兴趣的只是理解那使时代精神变形的过程。在合作与务实行动已有可能流行起来并变得合法的社会语境中，其所包含的实用主义与合作原则是怎么失败的呢？萨福德的分析目标是，在这一语境中必定有一个反主题共存着，以对抗正在兴起的合作精神的完整表达。实际上，我们可以在萨福德本人那里看到这一反主题。那使他提供的回答具体化的是悉尼·胡克和沃尔特·李普曼这样的人，他认为这些人在理解自然法则的方面学识渊博，但他们公开的老师是当时的社会事实，是社会事实使他们知道来自自然法则的那些假设能不能成为他们坚持的承诺。尽管如此，还是需要指出，在此的意思是：社会实验的计划与检验是由知识精英来完成的。

对于萨福德提出的解决方式值得注意的是他抵制和否定的东西，亦即对他所确认的问题做的现成的真正**实用主义**的解决。我在此指的当然是实用主义通过**集体合作行为**解决规范与实践相割裂的观点，杜威在行动实验研究中对这一观点做了具体的说明。萨福德批驳杜威过分相信集体主义，这使得他忽视和否定了社会事实。

然而，甚至在对杜威的批判中，萨福德提出，关键的问题在于**什么样的方式能产生对社会最有益的知识领袖**。他情不自禁地反驳这样一种观点，即认为“社会事
145 实”不是由精英而是由人民通过自己的行动创造的（事实所揭示的）社会条件来判断的。萨福德似乎不愿意给予社会实验的集体评价以他给予知识领袖所做的评价同样根本的有效性。是什么使得集体评价成为少数人的选择？萨福德把他的分析建立在一个隐蔽的前提之上，这就是实证科学的卓越性，并且在这么做的时候，他为构建公共行政的初始身份提供了一种思路。萨福德所考虑的不是一种作为实际社会实验来实施的社会科学，亦即实用主义的**行动研究**。

行动研究是由这样一个事实决定的，即规范性的前提、各种变量的甄别、实验的设计以及结果的评价这一切全都是由行动者本身来完成的。专业的社会科学家的作用不过是推动这一过程。为什么这一选择不能作为对传统社会科学失效的事实—价值二元对立的回答？为什么不能认为是社会科学在发展而公共行政是由社会科学建立的？或者说难道应该认为那不过是公共行政的疏忽吗？（我在此忍不住要做出跳跃性的回答：“是的。”）驱动这一反驳的基础、趣味或偏见是什么？现在我要暂时搁置这些问题，以便通过回顾进步主义运动对公共行政的创立产生影响的历史的另一个分析，来对这一问题获得进一步的观察角度。在完成这个回顾之后，我将回到这些问题中来。

我现在要转向的有关“隐秘的代理人”的另一个角度解释公共行政的创立的是卡米拉·斯蒂弗斯（Camilla Stivers）的著作《公共行政中的性别意象：合法性与行政政府》（*Gender Images in Public Administration*：*Legitimacy and the Administrative State*，1993）。我认为这本书的角度是一种“温和的”女性主义，然而，她所做的富有想象的分析对理解公共行政的当下身份以及这一身份是如何形成的，有着激进的意义。

她的解释的中心主题（正如我所重新建构的）就是：公共行政视作建构其在民主治理中的合法角色的基本原理的“理论象征”，一次又一次地都是以本质上男性化的概念被界定的。这些象征性的概念有客观性、匿名专家、专业自律、层级关
146 系、兄弟关系和领导身份——根据斯蒂弗斯借用的当代性别—感知心理学知识，所有这些概念在定位上都是高度男性化的。把这些核心概念界定为合法性身份的基础，其后果是公共行政在理论上、象征意义上和实际上都成为外在于女性的，尽管不能说是有敌意的。这就是说，尽管事实上，正如斯蒂弗斯所说，妇女在公共行政领域的创立中扮演着重要的角色，并在历史上对国家的社会福利做出过巨大的贡献。

斯蒂弗斯接着证明说，在公共行政创立的日子里，为确立行政在美国政府中的合法地位而进行的斗争的核心问题可能是基于政治家（总体而言，他们被证明是腐败的、贪婪的和自私的）与新的行政官员（他们是客观的、中立的，尤其是，他们在代表广泛的、共同的公共利益而不是自己的利益方面是有良知的）之间的对比。斯蒂弗斯提出的最有趣、最生动的批判性材料，把行政官员的形象描述为是有良知的。他指出，在美国，德性的观念在历史上一直与妇女有着密切关系。然而，在公共行政中已经做的是想对有良知的行政官员提出一个男性化的概念。

在总结其论证的部分，斯蒂弗斯考察了妇女在酝酿公共行政的改革运动中所起的作用。概括来说，她在此的主题是，“妇女改革家在建立概念与象征方面扮演了重要的角色，支持者们正是通过这些概念与象征来推动积极的行政政府，后来还为这一政府辩护”，但是，“性别两难与矛盾……就存在于这些核心的概念中”(p. 104)。她所谓的“核心概念”指的是，道德、科学、事实、积极政府、商业、领袖以及效率这样一些概念。

然而，最为有趣的是，妇女的慈善活动形成了美国社会科学的温床。斯蒂弗斯引用美国社会科学联合会秘书长在 1874 年的话说，“社会科学的工作形式上看就是妇女的工作”，接着她又说，社会科学是政治经济学的“女性方面”(p. 110)。正如
斯蒂弗斯和她的先驱者所解释的，这是说社会科学经历了一次性别转换，使改革运 147
动获得了动力，完全改革社会的进步主义观念成为那时的主导。因此，传统的政治文化与代理人之间形成了直接冲突，当时的事件就是由他们提交给政治过程的。

政治一直明确地就是男性的活动。政治“提供了娱乐，男性身份的定义，并为男性仪式提供了基础……政党领袖使用的意向一般地都来自战争的经验……［而且］以赞许的口吻评论发动多次战役的候选人”(p. 111)。斯蒂弗斯指出，政党党魁把改革者贬低为无能的人，并称他们是“南希小姐”* 和“制造女帽的男人”**，他们构成了美国政治中的“第三性”(p. 112)。同时出现的情形的另一个方面就是，妇女在社会问题上开始主动运用和提出一种复杂的、具有包容性的和精密的社会科学视角。

新生的公共行政运动所面对的处境，就是该如何把自己表达为是走向社会完善的运动的中心部分，而不“仅仅”是妇女运动的一个方面甚或就是妇女运动本身。它需要把自身与政治分离开来，但非公共、非政治的领域已经被男性传统设计为女性化的了。它还需要使它自己成为“科学”的一个核心，即合法的社会象征，但(又一次)**社会**科学是作为女性的活动产生出来的。最后，由于要把自身定位于公共利益即“善”的方面，它还需要使自己成为合法的，但德性作为一种品质属于家庭和妇女的领域。

正如斯蒂弗斯指出的，压力在于：

> 男性的改革论者认为有必要使改革更具男性气质。他们认为人们对女性气

* “南希小姐”(Miss Nancy's)，意指“女人气的男子”。——译者注

** “制造女帽的男人”(man-milliner)，意指“忙于琐碎事务的男子”。——译者注

> 的指责是党派的流氓行径……公共行政学的男人们的回答是，力图通过使人相信改革是坚强的、理性的、效率的和商业性的，以此来消除改革中的情绪化（女性化）倾向。（p. 117）

在努力赋予公共行政更多的“阳刚之气”的过程中，核心的象征或者说，男性品质是效率观念。实际上，效率与进步本身被认为是同义的：

> 在努力掌控城市政府的巨大力量以推动社会改良工作的过程中，出现了城
> 148 市的效率运动……这既不是基于税收截留的动机，也不是基于激发这第一种努力的经济欲望……而是由于这样一种确信，即相信只有通过有效率的政府，才能改进社会福利。（Bruere，转引自 Stivers，1993，p. 117）

和所有的象征一样，这一象征所意指的特殊意义也是根本不清楚的。尽管如此，显而易见的是，有男人气有助于人们理解那一观念并真正地实现它。

正如我在前面的段落中提到的，斯蒂弗斯的分析与我在此想提供的论证是完全一致的。确实，本质上（且不考虑我对实用主义作为一种哲学在这一历史中扮演的角色的兴趣），斯蒂弗斯的分析与这一问题有许多交叉之处。这在她于该书的最后一章以一种新的女性主义的方式思考合法性的问题时所表达的意思中尤其明显。不过，对于我最后想要得到的结论，她以走捷径的方式取得了。在我看来，这是因为在她努力不去“以反对的方式支持她所反对的东西”［这是她从厄休拉·勒吉恩（Ursula Le Guin）那里得到的一个教训］的时候，她的分析要比结论更为保守。尽管她实际上以范式的方式对已改变的思考公共行政合法性的方法提出了不同的观点，但在分析中，她利用的思维框架似乎接受了传统思维的主要区分和假设。

我们在她的分析的关键段落能看到这一点。在那里，她证明说，为剥夺妇女在社会改革运动中的主动权与所有权，男人展开了一场意识形态的战役，主张改革计划应在科学和客观的理性知识的基础上追求最大的效率。她接着说，这一运动的意图和影响就是使改革具有了更多阳刚之气，使男人成为了改革的所有者，并提供给他们使改革“有效率”而必需的“领导权”。

尽管如此，在改革过程中并没有发生男人把女人排斥在改革运动之外的情况。这就是说，从改革运动转向行政效率运动并不单一地和简单地只是基于男性气质与女性气质的对立。事实上，重要的是，它把“好”男人（行政改革者）与“坏”男
149 人（政治家）对立起来。在此，我们看到了合法性问题和产生这一问题的话语变形的核心。行政与政治、官僚制与民主制，是两相对立的，并且由此建立了权力的二元对立。民主制与效率的对立意味着政治与行政的对立。在这一对立双方内，获取和运用权力（政治）的一种形式与获取和运用权力（效率赖以建立之基础的专家）的另一种方式被对立起来。正如我们已经知道的，合法性问题就直接来自这一冲突；实际上正是这一对立导致了这一问题。公共行政被说成是想成为治理领域的权力行为者。因而，合法性问题的必然产生是自然而然的。

这有助于解释为什么公共行政领域总是要诉诸威尔逊 1887 年的那篇著名论文作为它的创立性文献。威尔逊证明说，公共行政必定意味着“巨大的权力”，而不

是一个“仅仅消极的手段”（Wilson，1887/1978，p. 12）。而且，他的出于好的动机运用技术的观点也影响了他不仅假定手段与目的是分离的，而且还假定目标可以看作是给定的，这使得目标的实现成了正确运用权力手段的事情。威尔逊的公共行政观点是一种有价值的“行政国家”的理论。它真正想说明的是新的精英控制的政府：不是政治精英——传统的理性的人的观点，而是一种现代的、受科学启蒙的“理性的人”。

正如斯蒂弗斯所做的，使与政治相对立的角色成为仅仅属于男性的效率模式，使得（正如我已经说过的）我们正面对的话语变形为性别—角色的问题，它模糊了这样一个事实，即在最深的层面上说，还有一个对立在影响着当时的情境。这一对立的一方是**通过权力的运用**（不论是政治的还是行政的）**来使工具性的行动发挥作用**，另一方则是通过**合作性的行为**（实用主义哲学精神内部所认识到的那种行为）发挥作用。

再往前进一步，我们就能看到这一对立造成的精英领导（“理性的人”的政府）与过程政府（包括群体）之间的对立。后一种政府避免了民主参与的传统模式的陷阱，因为它消除了使传统模式变得不可能的分歧。传统的参与模式在使手段与目的相适应的问题上（这要求在道德意义上和事件意义上都把目的界定并判断为“好的”）是失败的，而合作的行为模式（通过否定抽象理论的有效性）则把目的和手段合并为同一个反复地、持续地和永远地表述的问题——“我们想做什么”。效率的问题整个被巧妙地解决了，因为它被包容在一个可集体地表述的概括性问题之内了。尤其重要的是，合法性问题被完全避免了，因为不再有代表他人去行为的代理 150
人或领导。

换句话说，真正的问题乃是宪法的问题，这与我描述的建国之初联邦主义者与反联邦主义者之间的争论中国家所面对的是同一个问题。依次地，对公共行政的对话的歪曲首要地不是来自想使改革运动更具男性化的尝试，也不是来自想使其与联邦主义的思维方式（自宪法批准以来，这一思维方式一直主宰着美国对政府的思维）相一致的尝试。

权力/政治与合作行为的对立问题本质上是沿着性别的路线发展的，从这一意义来说，斯蒂弗斯的分析和这一问题是相联系的。然而，在性别问题之下的是意识模式的问题，这是所有问题和所有政治的根本基础。面对这一基础，斯蒂弗斯这样的分析就无法解释为什么实用主义（其绝大部分著作都是男人写的）不能更为明确地和彻底地投身于公共行政运动。尽管如此，往下看一下这个层面，我们就能发现斯蒂弗斯的分析是想回答这一问题：实用主义所反映的意识带有女性的性别特征（当然，尤其明显的是玛丽·福利特的著作），正是由于这一原因，实用主义才不会投身于公共行政。我将在最后一章回到这一方面。

4.9　结语

总而言之，围绕着公共行政创立的对话的曲解本质上是这样的：没有一个观点

（如实用主义）超出了确立联邦主义世界观的假设，因而不能把它们归入公共行政的理论，不论它多么关涉这一领域所曾面对的情境。公共行政领域的创立者所追求的尽管不明确却至为重要的目标，是想沿行政方向修正政府的政治规则，而同时又保存作为其基础的核心原则和世界观，亦即联邦主义宪法的原则和世界观。正是这一世界观使宪法的批准过程（甚至连麦迪逊也承认这个过程是非民主的）获得了合
151 理性。联邦主义者认为，国家的福利要求他们制定一部新宪法，而不管公正的投票是不是同意。国家要求领导人以司法的方式运用超出民主的权力。从范式的层面来说，来自公共行政创立时期的行政模式与这一观念是完全一致的。唯一的问题就是，该如何证明明显未获民众批准的权力运用的合法性。

从未给予充分和公正注意的是反联邦主义的实用主义的行政模式，这一模式的基础是非中心化和合作行为的原则。这一体系的结构是什么？实用主义者玛丽·福利特在《新国家》（*The New State*，1918）一书中对此做了扼要的说明。其过程又当如何？杜威和福利特两人都有大量的讨论。其有启示性的意识形态是什么？詹姆士的著作在呼吁对进步做有启发的研究时对此做了雄辩的论述。这里的情形就类似于国家代理身上出现癌症病变时，健康政策问题会发生的一切：我们要对其展开一次攻坚战，发誓根除它的病灶，找到摧毁它或者说治愈它的手段。我们不认为我们应当做的，是去专心研究以便找到提高人类机体对癌细胞的免疫力的机制，发展以预防为主的行为策略，或为减少致癌物质的危险而研究对环境的应对能力。我们被束缚在一种对疾病的思维方式内，这一方式规定了我们的进程。

早先，在讨论萨福德的实用主义研究时，我对为什么实用主义对价值—事实问题的回答在公共行政的合法性话语中没有被采纳给予了关注。这个问题是更广的一个问题的一部分，那就是：为什么实用主义的过程理论在自身的方面遭到了拒斥，并被转换成了行为主义和/或神话式的社会福音。我的回答是，实用主义在联邦主义的意义上说是“非立宪的”。实用主义关于试验的、实验的事实的核心观念（通过合作行为决定的），没有给权力和运用权力的理性的人留下空间。因此，实用主义的具有社群主义色彩的科学观必定会转变为层级式的科学观，根据这一科学观，有些事实被领导人断定为比另一些事实更好，然后这些领导人再根据他们的判断把“最好”的事实汇聚在一起，最后再由此制定出计划以实现被断定为在道德上是善的这样的目标。社会关系（反联邦主义的治理观的核心）则被持有联邦主义观点的人所否定。这一否定的方法论被整个地运用于公共行政领域的思想史。这一历史所
152 揭示的是，无论从哪个方面说，如同这个领域的文献所表明的，实用主义的过程研究未受到重视或是被曲解了，并对“权力”框架内的合法性话语产生了持久的影响——而且，我还要证明，这也使得它的问题没有被解决，实际上是无法解决。正是故事的这个部分构成了下一章的主题：公共行政学的学术史中关于合法性的对话。

第 5 章

理论简史 I：西蒙的现代主义与公共行政的创立

民主制是一种治理方式，民众在此是他认为好的东西的最后判断者。效率则是他认为好的东西之一。 153

——卢瑟·古利克（Luther Gulik）

专家退到秘密的使命之后
继续表演他们的博学，
尽管有人后悔了；
他们喜欢留声机更多一些，
他们遇到了巨大的风车，不会
让你有所遗忘。

——W. H. 奥登（W. H. Auden）

我是 1964 年 27 岁的时候成为大学教授的。我最初的意向是拿一个 MPA 的学位，在公共机关干一份差事，但随着我对公共行政领域的了解的加深，我便对它作为一个学术行当产生了兴趣。这对于那些研究公共行政学的人而言是颇为典型的。因此，和他们一样，我在做研究生时的主要身份是一名政治学者。我甚至开始写作了百余页的有关美国政治行为的政治学博士论文。尽管如此，在我认识到人类生活未来的核心问题将是组织世界而不是政治世界时，我还是自觉地改换了我的研究主题和身份。在这一点上，我与当时关心现代社会中官僚制问题的大多数作者是一 154

样的。我是在一个小镇上长大的，由于这一田园式纯朴的背景，我能相当清晰地认识到理性的组织世界投射到它上面的异在性和问题框架。

对这一事业的追求使我与具有相同背景的人建立了联系，其中有最为著名的都市社会学家吉迪恩·肖伯格（Gideon Sjoberg），他以划时代的著作《前工业城市》（*The Preindustrial City*，1960）而扬名。吉迪恩对于我的学术经历的影响是独一无二的（Sjoberg，1989）。他对意识形态问题做过深入研究，并受卡尔·曼海姆（Karl Mannheim）的启发，认为人们有望摆脱使学术成为意识形态活动的社会力量的唯一途径，就是把自己置于一个边缘的社会地位。

当他和我开始合作从事研究和写作时，我至少部分地进入了他所谓的“边缘地位”，并开始从这一新的角度认识社会世界。吉迪恩在其生活方式上为进入边缘性而做的重大的结构性改变是颠倒每天的生活节奏，白天睡觉，晚上工作。他所有的课程都是安排在下午和傍晚，这时他刚醒来吃过“早餐”。由于当时我已经成家并有一个小女儿，因而不能像他一样，但我多次发现自己彻夜和他一起工作，我们的讨论常常因在夜鹰咖啡店长时间地喝咖啡而中断。

吉迪恩向我指出，从这一夜间的角度能更清楚地看到社会机制的轮廓。他说，“在夜间有这么多的小老板”。通过对比你现在所看到的与你在白天所看到，“你就能发现人们的关系是如何被决定的”。他还教给了我批判的角度，亦即学术的角度。
155 这是我在研究生阶段从未真正见识过的，至少在生活方式方面是这样的。我上研究生时所在的系有许多教授对武断的观点持批判甚至非议的态度，但他们使用的话语仍包含有常规的范畴。他们不能从不同的角度看待问题；而吉迪恩却能这么做，这是我越来越明显地意识到的。当我们坐在咖啡厅闲聊的时候，他不断地向我指出两种有力的、不为人知的界限或控制是如何形成和牵制学术界的知识过程的。这些界限中最常被调用的是“常识的话语”。当学术界谈论有关某人的个人生活或专业问题的“真正”事务时，就常使用这种话语。任何超出常识理解力之假设的观点（例如说人是自我中心的和理性的）在教室还可以接受，但在“真实世界”就是胡说。还有，当讨论真正的问题时，人们不知道从调查研究中调用已有的发现。甚至当这些发现已成定论和切中问题时，他们还是要对其大打折扣（“这是有争议的，还需要更充分的研究”）。第二个界限是“机构或权威的话语”。当事情不是根据“常识”被决定时，它们就是由机构必然性的指令所决定。这意味着最好不要说或做任何使现行机构安排或处在机构权力核心位置的人的观点引起质疑的事情。事情的存在方式和在位的领导人的意见，被认为是理所当然的。这一观念就是：改变必须或是自上而下，或是由那些人来提议。

吉迪恩向我指出，我也无意识地把这些控制性的话语视作是理所当然的，我看待和思考世界的方式是由它们结构的。我对我自己的学术工作打了折扣，对它不够严肃，任由它被常识和现状所操纵。我将成为的不是一个学者，而是（用当时我认识的一位激进的学生的话说）“一个半吊子的学究；一个埋头苦干的资产阶级学人”。根据我在此的分析，我将成为理性的人的辩护人。

我重述这份个人的经历是想暗示一种进入我将要叙述的公共行政学的文献故事

的视角。这一叙述不是对文献的全面回顾，我在此只想考察和讨论公共行政领域围绕着合法性问题的发展情况和它对合法性问题的影响。学术文献的历史解释典型地表明，它们是作为一种定型但部分随意的相互知识影响发展起来的。这些历史解释 156
常常发现，在文献中有许多被忽视的问题和盲点，它们乃是文献仅部分地以系统的方式进行阐述的结果。公共行政对合法性问题的关注是不同的。我认为，其主要的问题是：它是一种“有倾向性”的理论。在前一章我们看到了公共行政学的一个小分支是如何朝着其萌芽的方向发展的。在这一章，我们将考察这棵大树成长时所选择的方向和倾斜角度。我使用这一隐喻是想表明，公共行政的合法性理论是尤其意识形态的。它的目标唯独倾向于为理性的人的政府提供基本原理，通过以这种方式界定行政来使它与民主制原则上水火不容。尽管如此，要清楚地看到这一点，我们就必须暂时存疑，假定（正如吉迪恩在夜晚的世界中看到的）生活即便没有理性的人也照样能够继续。

我将通过三个重叠交叉的历史阶段来追述公共行政学的文献历史。在这一章，我将讨论“正统”（或古典）阶段，这一阶段从这个领域的创立一直持续到了 20 世纪的第一个 10 年；接下来是一个短暂的“传统主义”阶段，它出现于富兰克林·罗斯福总统执政的时期和第二次世界大战结束之后；第三个阶段是“现代主义”，它开始于第二次世界大战后期，持续到 1968 年越南战争的白热化时期。在第 6 章，我将叙述开始于 20 世纪 60 年代末、持续到 20 世纪 80 年代的“当代”阶段的第一部分。对当代阶段最流行的文献的讨论是第 7 章的事。这些阶段构成的故事有一个恒久的和一个前进的方面。一方面，理性的人的意识形态不得不一直固守自身以抵抗内部的问题和外部的攻击；另一方面，这一意识形态又不得不一致地转向日益强大的霸权立场。

5.1 公共行政（错误地）创立时期：正统阶段

前一章的历史回顾指示了自由市场精神侵蚀美国社会的基础的程度。这一过程现在仍在继续，并侵蚀政府到这样的程度，以至于改革已成当务之急。作为学术发展的语境，19 世纪和 20 世纪之交的美国文化在理论指导方面几乎是一无所求。问 157
题是显而易见的；其严峻性和诱发它们的原因也是十分明显的。而且，它也不需要规范的指导。坏与好的界限是明确的。例如，行政事务的改革不被认为是导向“系统的人事管理”的技术改革，如同它也不是道德意义上的善的改革一样。这一语境要求的与其说是理论或道德的意识形态，不如说是行动。

因此，对于公共行政学而言，在实际行动而不是理论的、科学的或技术的认识的基础上产生出开创性的文献是很自然的。同样，这一早期文献的焦点集中于城市的政府也是很自然的。19 世纪末转向“好政府”的早期运动以市民群体组织起来改革城市政府为发端，在那里，腐败和缺乏效率的问题居于显要位置。正是 19 世纪 90 年代中期形成的 84 个这种早期群体的一次全国性会议导致了全国地方同盟的创立（Caiden，1971，p. 35；Stewart，1950）。然而，从这一运动中得出的第一个教训是，道德是不够的。改革者发现，他们不能仅仅靠“在选举中击败无赖”这种方式来改进地方政府的效能。结果，政治机器和“老板主义”经历了一段时间的复苏——例如，坦慕尼厅在特维德老板于 1871 年被改革者赶下台的 3 年时间里一直幕后操纵着纽约州政府（Stone & Stone，1975b，p. 19）。所需要的是专家（Caiden，1971，pp. 30－35）。

19 世纪和 20 世纪之交美国社会文化的形势无疑是美国历史上“规范政治”（亦即非暴力的社会冲突）最为激进的时期。政治失去了信誉，人们寻求新的政府形式替代它。公共行政就在与政治的紧张关系中应运而生。1906 年，纽约地方调查局在纽约的成立（由卡内基和洛克菲勒资助）最好地证明了这一点，因为这是改革运动转向一种新方法论的政府的转折点。由于坦慕尼厅拒绝公开官方记录，研究者们走上街头评论他们的现状，对他们的实际状况与分配给他们的资金有效利用后的应该状况进行比较。最终的报告（在利用事实和数据方面颇具特色）挑起了针对曼哈
158 顿区阿赫恩（Ahearn）主席所在的局的诽谤诉讼，由于他基本上是为这个局辩护，所以导致了第一起正式弹劾地方政府官员事件的发生。最终，阿赫恩被纽约州州长查尔斯·埃文斯·休斯（Charles Evans Hughes）以无能为由调离其原先的工作岗位（Stone & Stone，1979b，p. 20）。

基于曼哈顿街区调查局的这起事件使得对“调查”这个词的研究流行开来。不久，其他城市学习纽约州调查局的成功经验，寻求它的援助，使类似的“调查”进入了预算、购买、核算、公共作业、公众健康、改组等领域。尽管调查局运动的源头在于自发的基层民众赞助活动，但根本上说，是地方政府（最初是洛杉矶和托利多）决定在政府自身的行政机关内设立这一机构。1921 年国家预算局的成立也许可以看作是这一运动的高潮，并且事实上，是纽约州调查局局长弗雷德里克·克利夫兰（Frederick Cleveland）领导塔夫脱委员会力举成立预算局的（Caiden，1971，p. 35）。

这一新运动在开始时采取的策略不同于传统寻求政治目标的方式。它断然地尽可能成为非政治的，通过教育、公民影响和自我启蒙发挥作用。同时，它又避免否定性的公开、非建设性的曝光或人格攻击以及政治战。它把它的计划狭隘地限定在技术性方面，集中于尽量按照私人事务的效率原则实施公共事务的信息。正如凯登（Caiden，1971）归纳早期调查局运动的计划定位时所说的：

> 如果废除了不负责任的政治老板和看不见的政府，政治就能得以重建，仿佛它是一种私人事务。政府［因此］应该有一个具有足够行政权力的强力执行者，一个监督性的司法机关和一个独立的审计员，还有一些功能单一的行政单位，一个标准的涵盖一切的预算以及一个优秀的行政系统。作为这些提议之基础的科学的法律主导就是建立公共行政的科学……公共行政的政治环境并非无人注意，而是被掩盖了。(p. 35)

这些创新的、着眼于行动的“调查报告”构成了美国公共行政领域的原始文

献。这一开创性的文献的特征是“实用主义”的，因为它与现实世界的情况有着紧密的联系，它的目标是要为表达现实情况的人提出行动的选择。政府的过程是有记 159
录的，政策、程序和行政结构的可选择形式都要通过效率来评价。就其是直接基于公民参与而言，这种研究是实用主义的。然而，真正的事实是，各局开始提出各自的推荐原则、理论和其他抽象形式，其意图是为了超越特殊的情境，并通过公众参与的过程而成为无须修正的东西。当发生这一情况时，运动就越来越少实用主义而越来越多地反映制度的（以及必然还有意识形态的）利益。这一意识形态的轮廓（不强调与重视行政制度的建立联结在一起的政治的重要性）在推荐本身中可以看到：为机构减少上头的控制部门，减少选举投票，以立法机关的监督在行政领导下把代理机构中央化，行政预算，人事和程序理性化，首要的是政策与行政问题分析和专家为此提出的替代的解决方式。新生的运动的创立者力图依附于科学符号，把科学方法与效益观念联系在一起。地方调查局出版了《地方调查》杂志，迫切想“推进科学原则运用于政府”，它的许多理事还成立了纽约效率协会（Caiden，1971，p. 35）。

出于把科学的符号与效益观念结合在一起的目的而运用的主要工具，是前一章已简短讨论过的泰勒的科学管理运动（Waldo，1955，pp. 18－19）。泰勒认为他的原则可以普遍地应用，他支持那些想把他的理论引进政府行政的人。塔夫脱经济与效率委员会——由公共行政运动的几位创始人（如弗雷德里克·克利夫兰）领头，在对全国行政机构的广泛研究中使用了科学管理的方法（Caiden，1971，p. 35），尽管研究没有产生有意义的转变，但它传播了一种观念：政府能像私人企业一样更好地运转。

专家精英很快就把确定改革范围的动机引向了专业研究网络的发展。这首先是由在全国范围进行调查的人事部门开始的。接着，政府调查委员会主办了一次各部 160
门交流调查经验的年会。同时，专业和公共利益联合会开始形成；公共工作官员、城市管理者、警察部门领导、消防部门领导、地方金融官员、公务员官员在 20 世纪初的头 15 年全都被组织起来。这一运动因全国城市联盟的成立而停止（Stone & Stone，1975b）。

从当代的角度是难以理解运动的力量和动力的，在这一角度看来，对治理问题不存在共识或方向意识。然而，1929 年公共行政情报交换所在芝加哥的成立就是一个例证。该组织由路易斯·布朗洛（Louis Brownlow）领导，它力图把运动中心化和扩展为一个完全职业化的公共行政。它把城市管理者（国际城市管理者联合会）、公务员官员（公务员大会）、金融官员（地方金融官员联合会）、地方研究者（美国地方联合会）、州立法机关官员（美国立法者联合会）、公共工作行政人员（美国公共工作联合会）、福利专家（美国公共福利联合会）以及其他组织全统一于一个最高联合会之下。州政府议会、总督会议和公共行政事务部（一个提供咨询服务、调查和出版的机构）在同一部门下成立。这些组织办公地点在东 60 街 1313 号，因而又名“1313”公共行政中心（Stone & Stone，1975b，p. 23）。它们实际上形成了一个全国性的中心，致力于美国政府制度的重组，当然首先是针对地方和州层面上的，但对于联邦政府也同样具有重要意义。它们还有一个明确的目的意识，一个意识形态和一套技术，它们不仅在政府本身的范围内，而且在美国中产阶级公众中都享有合法性。这一制度的发展在今天几乎是不可想象的，而在当时却能汇聚起来形成力量和影响。

伴随着这一明显的职业化发展趋势的，是教育革新的必然出现，以培训新的公共行政专家。这些革新中的第一个是公务员培训学院，1911 年由纽约城市调查局
161 创办。它提供大学层次的教育，并于 1921 年实施改革，和该局的其他学校一起合并为公共行政学院——一个与它所追求的教育使命的严肃性和品质更相一致的组织。美国的大学则直到 20 世纪 20 年代以前都没有回应发展公务员教育的需要。因此，在 1933 年罗斯福新政开始以后的一段时间内，有 30～40 个大学公共行政培训项目立项，但其中只有一部分作为专业课程而获得了真正的形式，而其他大部分都未能保存下来（Stone & Stone，1975a，pp. 268－290）。作为课程保存下来的也完全是依存于培训学院，其教学内容开始时只是各局的调查、报告和比较研究的文献（参见 Buck，1921；Heer，1926；McCombs，1927；Simth，1925；Studensky，1920）。

第一个真正的公共行政“学院”的形成是因为公务员培训学院的许多项目在 1924 年并入锡拉丘兹大学。其他重要的项目不久也在辛辛那提大学、南加利福尼亚大学、明尼苏达大学、哥伦比亚大学、芝加哥大学以及华盛顿的布鲁金斯研究院立项。另外，有几个重要的大学还成立了公共行政研究部，为专业公共行政人员如警察、交通与卫生工程师、公共健康官员设立了教育项目（Stone & Stone，1975a）。

这些项目为公共行政教育提供了手段，但它们教些什么？正如前面提到的，描述性的、抱有改革目的的调查局的报告是这一领域第一批的真正文献。然而，实际课程的核心还是政治科学的文献——主要是历史的、描述性的研究或与公共行政有交叉的政治哲学著作。只有纽约培训学院（后改为锡拉丘兹大学）、南加利福尼亚大学和布鲁金斯研究院的课程整个地是为公共行政的课程学习而设计的（Stone & Stone，1975a）。

因此，在其创立阶段，这一领域的学术内容是各局针对治理和社会生活的特殊问题（它们还没有通过政治过程有效地加以控制）的实际改革的调查报告。结论似乎不可避免地是：从一开始，公共行政领域就意味着对共和政治体制及其在美国宪法基础上产生的程序的一种批判甚至否定。尽管这一领域发誓要致力于维护民主制
162 的原则，但文献明显地是想表明，公共行政能提供不同形式的民主治理，而不是目前的这种东西。

公共行政领域的奠基性文献和教学发展往好了说是不平衡的，往坏了说是相当天真的和原始的。显而易见，它发展得很迅速，也很完整，因为这一发展代表着美国社会和政治领域一个重要的变迁。它也遭遇了来自因这一变迁而典型地形成的学术圈和政治圈的敌意与不支持。斯通兄弟（Stone & Stone，1975b）为这一创立时期开始的冲动提供了杰出的概述：

由于缺乏教科书，许多教学工作都是启发性的。学生攻克难题，考察调查报告，寻找推进行政执行的方法。人们对“合适的”解决方法和技术以及人事与财政程序的重要性强调得太多。也许，缺少行政理论、组织行为、决策模式和分析方法的课程设计，可以通过它们强调推进公务员行为的实用技能而部分地得到弥补……20 世纪 20 年代和 20 世纪 30 年代初的最好课程，使研究生在当时以及他们的一生中都能受益匪浅。它们培植了一种使命感、伦理标准和信心，即公务员能得到优质管理的帮助。(pp. 45－46)

这一总的看法为反思公共行政的创立过程中提出的关键问题提供了一个焦点：政治与行政的关系。我说过，这一领域本身从它在美国（在所有的地方，但尤其是在城市）出现的一开始就代表着对政治的批判，公共行政的治理形式实际上意味着一种不同的民主制。不过，斯通兄弟的解释揭示了一种缺乏其原初的激进热情的公共行政观念。

保守主义的公共行政在这一领域的开创性著作，即弗兰克·古德诺（Frank Goodnow）的《政治与行政》(*Politics and Administration*，1900）中有明确的说明。尽管其诞生的标志也可追溯到 1887 年伍德罗·威尔逊的论文《公共行政研究》(Wilson，1887/1978)，但古德诺的这部早期著作对这一新领域的范式性框架的确立产生了更大的影响（Dahlberg，1966)。古德诺证明说，政治与行政的功 *163*
能是具体的和分离的；政治的功能表达的是各州的意愿，行政的功能则专注于介入治理的科学、技术和商业性活动。由于美国宪法视行政和立法机关的功能是分离的，因此在正式的政府体系中将政治的适当控制置于行政之上并不是不可能。然而，这种控制是由政治党派的体系提出并作为宪法设计的必要补充的，古德诺没有发现，把行政界定为与政治相分离但却是政治过程的控制下的必要补充这里面的问题。

然而，在这么说的时候，他并没有偏向于政治的方面。相反，作为一个进步论者，他继承了民粹主义蔑视政治的精神，他认为美国并不是民主政治，因为党派利益控制了它的政治。古德诺拥护政治改革，认为这能创造更直接的民主。在他看来，对政治和行政领域划出明确的和相互分离的界限是可能的，他还把日益强盛的政治活动看作是提高行政效率的手段。仅仅只有**党派**政治（通过对行政立法控制和干预表现出来）才会阻碍效率。他把“政客”贬低为这样一种专家，他们力图剥夺人民规定其政府发展道路的权利，他指出一个强力的行政官员应能保护行政免受不恰当的政治干预，以便它能像他研究过的德国的非党派官僚制一样发挥功能(Caiden，1971，p. 34)。

这一论点对于公共行政的身份意义重大。古德诺对**恰当**的政治控制和**恰当**的行政的定义使行政人员再也不能**插手**“在上的”政策过程和“在下的”公民事务，使行政成为除既定的要实施的目标以外唯一剩下的中立工具。这是一种孤立的、呼唤将其视作“客观”过程的行政。这一行政概念要求独立于实施治理过程中实际具有或不具有的东西的合法性。在此揭示的是合法性问题的一个被忽视的方面：**传统的所谓合法性要求的是保护行政免受质疑。**通过调用科学与技术符号，古德诺把他的

论点强行发展为一种观点：由于它的基础是科学，因而应当超出是非或甚至出于无
164 心的问题来思考行政。以效率为基础科学定义的行政，为巧妙地避开批评或“干预”的可能性提供了基本的手段：批评仅仅是针对什么样的事可以做，而不是该如何做——或者说有效地做。

正统时期的文献——直接源于公共行政的创立和古德诺提出的范式——称行政领域是“公共部门的科学管理”，认为尽管它比较粗糙，却公然假装具有了基础科学的地位。这种文献的一个例证是伦纳德·怀特（Leonard White，1926）的著作。这个时代的作者还有卢瑟·古利克（Gulick & Urwick，1937)、威廉·威洛比（William Willoughby，1927)、威廉·莫舍（William Mosher，1937)、约翰·菲夫纳（John Pfiffner，1935）和弗里茨·莫斯坦-马克斯（Fritz Morstein-Marx，1946)。正统时期流传最广、引证得最多的著作，无疑是古利克和厄威克的《论行政科学》（*The Science of Administration* ，1937)。在一定意义上，这本书是当时那种原始的组织智慧的一种体现：在较低的层面上，对于“工作”概念，如控制的范围、指令的统一性以及在展示组织结构和形成管理路线的基本逻辑的基础上形成的一般化，有详尽的阐述。然而，玛丽·福利特（Mary Follett，1918，1940）的著作却是这个时期值得注意的一个例外。

通过赋予公共行政这样一个身份而揭示的歪曲或曲解究竟是什么？我以前就说过（White & McSwain，1990)，避开政治把公共行政定义为有效实施过程中的一种民主的认识科学似乎是对当时的社会学发展方向的一种完全自然的反应——其明显的动机是想使运动获得承认和最大地发挥可能的影响。然而，这一评价没有解释替代性的真正民主的行政的可能性——例如当时福利特的著作。关于这一点，让我想起本章所勾画的社会政治语境。在最一般的层面说，是**大众**的改革精神激发了反联邦主义的精神的复兴，亦即本书第4章讨论过的《追随他的脚步》一书中体现出来的真实的慈善精神（Tompkins，1992)。国家正处于其发展的十字路口。民粹主义的社会慈善运动以及《追随他的脚步》的语调代表着（这甚至是进步主义者的一种冲动）对美国已经出现的商业的非同一性的一种抵制。美国人正在为社区、民族以及它自身的有特色的精神气质中寻找一种同一性。

在制度变化的层面上，战时合作也有高潮的阶段。那些年，美国经历了集体表
165 达和行动的可能性，并就许多事进行对话——如避免浪费，保护自然资源和生态平衡。赫伯特·胡佛和他征召的具有公共精神的领导组成的虚拟军队在那个时期的时代精神的感召下，提出了一种新合作主义的联合主义理论（Himmelberg，1994)。进步主义运动与胡佛的努力在一定程度上交织在一起，为了形成联合运动，人们提出的可能性主要集中于联合主义的公共行政观念，这一行政把推进民众合作作为自己的使命。热烈的支持来自工业界的各方，正如百货商店巨头E. A. 法林（E. A. Filene）声称的，“受无数改革者蔑视和嘲笑的现代商业系统将是未来社会进步的动力和工具”（转引自Dumenil，1995，p. 33)，也如煤矿工人联合会（柯立芝和胡佛的支持者）活跃的劳工领袖约翰·L·刘易斯（John L. Lewis）宣称的，“对商业系统的不信任和敌意正在消失，人们更清楚地认识到现代社会的普遍繁荣和个

人与家庭福利是如何因为把生产资金用于加强劳动者的生产能力而受到剥夺的”（转引自 Dumenil，1995，p. 34）。

尤其重要的是，玛丽·福利特在 1918 年出版了《新国家》一书。在书中，她既提出了当时的问题［“我们的政治生活一潭死水……20 世纪必须找到一个新的联合原则”（p. 3）］，也提供了在四分之三个世纪后的今天看来仍具有说服力和深远意义的解决办法［“群体组织就是新的政治方法”（p. 3），这样，直接的公民参与将取代政治党派和投票箱的民主制］。其他著名的、广为人知的和影响深远的实用主义作家如杜威和詹姆士，为针对公民广泛参与他们的制度的理想重新定位我们的政治和社会过程观念提供了一个合法的哲学基础。不过，公共行政研究者甚少关注或者说没有严肃考虑过福利特的有想象力的计划，而且仅仅有选择地关注和偶然地提及实用主义者（Waldo，1948）。

在 20 世纪初形成的十字路口中，有一条道路导向了一种新的、民众控制的、以社区为基础的治理。这一选择的实现意味着一个合作的政治（其基础是日益加强的社会整合和私人领域与公共制度以合作主义的形式自愿地联合为一）已经取代了 166
政党政治和投票箱的民主制。治理必然地要根本上非中心化，政治必定要以集体对话而不是政党竞选和选举的辞藻为基石。精英的功能就是使安排、代表和保护公共对话核心的重要过程变得更便利。在这一体制中，既没有传统意义上的“政治”，也没有传统意义上的“行政”。步入这一道路的工具是公共行政，领域得以建立的同一性应是这一新的治理形式的结构核心（Stivers，1995）。

基于这一可能性，对于创立者而言，最明显也最合适的学术策略（尤其是既然公共行政开始是作为地方政府层面的运动），当然是提出一种行政观念，即将行政界定为是一般政策和实施过程的**整合**，或者说是将**公民与治理的直接结合或公民直接参与治理当作是决策和行动的一个实用主义过程**。这不就是把这一领域与行将破灭和失去吸引力的政党政治体制区分开来的更好手段吗？杜威和福利特两人都明确地说明了对科学的专业知识（用实用主义的话来说，每个人都平等地可以成为专家）的诉求如何与这一行政和治理观念完全兼容。创立者为什么不选择这一理论诉求？一种回答是：这一替代否定了理性的人的位置。与政治分离但又受来自上层的政治控制的公共行政在政治控制的位置中保留了对理性的人的需要。这也为一种新的理性的人提供了一个位置：专家型的公共行政者。

公共行政的创立者选择道路的目的地是重新复活传统体制，使其适合于公民不喜欢政治精英的腐败统治的意识，并赋予它为形成国家认同提供可能的能力。这一认同使公共行政成为现存联邦主义体制的附属物。因而，原则上说，它是民主政治过程的竞争者，但事实上它有自己的功能，就是作为这一过程的工具和替罪羊。

在依据政治与行政分离的观念建立公共行政领域的时候，古德诺提出了在新世纪出现的多变的社会和政治条件下为理性的人找到一个基本原理的策略。关键的一点就是运用当代抽象的“效率”作为一个定位概念。这样就出现了两种理性的人——一种是制定政策的，一种是决定以最佳方式实施政策的，他们全都服务于民 167
众治理政府的**观念**。

5.2 第二次世界大战与传统主义

正当年轻的公共行政领域获得一个立足点并逐渐成长的时候，产生它的社会政治条件因新世纪出现的更大变化而消失了。经济开始步入工业化，国家为自己设想的生活方式面临着一个新的紧迫问题：是否要围绕时间与休闲或者说金钱与消费来组织生活。这一问题是因为匮乏引起的，因为知识分子、商人、劳动者和其他制度领导全都无法明确地把这个问题理论化和形成一个能回答这一问题的范式性观点（Cross，1993）。结果，美国变为一个完全工业化的、主要由生产和消费驱动的社会。（这一转型的例证就是亨利·福特，他先是把自己看作一个关注社会的改革家和领导——5 美元/天计酬形式的发明者，这比当时的工资多 2 倍——后来却成为讨厌劳动的“资本家”。）20 世纪 20 年代整个是急剧的经济增长和社会变革时期，在赫伯特·胡佛总统任期这种情况则达到顶峰，对他的上任的过高期待——随着他的离任，也带走了被击碎的希望——迎合了这一短暂的历史时期产生的丧失了可能性的意识。尽管导致胡佛总统下台的经济危机可能已经完全失控，但胡佛无法连任意味着民粹主义以及伴随着它的社会、文化、政治运动所提出的可能性也失败了。

然而，富兰克林·罗斯福总统任期可以证明胡佛的合作政府观念的力量，因为罗斯福对经济萧条和伴随着它的社会问题的研究的核心与胡佛的联合主义哲学有相当的连续性（Hawley，1994；Himmelberg，1976）。不过，罗斯福对国家的设想有所不同，并且可能有点奇怪，它却与开始进入新阶段的公共行政正在出现的领域的观念颇为一致。我们可以把这描述为是 30%的胡佛主义与 70%的罗斯福主义的混
168 合。罗斯福提出把国家建设为一个大社区的计划，他把政策制定的裁决权移交给能深化目标的代理和私人群体。在这个意义上，他的计划与 19 世纪和 20 世纪之交寻找国家认同的运动的确有某种连续性。然而，不同的是，他认为（一定意义上说，是典型的新政观念），国家社区应围绕着标准的、重点颁行的规范来组织。他的社区观念是传统的，这一观念认为社区是由一个核心的规范性的共识界定出来的。罗斯福著名的炉边谈话是他眼中的自己的一个直接隐喻——国家这个大家庭坐在父亲的身边听他设想他们的生活。这根本不是 19 世纪和 20 世纪之交的社会语境中出现的并体现在实用主义者（尤其是玛丽·福利特）的著作和胡佛的联合主义中的社区观点。另一种社区理论是由使群体或社会能解决自身的问题并在一个不断发展的基础上做出抉择的稳固关系所决定的。这一理论把观点的冲突设定为底线。罗斯福想围绕一个“自由主义”或人道主义的社会意象建立基本的共识。

这就是罗斯福代表着与胡佛行政的决裂的意思。即使给定合适的条件，胡佛总统也会实施不同的“新政”——尽管其重要性和罗斯福的一样，并最终会转变为玛丽·福利特的“新国家”。罗斯福的政府研究与进步主义具体化的哲学从根本上说是完全一致的。这一哲学的基础是一种弗雷德里克·泰勒式的工程观的健全社会，

在那里，正确的生活方式必须被人理解，一切都规定就位，这样，这一方式才能被实施。H. G. 威尔斯（H. G. Wells）的小说《即将来临》（*Things to Come*，1935/1975）和根据它改编并由威廉·卡默龙·门泽斯执导的电影就准确地抓住了这种感觉。它描述了一个后启示录式的混乱的社会情景。人们受着一种奇怪的疾病——“夜游症”的肆虐，大家就像夜晚的僵尸一样无目的地四处游荡。[这是工程式的心灵一直视作获得有效行动必需的问题（有一个明确的目标）的一个美妙的隐喻。]相反，工程师所领导的亚类的人民用启示录的降临作为建立一个高度发达的乌托邦社会的起点，这一社会甚至认为空间利用是可能的。

对于公共行政领域正在出现的身份而言，社会氛围的这一转变具有重要的意义。公共行政人员开始认为自己集中地卷入了做出重要的规范性抉择的过程，这将 169
形成罗斯福时期出现的新国家社区。他们开始抛弃创立时行政与政治分离的概念，认为行政者不可避免地要卷入政策制定。这是我在其他著作中称作传统主义的公共行政思想学派的开端（White & McSwain，1990）。我使用这一名称是想表明：首先，它与创立时期出现的“正统”学派的连续性，因为传统主义者一直对创立时期支持和教导的“近似科学的原则”（约略的估量）的利用抱有幻想。其次，传统主义者的特点是关注阐明一个规范性的基础框架以指导行政行为。他们称这是“公共利益理论”，并力图把它建立在专家功利主义和广泛共享的社会规范的基础之上。这些规范是传统主义的，因为在国家的宪法和文化遗产中可以发现它们。

公共行政的新身份的本质，就集中体现在 1933 年立法通过的田纳西山谷计划中。这是一个大型的工程计划，目的是要通过实现电气化和现代化，让田纳西农村永久地富裕起来。这是一个由上面决定和实施的政策，它在农业区基层遇到了相当大的抵抗，因为它永久地破坏了这一地区人民的生活方式。对于传统主义者而言，这种抵抗根本上是不重要的，因为这一计划所包含的总体效益要高于它所导致的对个人生活方式的破坏。而且，在实施这一计划的时候，行政人员发现有必要把计划的目标与当地利益群体想获得他们渴望的合法性之间真正地折中协调起来。因此，这是说明传统主义的行政研究的一个特例：计划的提出是受到公共利益观念的启发；它深化了把全国引向一个共同的生活方式的计划；它要求最高层具有独立的专业知识；它还要求审慎地适应政治现实和直接影响利益群体。

这一时期，公共行政已发展起来。美国联邦政府雇员委员会于 1932 年成立，各州和城市的行政人员也于 1936 年组织成立了一个联合会。公共行政人员被认为是救难骑士，能使美国社会摆脱经济萧条，改革计划一个接一个，使政府在商业活 170
动和社会生活中的地位发展到史无前例的高度。罗斯福想把国家带回到经济与社会健康安全发展的状态，保守主义的新政计划对重组和加强传统的政治战线与政党身份有深远影响。在这个短暂的时刻，“劳工”与“商人”的身份认同，因充分发展的资本主义经济体制下的主要利益冲突已进一步强化。农业也开始把自己看作一个工业的政治利益群体。

在这方面与众不同的是这样一种新观念，它认为最好把公共利益看作是利益集团斗争的结果。这一观点为公共行政理论引进了“行政制度主义”概念。在总统权力研究方面取得突破性成果的政治科学家理查德·诺伊施塔特得出结论说，对总统而言，善的东西就是对国家而言善的东西——这一观点已成为罗斯福执政时期的行政者的工作原则（Neustadt，1960）。行政人员对“计划”和“代理”能进一步做的一切都是为了公共利益。通过正在发展的话语产生社会秩序的希望和可能性，转变成了这样一种观点：一个公认的底线，保护和规范的底线就是政府所需要的一切。除此之外，社会的善是通过经济和政治竞争决定的。

由于国家总动员式地投入第二次世界大战，一代公共行政学者被直接拉进了政府的实践。当他们回来时，他们开始把他们的经历理论化为一种有关公共行政的成熟的“哲学”。德怀特·沃尔多（Dwight Waldo）——他本人就是战时从学者到行政人员后又回到学者的一员，在他的著作《行政国家》(*The Administrative State*，1948）中为这一努力提供了关键的基石。沃尔多对明显折磨着这一新领域的理论冲突进行了直接攻击。这些冲突根植于行政与政治分离的正统观念。沃尔多的分析阐明了“行政—政治二分法”（正如人们所称的）并非一个在哲学上站得住脚的观念。

传统主义者与公共行政领域创立时期的正统理论的主要决裂，是认同沃尔多的
171 批判，并明确指出政治与行政事实上不是两个分离的过程或概念。诸如保罗·阿普尔比（Paul Appleby，1945）这样的作者通过明确地和满怀热情地提出这一点，而奠定了一个新的理论框架。同时，传统主义的作者们指斥总统制是他们有关公共行政者的新概念的参照点，并通过把行政者归属于总统的因选举而获得的合法裁决，巧妙地解决了合法性问题。行政官员的任务是制定政策，但必须是在最高行政官员的权限之内。他们进而还要通过提出能吸引人的注意力的新角度和新方法来检验自己的新裁决，向人们证明公共利益是政策制定的规范指导。他们的知识理论是“结构主义的”，因为他们相信行政的处境造就了数量有限的一般形态，每一个都有各自特殊的问题，而对于这些问题，都有一个“约略的估量”作为正确的决定方式。(例如，一般地，当出现是按照专业原则去做，还是按老板所说的去做这样的问题时，按老板所说的去做才是正确的。）这些是通过研究描述性的案例研究（实际的公共行政问题、行为和结果的历史叙述）而获得的。

尽管只能在这一特殊的意义上将其归为传统主义者一类，但查尔斯·林德布洛姆（Charles Lindblom，1959）有影响力的“非连贯渐进主义”的观念具体体现了传统主义者的行政决策的方法论。在发表于《公共行政评论》上的著名论文中，他把这描述为是“应付的科学”，这是在传统主义者当中极其有市场的一种观念。林德布洛姆的论点是：意在实现自身的价值和行动，必须逐渐地和反复地依据具体的结果来加以界定。因此，它似乎接近于实用主义有关行动的理想。实际上，尽管如此，说它是弗里德里克的决策研究（其基础是波普尔的开放的、否证的科学方法论观念）的操作化，可能要更为准确（Braybrooke & Lindblom，1963）。它仅在这个意义上是传统主义的：它假定事实与价值的模糊性是合理的——是模糊性而不是根本的神秘性，且能通过实验的、理性的话语得到**解决**，而这一话语是由不断的经验评价显示出来的。如同波普尔的科学研究不完全是开放的一样——因为它假定了共识性的真理必定会增加这一点是不可否证的（Lieberson，1982a，1982b），林德布

洛姆的研究也不能证明根本上非中心化的抉择，因为它假定指导应付的定位框架是 172
“科学的”——就是说，是以至少被私下接受的价值和经验知识为基础建立的。

尽管传统主义时期相当短暂——至多 15 年，但它为理性的人的工作理论提供了最充分的阐述，对此人们在文献中可以看到。传统主义的定位揭示出，理性的人的合法性，是以认同于另一些理性的人为基础的，一个精英集团的权威是靠对总统的效忠维持的。而且，尽管理性的人会思考专业知识的结论，但这些结论明显是相互冲突的；因而，他不能仅仅作为一个专家来做决定。尽管他会思考公共利益的方面，但决定的规范方面从来都不是完全清晰的，他不能根据任何单一的一个价值思考来做决定。最后，尽管他会思考突发的政治事变，但这些事变肯定是来自不同的方向，他不能受它们控制。结果，对于理性的人的决定而言，最终的抉择关键乃是**他自己的理性判断**。实际上，对决定的所有单个的参照点的否定和把这些参照点合并到抉择的整体语境中，被认为是这种个人裁决实践的基本原理，也是对它的合法化——确切地说，芬纳和弗里德里克的“争论”留给我们的就是这个。

公共行政人员的新传统主义身份在对传统主义文献的一个具有独创性的研究中体现得最为充分，该研究就是：“铝厂的配置”（Stein，1952a）。其问题是，“政府官员”如何决定政府在把铝厂作为备战的一部分加以建设时，该怎么做。政府的铝生产增产计划已总计花费了 7.5 亿美元，而它的工厂占了全美国铝总产量的一半。这立即给政府自己提出了一个问题：工厂的配置是否只针对阿尔科，这样的话，就会巩固阿尔科作为铝市场主要生产地的位置，或者是以这样一种方式分配各个工厂，以便培育铝工业的竞争力。在总统方面说，这里的情况十分复杂，涉及法律、特许经营、技术和政治等问题，并显然提出了一个重要的经济方面的问题。它把公共行政官员描述为政府政策领域的主要行为者。这正是传统主义者说公共行政官员是帮助做出规范抉择（美国社会的形态就是依此而形成的）的人的意思。我们教导学生要注意介入这类重大事件与行政官员在甚至最不重要的问题上面临的问题（如何写公函、如何写报表和设计调查问卷）之间具有的结构相似（Henry，1987； 173
Stein & Arnow，1948—1951)。总之，教训是：政府各级行政部门和各级司法机关的行政官员，都应把自己看作是政府精英领导层的组成部分。他们与这一精英层的其他人仅仅是级别上有所不同。

传统主义的公共行政观念，在许多意义上说是令人吃惊的和神奇的。它也为解决民粹主义对联邦主义的政府模式的批判，提供了出色的理论策略。它保留了理性的人的精英结构的完整性——由宪法设定的，但也给了它一种平衡、一种角度、一种广泛的社会关注（Redford，1958)。然而，传统主义者在这一领域的历史中不过是昙花一现。随着战后时期的到来，一种全新的社会氛围开始形成。罗斯福的计划和战争经历自然地和可预测地使人们产生新的崇拜对象，对政治领袖的合法性产生新的怀疑，对个人生活的重要性提出新的要求。美国人已经厌倦于参与重大的集体事件。他们需要正常的生活，他们认为他们知道这是一种什么样的生活。为获得这种生活而引发的问题主要是技术上的，并能技术地解决，如通过建设有秩序的生活空间，发明新的家用物品，改善汽车的性能。对社会问题以及所包含的公共利益的关心一直持续到 20 世纪 50 年代，但新的现代主义的技术浪潮已经展开，伴随它出现的还有另一种有关公共行政应当是什么的观念。这一新的身份的预言者就是一位名叫赫伯特·西蒙（Herbert Simon）的人。

5.3 西蒙的现代主义革命

要完全地理解赫伯特·西蒙的著作在公共行政领域引发的变革的本质，就必须在本体论的层面上把它和传统主义者的角度进行对照；两者间的区别是根本性的。随着两个阵营间的论战的展开，要搞清楚中间的关键所在是困难的，因为这一变革，在体制方面和在意识形态方面都是不一样的。理性的人的意识形态一直是作为治理基础的主导理论，西蒙仅仅是为它的地位提出了一套新的资格证明。

传统主义者书写的理性的人的形象，是建立在一个本体论的假定之上的，即制
174 度具有某种事实性。传统主义者认为制度在不完全形而上的意义上说是**现实的**。领导着治理制度的行政人员，被认为是通过遵从界定制度的政策与过程的传统来承认这一现实性并使其合法化的。例如他们认为，像联邦贸易委员会这样的组织，是借助一般的政策框架（亦即一套原则）来获得超越于其组成部分之上的现实性的，而这个政策框架是为了解决贸易争端，按它所确定并合法化了的程序，并依据它确立时的时代精神，亦即伦理文化，而逐渐形成的。用体育运动作类比：体育运动正式确立并由官方制定出规则之后，就具有了"游戏"根本意义上的地位。人们开始热爱这项"游戏"，主办人和参加者就根据他们的行为是对其有利还是有害而得到评价。与我们的思考最为贴切的是：仲裁运动的官员被认为代表着游戏，并且最终他们的角色就不只是实施规则，而是还要根据特殊事件的环境，以能最大地提高游戏兴趣的方式来管理游戏。和以某一运动为中心的社群成员一样，传统主义者认为行政人员以及其身边的每一个人都应参与到比他们自己更伟大的现实之中。用英国人类学家玛丽·道格拉斯（Mary Douglas，1986）的话说，这是"制度如何思考"——组成制度的人如何展现制度对现实的界定和这一界定所内含的逻辑。

使传统主义者的理性的人合法化的，乃是他参与到这一更大的现实性中，而后者就在最高政治行政部门广泛的制裁下存在着。制度治理的这一方面的首要象征是公共利益观念。尽管在传统主义理论内，公共利益无法从肯定的方面得到界定，但它仍是十分真实的。实际上，这一神秘的品质使得这一观念更有力量作为行政领导的合法代言人。启示似乎是：通往公共利益最佳和最首要的途径，就存在于公共行政人员本身和他的理性的判断中。

西蒙有关制度现实的技术性观点，在最基础的方面遭遇了传统主义者的浪漫主义观点的抵抗。然而，它不是以挑战理性的人是根本这一观点的方式遭遇后者。西蒙所做的是质疑传统主义者归之于制度的"现实性"。为此，他一上来就把制度还
175 原为"组织"，就是说，他声称制度不过是根据以信息为基础的理性计算的结果来实施的活动的场所。计算的框架是确定的。效率是根据资源投入与成果产出之比来

衡量。变化的是进入计算的信息，亦即形成其实质内容的**决定条件**。

从根本上说，西蒙的制度观完全抽空了制度，把制度简约为不过是决定条件所携有的相互交叉的信息流的组织机制。他用以描述这一制度形象的隐喻是从高空某一点看到的河流。从这一角度，人们能看到河流的主线——它的主流，是上百条大小不一的支流从无数的源头和无数的方向流进主河道汇聚而成的。整个的河系是动态的；它的运动是持续的，并在每一时刻都发生着变化。最适宜于"管理"组织的人通过这一隐喻的框架，看到的不是传统主义的文献所描述的浪漫主义的行政领导，而是工程师，这种人能理解河流的整个"水力系统"，有的人还具有特殊的技术知识，这是为了有效地利用水力造福于人而巧妙地选定地点建造水坝、溢洪道或使河流改道所必需的。

1997 年，我发现西蒙的主要著作《行政行为》(*Administrative Behavior*, 1976) 最令人倾倒和最感人的地方，就是他使用的修辞策略的力量，以及他表现这一策略的技巧和手段。对于这部著作最初是作为博士论文而言，它在这方面的确是令人惊讶的。西蒙写作时的社会学条件对于引出一个有关行政领导的新意象来说是成熟的，西蒙似乎完全是凭直觉描画出了最适合这个新的、正在形成的时代精神的行政领导形象。

在第二次世界大战中崛起的美国立即开始了对幸福生活的追求，而幸福就具体体现在列维特镇的乡村小居这样的创新之中，在那里，见多识广的人可以带着他的全家出行，并找到衣服和已经安装好的洗碗机（这种机器自然是在家里，但其价格却是在抵押契据中，要 20～25 年才能偿还借贷），然后准备实现美国梦。由一位著名的军界人物设计和领导的马歇尔计划，比罗斯福新政的社会计划更有效地迎合了 176
战后的工作观念。杜鲁门的公平政策（其有意义的方面就是帮助退伍军人和扩大途径以满足美国梦，如有一份好工作、接受好的教育、有一个好的家庭）尤其是针对这一点。战时的损失使人们对幸福生活的理解有着广泛的共识。这一共有的观念，加上对归来的年轻士兵的友好亲善，创造了一种语境，似乎在这里唯一紧迫的问题，就是如何使人民过上幸福生活的技术问题。西蒙的行政者/管理者恰好就迎合了这一语境。

西蒙采用的修辞策略，是模仿他之前的空洞无物和含混不清的理论。他的做法是在传统主义的管理理论的角度与格言的平常的、矛盾的指导之间巧妙地勾画了一个关键的相似。他说，格言是在两个方向都说得通，因此根本不能提供真正的指导——如"有备无患"（格言 1）和"优柔寡断"（格言 2）。同样，管理原则如"控制适度"这样的劝告既指"不要让太多的下属归于一人之下"，也指"不要让太少的下属归于一人之下"。西蒙显然把传统主义的管理原则简约到了荒诞不经的地步。

奇怪的是，西蒙的批判居然侥幸成功，他有效地揭示了传统主义者的含混和不确定，并信心十足地认为自己为工厂管理者提供了正确的指导。这是他的策略的底线：他要求自己持守一种在两个极端之间不偏不倚的观点。例如他的权威理论［实质上是借自切斯特·巴纳德（Chester Barnard），1938/1968］就遵循了这一路线。一旦进入组织，作为管理者的他或她就不应认为自己对雇员有绝对的权威，也不应觉得这一角色毫无权威性，一切都须和下属协商解决——毕竟是组织支付他们工资。相反，“真理”应当是：权威须在两个极端中间的“可接受范围”内运作。西蒙的意思似乎是，这一留有余地或者说“不偏不倚”的权威观解决了两个观点间古老的愚蠢争论：一个观点认为权威在管理者手上，另一个观点认为权威来自雇员。

西蒙采取高度的中间立场的另一个例子是他采纳的“行为主义”对组织现象或组织行动的分析态度。尽管他到后来在与人合著的公共行政教科书（Simon,
177 Smithburg & Thompson, 1950）和与詹姆斯·马奇一起合著的组织理论著作（March & Simon, 1958）才完整地阐述了其立场的这一方面，但最明显的体现还是在《行政行为》(Simon, 1976）一书中。他否定了（并且在整个过程中都否定）“机械主义的”人类观，他称这一观点是泰勒的科学管理运动和其他相似的效率理论的基础。当然，传统主义者在这一研究中提供了丰富的储备。机械主义的观点把人描述为是一种自动机，一旦最理想的生产流程被确定，管理者就可以给这种自动机编制程序。这对于人类心理复杂的情感—动机方面显然是过于简单化了。

然而，西蒙也认为浪漫主义和人道主义把人看作具有独特创造性或能动性的观点也是不正确的。人类动机和行为遵循着固定的程式，这些程式是可理解的，并能简约为规律般的普遍原理，进而这些普遍原理又能被管理者所利用，**运用**于组织语境，以获得最合适的动机和生产率。西蒙再次显示出反对极端和采取中间的理性立场的方面。在这么做的时候，他赋予了他的理论对“不偏不倚”的强烈吸引力。当他确信他能比他之前的人为管理组织提供更特殊更实际的指导时，这种不偏不倚与他的论证动态的向量是相一致的。

我已经指出，西蒙的理论提供的是一个知识过程，而不是一种制度性的组织观，他所关注的核心是严格意义上的效率。他也以他的关心最理想的投入—产出比的理性观念，设定了一个修辞性的有力立场。这具有极其明显的或然性。然而，西蒙指出，这一观念事实上是有问题的——就是说，为了效率，决策者必须对情境中的各要素（独立的变量）的影响或生产所追求的结果或成效（依赖性的变量）有有效的认识。问题在于，在任何复杂的情境中，独立的变量系列可以看作实际上是向着无限性的连续过程。以理性决策为代价的获取知识过程因此迅速地上升到一个无法接受的高度；“理性的决策”开始看起来像是一个并非如此的理性的过程。

178 西蒙指出，解决这一问题的途径就是采纳理性作为**界限**的模式——就是说，只限定那些对于实现假定目标明显重要的变量。为了说明这一点，他用了一个例子：英国蜂箱工业如何认识影响蜂蜜产量的因素。他设想，生活在乡下的“老处女”的数量与蜂蜜产量之间有着某种相关性。他论证说，这一相关性的“理由”是，老处女（也许是为了摆脱孤独）喜欢养猫做宠物。而猫又喜欢捕杀蜜蜂，这当然会减少蜂蜜的产量，因而就出现了生产蜜蜂产蜜的蜂箱工业。他得出结论说，这种理解情境的方式对于决策的理性过程显然是不必要的。为了避免落入以这种方式思考的荒唐境地，我们应限定或限制理性分析过程只针对影响情境的关键的、**即将出现**的变量。又一次，“有限理性”的观念产生了有力的平衡和理性化。西蒙先是提出一个表面上似乎有效的立场，然后质疑它，并求助于“理性”来解决它的问题，以此来强化他所提供的概念的力量。

西蒙对他的认识论立场的著名阐述，以同样的方式发挥了效能。通过声称自己是逻辑实证主义的拥护者，他使自己陷入了哲学争议的学术丛林，但在一般读者看来反过来说也是对的，即他也许不是实证主义者，但他以一种深深隐藏的方式相信对与错的观念。对于一般读者而言，断定对与错和断定事实的情形并不是一回事。通过采纳实证主义的立场即价值与事实可以并确实是分离的，西蒙站在了常识的一边，他把自己的论证置于这一领域的基础之上，认为政治（价值）与行政（事实）是分离的。他的立场既是激进的和批判的，又是保守的——从这一强有力的流行立场出发会引发理论争论。

成功地处理事实—价值问题，是西蒙努力建立其研究的合理性的核心。他的批评家在争论中常常“针对”的就是他的著作以这样或那样的形式产生的问题，其中最著名的是西蒙（Simon，1952）与沃尔多（Waldo，1952）在《美国政治科学评论》上的交锋。他正确地看到了攻击方面最有可能向他提出的异议，是他的效率概念是非道德的和反人道主义的。他对付这类攻击的策略的关键是把问题相对化，强 179
调为实现效率所进行的抉择常常与其他抉择是相“关联”的，并且不是要反对任何绝对的标准。他公开了他的论点的这一部分，论证了人的活动的世界与“物理世界”之间质的不同。他指出，在物理世界中，所有想实现效率的尝试都是由能量守恒定律控制的，这一定律强调产出决不会多于投入。这一定律使“完美效率”（即产出与投入完全相等）的绝对标准得以可能。在社会科学力图认识的领域，西蒙认为，不存在能量守恒。西蒙使管理者摆脱了任何绝对标准后，就可以证明说，效率的问题是由**情境**决定的。根据这一前提，他就可以证明说——又一次以大的合理性——所有相关的价值与事实思考是可以考虑的，而不相关的就可以忽略不计。

西蒙反对把能量守恒观念运用于社会世界，对于他的论证的一般基础是至关重要的——这一基础不是他在处理对社会效率观念可能的反对意见时简略地提及的东西所暗示的。他的组织观念的最后原理是，有效的管理行为可以提高投入—产出比。他说，管理者可以“绕过系统”，即构成社会世界的有意义的法律结构，如果他们能够看清可操纵的变量并能够控制它们的话。在做出这一绝对的假设时，西蒙不仅论断说社会世界不存在能量守恒，而且还指出管理者能够自由地采取行动（亦即独立地做出决断），为了他们力图实现的目标而调动社会世界的动力。他们之所以能够这样做，是因为他们认识到了社会世界的规律，并能利用这些规律，以实现他们所管理的组织的效率的相对增长。管理者与社会世界的关系就类似于他或她与物理世界的关系。管理者是工程师，能认识物理的机械规律，并用它们去设计和建立效率技术、程序和机器。西蒙忽视了自我指涉性这一关键问题。这就是说，他没有解释管理者是如何摆脱决定论的社会规律的，这样，他或她就**能够**理性地把管理技术运用于其他人。

比这一论断更适合常识框架的东西是什么？西蒙已完成了提出新理论的绝妙技巧，这一新理论乃是对此前出现的理论的批判，但它完全适合人们已经思考其力图

180 解释的主题的方式。这是一个相当大的功绩，应当予以表扬，且应在它所接受的历史中占一席之地。另一方面，没有什么能逃脱这一判断：与其说这本书是它已经做出的有力的创新的理论旅行，不如说是修辞的手稿。

对他的著作的批判性评价，表明书中存在一系列的模糊性、冲突和矛盾。在这么说的时候，我并没有考虑几种针对西蒙的批判，当时他的著作已产生了其第一次的和最明显的影响。大体上，这些批判来自理性的人的意识形态立场，它们关注的不是所谓“范式”层面的问题。只是在最近，这一层面的批判才出现（Davis，1996；Dennard，1995；Harmon，1995；Harmon & Mayer，1986；Little，1994；Marshall，1996）。

然而，西蒙的组织模式和管理模式的问题基本上未受注意。他的修辞在他那个时代就产生了巨大的影响。对他的理论的接受为社会学力量的形成——出现于《行政行为》出版的时候——提供了巨大的便利，同时也为这样一个事实提供了便利，即它对现存的行政过程研究没有形成真正的挑战。在做出这一判断的时候，我假定一个被认为根本上创新的理论的基本要求，就是它意味着一种权力关系的重组。西蒙没有这么做。他的理论的实践意义在于，一类理性的人——传统主义者的所谓“经验丰富和有先验判断天赋的智者”，被新的理性的人所取代——这类理性的人是理性地决断、科学地认知、道德地感受但首先是关心效率的行政工程师。西蒙对他在学术的政治领域证明的领导能力深信不疑。他对选择适合于他在其中工作的社会学基础的概念符号有着真正特别的天赋，他的理论修辞在他那个时代的语境中是绝无仅有的。

他带给这一领域的角度提出了一个重要的、折磨着传统主义学派的问题，这一问题，传统主义自己甚至不愿承认，但在外人看来是显而易见的。这一问题就是充
181 斥于传统主义的行政思考的**道德主义**。传统主义对公共利益的关心充分地体现了这一领域的道德旨趣和它的理想主义色彩。在这一点上，公共行政和所有支持实践与实践者社群的研究领域是一样的。然而，大多数实践领域或者是临床的或者是技术的，道德原则的应用本身固有的模糊性就存在于伦理学的相对明确的职业规范中，甚至存在于调整这一实践的特殊法规中。这种模糊性也存在于实践的日常情境中，并且无疑，在实践者的“正确行事”的意识与统治性的道德或法律限制之间是存在冲突的。然而，一般地，实践者的教育和培训不会因为这种冲突而受到太大的损害；实践者可以相当确定地依据程序、规范、法规接受教育，尤其是这种培训是针对实践者后来要遭遇的经验的。

公共行政的情况则不是这样。公共行政实践者面临的情境比其他绝大多数应用领域面对的情境要更为开放、更为复杂、更为多变。许多情境是不会重复发生的，因此围绕它们提出某一语境并对它们做出“可接受的”回应是困难的。公共行政者面临的大多数复杂的困难是源自这样一个事实，即公共行政组织与政治领域是相互交织的，在那里，在可能如此的名义下的原则的调和是日常的事务。公共行政要克服的问题就来自它与政治从一开始就有的联系。随着领域开始公开接受其在政策形成中的角色，它必定会采取道德主义的姿态。对此最明显的证明就是城市经理运

动，在那里，传统很快提出，应当向未来的城市经理提出的期望是，他们迟早会在同他们的市长和议会僵持的冲突中发现自己。在这一冲突中，他们代表着公共利益的一方，而政客代表着更为狭隘的、更短视的特殊利益。作为城市经理，他们应坚持自己的立场，而这样做的结果就是他们将被解雇。

这一期待直到最近才成为有关城市经理气质的核心概念。结果，城市经理社群创造了一个非正式的支持网络，以提供信息，为被解雇的城市经理帮助找到新的工作。冲突所引发的这些问题是相当典型的：它们常常会偏袒议会一方，或者是偏向违背职业判断的政策替代。这一期间的公共利益是城市经理借更大的善的名义坚定地持守的合法象征。

然而，在其他的角色中，这一前提是十分成问题的。在州和联邦官僚制的层面 *182*
上，早期阶段的公共行政者与政治的决策者角色直接相互面对的时候不会保住工作。他们很少经历政治与行政的矛盾。或者确切地说，他们占据的行政角色首要的是要以干好他们接到的某一特殊的、常常极其平凡的工作来酬谢老板。公共利益的观念对干好工作只有附属的作用，但它与工作官僚的日常活动似乎没有任何直接关联。

传统主义观点承认早期阶段行政者的这一处境，但它没有提出任何应对手段。作为在政治科学和政府领域建立起来的一种观点，传统主义的研究与教学兴趣在于制定最高政策的制度机制的广泛模式。它认为它的教学使命是教育未来的公共行政者，使他们对政策制定发生的“政府与政治语境”有所意识，这样，作为行政者，他们就能理解各种势力对他们最终升迁的作用。

与这种角度相联系的是特殊技能的训练，如预算与金融管理、人事管理、组织与管理技术。至于当下的组织语境，初出茅庐的行政者得到的信息是他们应“不断进步”——努力工作，把工作做好，不要抱怨，少惹麻烦，尊敬老板。这意味着像这样的工作作风，能使从业的行政者从经验中学到下级行政者在行政与政治领域应如何运作。

基于这一点，传统主义给予学生的教育信息绝不是针对日常组织生活的混乱现实说的，它根本没有揭示人的复杂性、模糊性、道德和伦理的两难困境以及日常生活中存在的悖论。作为一种意在培训人们应付这些情况的能力的教育计划，它不得不告诉学生他们应当做什么。基于在文献中醒目的规定性主题，这些都采取了教导的工作原则的形式。问题在于传统主义没有解决的办法。没有研究文献在阐述这些
教导时能给它提供指导，并且尽管它有这种文献，但它所指示的“现实主义”规定 *183*
在传统主义教学的道德主义精神氛围内可能是无法接受的。

我可以提一下两部现代主义时期的著作以帮助说明这一点。一部是彼得·布劳（Peter Blau）的《官僚制的机制》（*Dynamics of Bureaucracy*，1965），这本书讨论了一个政府监察员的案例，作为一个实践策略，他的工作是监督违法的现象，以为实施法律的其他方面提供杠杆作用。人们无法想象这一行为在传统主义的课堂上会被正面地讨论和获得肯定的评价。第二个例子是在更一般的层面上提出的：阿伦·威尔达夫斯基（Aaron Wildavsky）的名著《预算过程中的政治》（*The Politics of the Budgetary Process*，1984)。这本书引起了强烈的反应："每个人都知道所有这一切是既成事实，不过威尔达夫斯基的著作之所以出名，是因为他把它形诸文字！"关键是，在威尔达夫斯基之前的传统主义话语中，预算与政治有关这一事实绝对不会在文字中公开承认！

因此，西蒙相当轻易地战胜传统主义者这一点表明，他的现代研究在领域中引发了许多与"革命"相关的东西。我已经讨论了其中的第一个方面，即从传统主义转向西蒙的现代主义实际上是理性的人的意识形态**内部**的一次变革。其次，这一变革的发生一方面是因为西蒙在理论修辞方面的天赋，另一方面则是因为社会学的因素和传统主义在提供**组织管理**研究方面的不足。这最后一点表明最有影响力的因素是：西蒙界定的新精英角色更适合战后的情境。战争期间，政治退居次要——总统的领导地位才是一切。管理者和专家最终赢得了战争，战后时期英勇的德怀特·艾森豪威尔相当不稳定的统治，标志着美国已经进入了一种新的、强调社会与经济进步并由理性的专家统治的状态。西蒙的理性的人的观念，就是在这个方面比传统主义浪漫的、道德论的理性的人的观念更为现代。

当下的问题是：传统主义忽视了行政现实或组织过程的现实的中间层面。它的策略是，想取代已成为古典公共行政与管理研究的核心的经验方法的一般化，西蒙发现这些原则是十分容易模仿的。因此，所需要的是一种更为描述性的研究，这一研究可以用于考察公共行政组织中实际发生的情况，也可用于提示处理这一现实的各种方法，这些方法的基础是在公共行政组织中工作的人们是如何处理现实的。这
184 实际上就是西蒙带给这一领域的启示。通过与传统主义者和居于主导地位的政治科学以及以它为基础的管理学科的角度相决裂，西蒙证明了新一代公共行政学家把领域的研究与来自各个相关学科的理论结合起来的方法。公共行政领域内部出现了许多分离但相关的研究思路，每一种都关注不同的方面但所有的研究都带有理性主义与行为主义（这是西蒙的《行政行为》的基础）的色彩。西蒙之后，接下来的阶段的文献，是各种分支领域与公共行政的教学和研究繁荣与融合的时期。

西蒙和西蒙之后无数的组织研究，构成了我所谓的公共行政学术史的现代主义时期。具有时代特征的衍生模式，是把每个分支领域与公共行政研究与教学结合在一起的**选择理论**。那些与理性的人的意识形态不相一致的方面被忽略不计，而那些支持合法的精英裁决原则的方面则受到重视并被充分论述。

5.4 公共行政的组织社会学

公共行政中出现的一系列分支领域的最重要方面，是对组织与官僚制的社会学研究。随着多人合著的教科书《公共行政》(*Public Administration*，Simon et al.，1950) 以及后来的《组织》(*Organizations*，March & Simon，1958) 两书的出版，西蒙为这种角度与领域的结合开了先河。传统主义者已经把"制度主义"的社会学角度与他们的框架结合在一起，但他们对于社会学的认识方法的动力学方面没有任

何兴趣。组织社会学的学术文献覆盖了研究方法与组织类型的广泛领域。马克斯·韦伯有关官僚制的著作受到注意，但公平地说，总体上，他的官僚制的“理想类型”在领域内被误解为主要是为作为一种组织形式的官僚制的必然性和必要性提供论证的。其他的有影响力的社会学家有：彼得·布劳（Blau，1965；Blau & Scott，1963）、米歇尔·克罗泽尔（Crozier，1964）、阿米泰·埃齐奥尼（Etzioni，1961，1964）、查尔斯·佩罗（Perrow，1961，1972）。更为一般地说，还包括塔尔科特· 185
帕森斯（Parsons，1951）和罗伯特·默顿（Merton，1936，1940，1949）。

社会学带给公共行政的，是使人意识到系统与结构对于理解它们在制度中如何发挥作用的重要性。结构分析的核心单位是**角色**，即组织所包含的确定的期待系统。人类是角色的扮演者，他会对向其发送期待的“角色发送者”做出应答。“人格”就是根据角色形象界定的。从这一观点看，每个人都具有某种“人格”——由态度与行为模式所界定，他们在其中发现自己的结构配置则是人格的诱因。

社会学分析关注的另一个重点是**系统**。系统的观念指涉着许多相关概念。其中首先是这样一种观点，即社会“实体”（如组织）具有一种独立于构成它们的人之外的现实和存在。这一观点认为组织不只是部分的总和，它类似于力图在环境中生存下来并繁衍的有机体。其次，系统的一个确定方面是某一组成部分的变化会影响所有其他部分。系统的各组成部分一定程度上说是相互依赖地联系在一起的。最后，系统还具有一组“必需的功能”的特征。这就是各种各样的活动，系统要想存续下去，就需要这些活动：确定和努力达到目标，把资源投入和转变为可用的价值，争取新的成员并使其社会化，协调和管理各组成部分间的关系（Parsons，1951）。尤其值得一提的是，所有这些必需都是**至关重要**的或者说是同等重要的。对它们中的任何一个不引起足够注意，都会导致系统“死亡”。

显然，系统的观点对理性的人的意识形态能提供实质的东西。人的集体性现在可以看作是超越于部分之外的，因此（这意味着）没有全局的视角就不可能理解它。进而，由于系统被认为是以规律般的方式运作，这一角度因而必须要以专门的科学知识为基础。理性的人现在摆出系统管理者的样子护理着后者，就仿佛他是一个医生，而系统是人的身体。如果人们不是以政治的方式来看待分离的或任何其他
的异端行为，认为这些行为在开放的（以及反复无常的）政治领域会受到抵抗，而 186
是装出权威的样子，那他们现在就可以“专业地”把这种行为断定为是“功能失调”，亦即会危害系统实施其必需的功能的能力。总之，系统理论为理性的人提供了一种新的合法性基础：由于人类行为和社会生活现在要技术地加以理解，因而政治失去了其对社会管理的作用，或者说其“前摄”的形式工程师。

然而，正如前面已经提到的，把系统理论运用于这种意识形态的目的，需要对其做有选择的理解。事实上，它没有证明理性的人现在如何技术地领导组织系统，根据组织社会学得出的简要结论是：**以战后时期的组织和管理理论家设定的方式，对社会系统实施有意识的控制是不可能的**。怎么会这样？在系统理论对公共行政领域的论述中特别地遗漏或忽视的东西是什么？

首先，我要回到前面针对西蒙反对把能量守恒原则运用于社会系统的世界讨论

过的观点。系统理论的一个价值论前提是，所有必需的功能都是至关重要的。因此，组织作为强调目标达成高于一切（这是它们确定的特征）的系统，根据定义，将受到非理性的“补偿”行为模式的干扰。意思是说，由于组织就是要最大限度地实现目标，因而其他必需的功能就不得不处于从属的位置。这种从属潜在地造成了系统的张力，使得成员必须按补偿受到忽视的重要功能的方式来行动（Etzioni，1960）。组织社会学的目标可以说就是要证明这种张力模式，说明它是如何产生出“非正规的组织”以缓解张力。经验的研究证明，社会世界中存在着一条与能量守恒原则极其相似的规律，它对社会领域的作用就犹如能量守恒在自然界中的作用。管理者能做的最好的事，就是不断地“追随”非正规组织的“尾巴”，监视它，反作用地改善它对正规系统的影响（Homans，1950）。

其次，组织社会学已经证明，“双刃剑般的作用力”（在必需的功能的层面可以看到）存在于组织结构的所有方面。集中到它的本质，在此的观点就是，每一个想使目标和结构的其他方面具体化的正式企图所导致的不仅是明确性和单一的目标意
187 识，而且还有模糊性和目标的转移。例如，罗伯特·默顿（Merton，1936，1940）就曾证明说，正式的规则不仅能实现其预设的目标，为工人提供明确的指导，告诉他们在自己的角色中必须做什么（这样就能减少对严密的惩罚性的监督的需要，使目标更有效地达成），而且还能提供有关工人在其角色中可以做什么和可以逃避制裁的**最小限度**。这使得工人（为安全起见）可以以规则做掩护，只做规则要求他们做的事，而这样就削减了实现目标的可能性，**增强**了对严密的惩罚性监督的需要。韦伯的理想的官僚制类型的每一方面，都被人以这种方式加以分析（Etzioni，1961；Gouldner，1954）。再者，这（不可避免地）会留给管理者（作为理性的人）仅仅“追随”这种无意识的结果的“尾巴”的可能性。然而，马奇和西蒙对这种意义持怀疑态度，他们认为，它仅仅是从组织行为不必然地狭隘的“机器模式”中推导出的一个结论。不过，在这么说的时候，他们实际上是对社会学系统理论本身进行一般性的反驳。社会学的管理者形象当然不会让自己显得能够从他们的领导的立场控制组织。

社会学角度的最后一个方面——实际上也是来自它与公共行政领域的结合——是社会系统研究中的科学客观性的问题。这是知识社会学的问题，我在本章开始复述我与吉迪恩·肖伯格的关系，以及我讨论的西蒙的管理者的控制研究中的自我指涉性的问题时，提到了这一点。由于社会学研究的是社会矢量对人的影响，因此社会学本身的研究必然地会受到使研究得以进行的社会语境的作用。以这一观点看来，社会系统研究中的客观性是成问题的；客观的、有意识的、管理者的控制的可能性实际上也是一种不可能性（MacIntyre，1984）。由于我在把这一点运用于西蒙的时候已经讨论了这种情况，因而在此我想再往前深入一步。内在于社会分析的自我指涉性的逻辑的扩展，可以得出这样一个观点，即社会角色的效能就像是戏剧艺术的表演，而绝非对角色发送者的期待的“理性”反应，后者乃是标准的社会学分析得出的看法。对社会生活的这种视角，是由人种学方法论和解释主义这类著名的社会学学派提出并完善起来的（Garfinkel，1967；Heritage，1984）。最近这一视角

又进入了组织与管理理论，我有足够的理由认为，它描述理性的人是一种组织巫 188
师：一种装出强有力的、神一般的形象的角色，假装能控制一切，而实际上什么也控制不了。

我希望这些简短的评论能显示出，由于把组织社会学引进公共行政领域所引起的变形的方面。社会学的视角可以作为对这样一种观念的扩展和支持加以运用，这一观念认为，理性的人作为管理者能有意识地和理性地指挥组织的事务。但这一视角并不适合（尽管不能说是完全不适合）这一任务，尽管它已经产生了所愿望的影响。它所以能发挥作用，部分地是因为系统隐喻本身的貌似合理性。有一种普遍的欲望，想把社会生活看作仅仅只有可控制的技术性问题，并且尽管它有许多概念性的问题，但系统理论还是能以这些概念提供表面看似合理的思维方式。组织社会学能有效地支持管理和控制的另一个理由，是理性的人的意识形态的霸权本身使公共行政中存在的有选择的理解合法化了。概念的紧张关系被忽略不计，是因为战争的努力已经极大地提高了人们对理性的领导的信任。结果，马奇和西蒙（March & Simon，1958）可以攻击弗雷德里克·泰勒迟钝和机械主义，并利用默顿对规则的无意识效果（上面已经讲述过了）和组织结构的其他方面的分析（所有这一切分析都在《组织》一书中），不过却否认了分析中所包含的反讽。

5.5　其他组织社会学：组织间关系的分支领域

传统主义文献最显著的一个方面是缺乏行政政治学的研究与理论。由于传统主义学派是建立在行政（包括决策）这一观念的基础上的，因而看起来许多人会追随保罗·阿普尔比著名的和渊博的行政政治学。然而，事实并非如此，传统主义者主要是通过校际项目（Inter-University Case Program，ICP）研究中引用的例子教授行政的政治方面。

当然，传统主义者是“非理论的概念主义者”，他们相信行政现实太复杂，不能以线性的因果思维模式来理解。还有，他们感兴趣的首先是教育未来的行政实践者，并且正如我已经指出的，他们认为最好是完全通过案例教授政治学。行政与政 189
治世界的联系没有正式地得到承认，传统主义者的道德主义倾向使得他们乐于接受这一正式的现象。这足以使学生只需以案例说明行政的政治学，而不必做理论的评论。因此，公共行政政治学的理论性理解的基础必定是来自这一领域之外。又一次，社会学——尤其是组织关系的社会学——成了源泉之一，而赫伯特·西蒙和他的同伴的著作又一次成了基础所在。

组织间关系的标志性研究——也以组织—环境关系研究而著名，是前面曾提到的菲利普·塞尔兹尼克（Philip Selzinck）的《T. V. A. 与山民》（*T. V. A. and the Grass Roots*，1949）。塞尔兹尼克发现，田纳西山区当局——面对在对其有敌意的当地政治设置中使自身合法化的任务——觉得有必要把它的大部分决策裁决权移交给在其环境中强有力的方面，以获得它们好的意见和合作。至于力量较弱的方面的情况，组织发现了各种使它的政策过程获得通过的**显示**途径，而事实上它只要利用这些环境的方面作为信息的源泉。塞尔兹尼克提供给这一领域的是一种观念和一套专业术语，它们可以以我刚刚描述的两种形式即非正式的（真正的权力共享）和正式的（虚假的权力共享）形式为理解行政的政治方面（增选成员）提供关键的参照点。

对行政政治学缺乏研究的一个值得注意的例外是利珀·弗里曼（Leiper Freeman，1955）的美国内政部印第安事务局的法律关系研究。弗里曼发现，这一机构的任务定位在规范模式方面显得犹豫不决，一会儿是对印第安人居留地采取遏制政策，一会儿又是力图促进印第安人与美国主流社会合一的政策。这种犹豫不决随这些对立政策背后的两大利益集团的政治命运（在更大的政治范围内）的起伏而变化。

校际项目系列研究对机构—环境的关系做了大量出色的研究。这些非理论的历史叙述描述了机构完全无法应付政治状况而被政治“扼杀”的例证［收取放牧费的
190 两难（Foss，1960）］以及机构成功地挡开政治力量甚至严厉的攻击的例证［电池加成反应的争论（Lawrence，1962）］。然而，从研究这些故事中获得的认识基本上被弃之一旁了。

赫伯特·西蒙和他的同伴在1950年的教科书《公共行政》（Simon et al.，1950）的具有创新性的两章中，为理解行政政治学提供了理论框架。从组织社会学中获得的这一视角，把机构看作是分离的实体，它必须在包围着它的政治密林中“找到自己”。尽管传统主义者正确地理解了美国社会系统中碎片化的政治权力模式，并承认机构不得不通过维护其公共形象，并与利益集团和国会议员建立联盟来保护自己，但它们是在承认总统的领导地位的框架内获得这一认识的。在此遵从的是这样一个观点：总统职位是对政策方向获得协调一致的认识所在。机构被描述为是在自身的“政治活动的旋涡”中保护自己，但同时又得听从总统的领导。

西蒙等人在《公共行政》一书中，与这一观点分道扬镳了。尽管他们仍继续（如西蒙在《行政行为》一书中）从巴纳德的组织义务的诱因—贡献模式中获得其主要的灵感，但他们明确地以社会学系统理论的术语，描述机构—环境的情境。机构由行政官员领导，这些人以调和机构的目标作为他们所需的资源的交换。明显缺乏的是这样一种观点，即机构是一个更大的、包括制度管理的一部分，它对于制度有着规范的义务并要遵从它。关键在于管理行政官员以及他或她所控制的环境以加强组织的利益。主要的问题在于组织的人事要服从于它的目标、身份和方式，这一服从限制了行政官员的适应能力。

乍一看，西蒙通过他的合作者似乎同意从他在《行政行为》中提出的实证主义认识论预设中解放出来。引证传统主义主将保罗·阿普尔比的话来说就是，《公共行政》断然声称行政包括决策且在一定程度上来说就是政治的。然而，构架这一视角的方式最终把政府的立法权力留给了政策控制，在机构的环境中竞争的集团坚持
191 不对价值立场加以区分，但对效率机构在实施它们的目标的时候所持有的不同观念却进行了区分。因而，行政政治学就是工具主义的政治学，是政治的行政人员借以

进行计算的理性过程，即当仍然坚持雇员有义务迎合行政官员关于实质使命的观念时，机构的目标能被妥协多少。这不是通常意义上说的那种政治学，而是另一种价值中立的理性主义的政治学，对于它，现在可以简约为决定一个人应当做**什么**和**如何**做的本质图式。对这一点的任何怀疑都可以通过请教维克托·汤普森（Victor Thompson，西蒙的合作者之一）在他的《没有同情和热情》（*Without Sympathy or Enthusiasm*，1975）一书中对关心规范的真正政治的公共行政观念的抨击获得解决。

因此，西蒙等人（1950）开辟的道路为理性的人的新形象奠定了基础。它有助于建立一种语境，威尔达夫斯基的《预算过程中的政治》（1984）就是在这种语境中写作的，他把行政者的新形象描写为投资过程中的政治表演者（“预算者”）。威尔达夫斯基的研究可以说是有关组织/环境关系的文献中的重要著作。政治学本身（如政策制定）现在转变成了环境适应的理性过程，它在理性的人的范围内，是作为组织的科学主义的行政机构出现的。这个方向上的运动因匹兹堡大学新成立的行政科学研究中心的研究成果的出版而高涨起来（Thompson，1959）。社会学家詹姆斯·汤普森——先是在中心工作，后又到了印第安纳大学商学院，为重新“技术性地”认识和研究组织/环境的关系做出了重要的理论贡献（Thompson，1967；Thompson & McEwen，1958）。汤普森的著作极大地刺激了其他有关组织/环境的相互作用的著作（不仅在商学院的组织理论社群中，而且在公共行政领域的社群中）的出现（Kronenberg，1977；Lawrence & Lorsch，1969；Terreberry，1968；White，1973a）。加里·瓦姆斯利和迈耶·扎尔德（Gary Wamsley & Mayer Zald）的《公共组织的政治经济学》（*The Political Economy of Public Organizations*，1973）就是一部重要的著作，它为认识公共机构的环境情境提供了必需的理论框架。

然而，行政科学中心把一种视角引进了组织研究，这种视角力图理解影响组织生活的整个因素系列——从一般的文化到特殊的生产技术。哈罗德·莱维特（曾经 192
是重大组织革新时期匹兹堡大学的主席）是一本新杂志——《行政科学季刊》的创始人，他致力于“一般”组织科学的观念，力图为所有组织——公共组织、私营组织或非官方组织，建构一般化的有效性。行政人员作为组织科学家的新形象通过所谓的组织研究是“基础”科学而又一次成为关注热点。

但公共行政领域中理性的人的意识形态，对组织—环境的关系关注的焦点究竟是什么？我已经说过，接受这一视角赋予了理性的人的行政者角色一个附加的方面。现在他被认为可合法地介入管理组织的环境关系名义下的决策政治学。这一活动与技术性的角色定位（但不介入价值问题）是一致的。在此包含的变形（一种语言学的域限）似乎是显而易见的。

另外，机构行政人员作为“组织间”或组织—环境关系的管理者的观念，引发了一个问题：这种实施策略的参照点是什么？机构领导被置于会影响“对我的组织有利就是对所有人有利”的基础的位置（如通用汽车公司的首席执行官）。有趣的是，这与传统主义的制度主义观点是一致的；然而，传统主义者认为总统是牵制机构深入其计划的动机的最高层。对于环境管理者而言，上级行政官员不过是被管理的环境的另一个单元。因此，在公共行政的语境中，组织间的关系为激发利益集团有关在行政系统的界限内尽力管理的多元化观念提供了场所。理性的人作为机构行政人员，现在真正是政策制定的精英游戏中的权力表演者。

5.6 组织心理学与社会心理学

前面我提到了西蒙与詹姆斯·马奇合著的《组织》一书（March & Simon,
193 1958）以及他对弗雷德里克·泰勒漠视人类心理的攻击。马奇和西蒙在这部重要著作中还对当时人们所谓的组织生活社会心理学给予了最恰当和最中肯的论述。在做这些的时候，他们为把这种素材与公共行政领域相结合开辟了道路。西蒙和他的合作者在他们的教科书中为这一转变奠定了一般的基础，但《组织》一书中对这种素材做的图式化的“科学式的”表述，给予了它一种使人非相信不可的合法性和普遍通用的感觉。

当把社会心理学的研究运用于公共行政的时候，对于认识组织而言，这一研究的核心又一次是角色观念。卡茨和卡恩（Katz & Kahn）的《组织的社会心理学》（*The Social Psychology of Organizations*，1966）一书已成为这一领域学生的必读书。这一分析与一般社会学运用的结构认识有着紧密的联系。心理学的强调带给了对人与更亲近层面上的角色之间的联系的结构分析。社会学为对行为做向量分析提供了方法，在那里，角色期待的力量和方向被认为能产生“富有成效的”行为，而社会心理学带来的是更深层的向量分析，即在“角色黑箱”内部对于角色的人而言的分析，以说明角色向量的微观机制以及它们对行为的影响。

由于这一点以及社会科学研究与这一领域的其他方面的结合，理性的人的视角沿着更机械更详尽的方向被激烈地修正了。传统主义者是以宏大的、一般的、相当模糊的以及不确定的制度术语与恒定的原型模式看待行政事件，现代主义者则是根据确定的、相互影响的、可被居于管理者位置的人，用确认、理解和控制的变量进行理论化思考。再者，管理者被描述为是复杂的人类管理技术的操作者。

这一新的强调引发了组织改革的运动。首要的是，主要的手段是改进日常工作惯例和经济刺激。然而，随着对“人际关系”的认识——开始于著名的霍桑研究，由心理学研究加以完善，这种研究达到了能有计划地运用的状态。

这主要地导致了组织发展运动的形成。这种改革努力的最早形式是“有计划的”领导人培训。布莱克-默顿的方格研究是这种研究的一个例证（Blake & Mouton，1964）。其基本的形式，首先是把改革努力归于一种理想的领导人模式，在那
194 里，对任务的最大化强调与对人或关系的最大化强调结合在一起。顾问把这一模式用于某一目标，实施诊断活动，来指示组织领导人在目前是如何运作的。因此，培训和建组活动被用于使组织的领导模式更接近于理想模式。

当然，在这方面，我们尤其能生动地看到泰勒的科学管理的“最优方法”的观

念是如何被提到新的高度的。同样明显的是，马奇和西蒙（March & Simon，1958）对泰勒的批判是投射的一个显著例证。然而，在 20 世纪 50 年代末的语境中，这一点并不是这么清楚。战后时期的科学—技术氛围使得科学分析和对最合适技术的确认产生了有关社会世界的一种超意识的视角。在 20 世纪 50 年代，这达到了强烈的程度，并赋予了它质的不同。理性的人作为文化形象，其权力和合法性达到了前所未有的程度。德怀特·艾森豪威尔对“军事工业联合体”日益增强的霸权的危险的警告，就是这一事实的显著证明。

5.7　传统主义的转变

这个时期公共行政领域发生的重大变化，标志着传统主义作为一个思想学派根本的隐退。尽管 ICP 案例研究作为教学资料的销量一直在持续增长，但它们越来越多地被用于说明理论，而不是（正如研究者所愿望的）用于向学生说明行政情境的根本不可预测的现实，这种现实使得“多样化的结论”成为唯一可能的一般化模式。现代主义已经取得胜利。结果，传统主义本身开始了自我转变的过程。通过接受把西蒙的“决策图式”至少作为一种名义上的框架，那些认同传统主义的人开始摆出把案例当作理论概括的基础的姿态从事决策研究。ICP 利用国家航天局的大学项目的资金首先开始这一研究。其中一项题为《登月后的载人宇宙计划：政府该做的决定》（Redford & White，1971）的研究，标志着传统主义研究者力图进入新的一体化方向。这一角度源于政治科学，尤其是哈罗德·拉斯韦尔（Harold Lasswell，1971）的提议，即政府研究必须以政策科学为结构框架。然而，我马上就要 *195*
讨论的各种进展表明，一旦认为传统主义的制度主义的理论框架是一种错位，那么为政策研究确认一个明确的地位就是困难的。除转向决策研究以外，一些传统主义者还思考了这一领域的发展，并对美国的政府机构的机制做了反思性的评价。尽管有许多著作——尤其是雷德福的《行政国家的民主制》（*Democracy in the Administrative State*，1969），已成为这一领域的经典文献，且人们对美国官僚制的本质与功能有了恒定的认识，但在那一时代背景下，它们标志着传统主义的“衰落”，而不是它在新的方向的复活。

比较行政学运动

除了传统主义的消亡和从各种社会科学中为机构行政人员提取新的科学决策/环境管理模式之外，对理性的人作为国家的开发者的意识形态的阐述，也取得了长足的进步。这一研究的背景部分地是由第二次世界大战后帮助欧洲复兴的马歇尔计划的成功提供的。战争的结束也标志着古典殖民主义开始走向终结和新解放的国家开始走向繁荣。

由于认识到发展新市场的可能性，美国设立专项基金，研究如何使这些新国家以及其他现存的“不发达”社会实现现代化。在政治科学领域，这一动议引发了对宪法构架，尤其是文化形态与政府制度的发展/功能的关系的兴趣（Beer，Ulam，Spiro，Wahl，& Eckstein，1958；Spiro，1959）。在公共行政领域，它导致了弗雷德·里格斯（Fred Riggs，1965，1991，1994）领导的比较行政小组（the Comparative Administration Group，CAG）的成立，里格斯是一个杰出的理论家，他是在西蒙的著作中找到最初的灵感的。他建立的这一学术小组有一个雄心勃勃的研究计划：从外到里，从贯穿于社会制度的文化到政治和行政过程，把政府彻底地理论化（Guess，1989；Heady，1989）。

对具体国家广泛的“区域研究”出现了，对最高秩序的理论沉思（包括如空间、时间的本质以及里格斯提出的社会制度的“衍射”这样的主题）也出现了（Braibanti，1969；Esman，1972；Heady，1966；Lapolambara，1963；Montgomery & Siffin，1966；Riggs，1965；Siffin，1957，1966a，1966b）。其明显的目标
196 是想建立社会制度，推动广泛的民族发展，以使这些新出现的国家成为世界经济强大的贸易伙伴。由于美国是战争中崛起的唯一持久的现代工业体系，因而人们把它看作是在其他语境中实现社会发展的知识源泉和模式典范。尽管 CAG 产生了许多优秀的研究和著作，但也引发了新的问题，即产生实际有效的发展策略的目标是否能通过小组的著作来实现。CAG 的基金最终用完以后，运动也就在 1971 年锡拉丘兹大学会议上正式宣告终结了，在那里，沃伦·伊尔奇曼（Warren Illchman）——当时是加利福尼亚大学伯克利分校的一位政治科学家，宣读了最后一篇全体会议的论文，直率地对整个计划的统一性和有效性提出了质疑（Henry，1987)。CAG 是公共行政领域走向成熟的重要标志，是公共行政的学术视角形成的根本标志。比较政府研究赋予理性的人一个充满英雄气概的角色，认为他能影响整个社会的命运。而且这一研究还至少力图提供一个超越西蒙所开创的理性主义的专业知识的知识基础。当然，这么做意味着要承受会一般地冲击殖民主义事业的所有标准的紧张关系和矛盾。这些紧张和矛盾被美国殖民主义的自由市场标记（超越了传统的欧洲类型的殖民主义的文化掠夺和政治统治）完全遮盖了，根本没有得到解决或缓解。

在这个时期，美国引进的是集中体现时代特征的一种奇怪的、反向的殖民主义，这从一本广为流传的著作《丑陋的美国人》（Lederer，*The Ugly American*，1958）中可以看到。尽管一般认为这个标题指的是那些具有传统殖民主义的势利和傲慢特征的美国人，但实际上它指的是不“漂亮”的美国人，他和土著人
197 打成一片，发展同他们的关系，和他们一起工作，帮助他们改善自己的一切。这本书批判的是在发展中地区**太少**这样的丑陋的美国人。美国作为一个殖民力量，明显地不想和不发达国家保持其他任何关系，它唯一想做的就是进入这些不发达地区，出售自己的商品，然后离开。这一态度与理性的人的新技术身份是一致的：他提供的乌托邦只有通过能立即产生可见效益的客观控制才能实现。

5.8　新美国的新理性的人

我在此描述的学术转变已经发生，并可能只在有支持的社会文化语境中才有可能。我指的是有助于西蒙在第二次世界大战后时期引进理性主义的思维模式的这种情形。其他的发展有助于说明他在公共行政领域的研究。战争的经历使人们对集体领导现象产生了极大的军事兴趣。战争结束后，资金流向大学，以资助小型的集体领导以及与之相关的社会生活方面的研究。朝鲜战争（使美国人第一次体会到人们对它的军事力量似乎有着广泛的不满）产生了对心理控制现象的意识。**洗脑**这个词——部分地是当时的电影《满洲候选人》广为流传的结果——成为人们的口头禅。在此期间经济的工业部门的迅速增长以及伴随它而来的劳工冲突，加强了人们对管理和工人关系的关注。公众一般地都把管理看作是社会生活的范畴，舞台剧和电影如《帕加马游戏》（*The Pajama Game*）和电视剧如《90 游戏室》（*Playhouse 90*）向广大观众展现了社会生活人道化和最优化运动引发的问题。理性的人的新的理性主义的身份所包含的理论矛盾就源于西蒙的修辞技巧引发的一般问题。这些变形是必要的，这样，我已经描述过的其他社会科学研究才能与西蒙的一般模式结合在一起。整体而言，它们创造了一幅醒目的社会意识形态的画面。然而，正如社会条件能使意识形态得以可能一样，它们也能使意识形态解体。这是美国公共行政学术史的下一部分的故事。

第6章

理论简史Ⅱ：明诺布鲁克会议以来

198 *在激情中就能为善，*
但若激情在你心中就没有善。

——威廉·布莱克（William Blake）

6.1 明诺布鲁克会议的社会语境与学术语境

1968年秋，在纽约锡拉丘兹郊外一处偏僻的会议中心，一群公共行政专家在举行会议，这次会议成为美国公共行政学术史的转折点。不论会议中是否发生了某事从而引发了这一转折，也不论会议是否只是公共行政领域学术方面转折的标志，毋庸置疑的是，这次会议是一个时代结束的开始。要理解这一点，看一下围绕会议本身的某些社会和学术状况不无裨益。

199 这些状况中最重要的可能是政治学领域在20世纪60年代末开始陷入的混乱。整个20世纪50年代和20世纪60年代初，社会科学通过研究转让而与美国社会的制度结构完全合一。这一研究逐渐地开始以行为主义的方法论及其功能主义的理论框架为基础。

在政治科学领域，功能主义/行为主义不仅是作为一种明确的研究定位，而且是作为潜在的价值定位发挥作用，其中后者混杂了各种研究方法，如罗伯特·达尔（Robert Dahl）著名的《民主理论的前言》（*Preface to Democratic Theory*，1956）和同样著名的《美国选民》（Campbell，Converse，Miller，& Stokes，

American Voter，1960）系列的“逻辑理论运作”。尽管挑剔的评论家已经开始称主流的政治科学是美国式政治统治的辩护者，但总体来说，规范的共识在政治学家当中还是存在的，他们认为美国政治体系作为一种民主制的运作情况还算是不错的。

反映这一观点的模式认为，美国政治程序是“民主多元论”，在那里，公民通过围绕特殊的经济、意识形态或政策利益组织起来的群体参与到政治中。通过这些群体，公民至少对政策制定程序有**负面**的影响，因而没有一个群体能单方面地控制结果；每个群体都能够遏止危害其利益的政策制定者。甚至从局部的层面来说，多元主义也能防止单一主导的精英集团的出现（Dahl，1961）。

这一模式把政策制定描画为一个本质的对话过程，能温和地压制两种极端。稳定性可以得到保证，因为系统不可能对任何群体产生严重的威胁。还有，公民属于各种交叠的群体，这些交叠的利益集团和成员极力想阻止极端的意见和立场的进一步升级。政治科学传输给美国政治系统的即时判断是十分有利的。没有人被遗漏，系统不允许任何人受到伤害，极端主义的倾向被削弱。一些政治科学家甚至断言选民的冷漠是一个积极的信号，它表明普通公民是如此喜欢系统的运作方式，以至于他们觉得没有参与的必要（Dahl，1967）。

这一乐观的图景是可信的，因为美国仍生活在“让所有的人联合起来——我们所有的人是一个整体”这一战争的精神氛围中，战后经济繁荣再次鼓舞了美国人的信念，即“任何人都能在此成就一番事业。”没有人承认美国存在明显的严重社会 *200*
问题。同时在大多数美国人的心目中，美国不存在贫穷和饥饿——也不存在监狱暴力、环境污染、性别歧视、家庭失调、儿童虐待等。甚至明显的种族主义也没有造成有效的对立；尽管有 1954 年的布朗诉教育部案，但种族隔离的“平等”仍被广泛认为（至少是被白人）是有道理的观念。除了以罢工或威胁要罢工来引发问题的工会，没有人有任何抗议和抱怨。然而，由于要求提高工资，这些情况都发生了。要求提高工资这一需要是“可以理解的”，它是基于人的本性，而不是基于社会或经济制度的安排。

1964 年的沃茨暴动，突然把美国人从这一梦幻般的状态中惊醒了。尽管美国有悠久的常常伴随着暴力的国内抗议的历史，但人民大众总是在一段时间后通过事后的传媒与历史记述才了解这些。由于沃茨暴动，美国人惊讶地亲眼看见了现场电视报道，在此只需提及一个例子，国家警卫队用装在吉普车上的机关枪向一名黑人妇女的汽车射击，因为她想开车穿过路障。显然，事情并不像他们所认为的那样，当民权运动成熟起来的时候，他们逐渐地和不可避免地变得更糟了，越战使成千上万的抗议者走上了街头，晚间电视新闻上人头攒动。美国不情愿地开始承认在其内部存在着严峻的自然、社会和经济问题的现实。

国内的学术领袖成为或者是非学院派的、或者是学术竞技场边缘的挑战性的作者。像蕾切尔·卡森（Rachel Carson，1962）这样的作者在这方面已经走出了一条路，并被迈克尔·哈林顿（Michael Harrington，1962）这样的社会批评家奉为典范。他们一开始就被认为是激进的（如卡森就被认为是“歇斯底里”），但他们的著作在学院和大学的课程中成为通用教材，它们向传统学术角度的社会生活含蓄地提出了效用和“贴切”的问题（Jamison & Eyerman，1994）。拉尔夫·纳德（Ralph Nader）的著作产生了特殊的影响，因为他揭露了社团领袖对公民福利不负责任的态度。这一影响因纳德成为最高层领导设计和下令实施的监视、威胁、诱捕计划的对象而进一步被加强。

美国社会的所有制度部门，包括大学，都受到了同样的质疑。克拉克·克尔
201 (Clark Kerr，1967)（本身就是一位大学领导）描述大学是庸俗的和学术上反动的阵营，无论对于学生还是对于社会都是失败的。校园里爆发了要求广泛改革的学生运动，包括要求提高教学质量和重新考察课程设计。然而，我的讨论最感兴趣的是，社会科学也成为一般大众争论的对象。美国黑人抱怨他们被建立在有偏见的指标如IQ以及标准考试分数基础上的研究手段所忽视，甚至所贬低。土著美国人也对人类学家的研究发出类似的抱怨，说这些人类学家把他们界定为是“文化边缘民族”，容易出现严重的社会问题如酒精中毒。还有新生的令人鼓舞的女性主义运动潮涌般地揭露了社会科学在其“客观性”的方法论借口下建制化了的各种歪曲和偏见。围绕社会科学的这些争论在20世纪60年代末由于《莫伊尼汉报告》的发表而高涨，这一报告指责黑人家庭的母权制结构导致了黑人贫穷的循环（U. S. Department of Labor，1965）。

类似的情形在其他领域也出现了，如要求在历史学、经济学、心理学和社会学领域建立“新”研究方法的运动。法兰克福学派的批判理论家的著作，尤其是赫伯特·马尔库塞和尤尔根·哈贝马斯的作品，被广泛地阅读和讨论。整个学术界都在批判启蒙运动、技术与技术主义、利益集团/多元主义的民主制、社会科学研究中的自由主义和理性主义（Catron & Harmon，1981；Connolly，1969；Dolbeare，1974；Ferkiss，1974；Lockhard，1976；Lowi，1969；Marini，1971；McConnell，1966；Playford & McCoy，1967；Schuman，1973；Stanley，1972；Waldo，1971；Walker，1966；Wills，1971；Wolff，1968）。

政治科学也不能逃脱这一浪潮的冲击，其对美国政治的实证解释在大众报刊中受到了质疑。一家重要刊物的一位编辑攻击罗伯特·达尔的著作不仅没有预测到沃茨暴动这样的事件，而且还描画了一幅使公民看不到这种倾向的社群政治的图景。在大学内部，学生抗议领导和他们的社团发起者通常都来自政治系。在所有二级学科中也出现了各种激进的理论和哲学批判。几乎所有这一切都把它们的方向定位在吸引政治学精英的自由主义/多元论的政治秩序。

到20世纪60年代末，美国的社会和政治事件为这些批判提供了当代导火索
202 (O'Neill，1971)。对美国制度的广泛质疑引发了1968年的各种暴力事件：罗伯特·肯尼迪（Robert Kennedy）与马丁·路德·金（Martin Luther King）被谋杀，以及伴随这些谋杀而来的城市骚乱，还有每天在电视上看到的发生于越南的各种暴力和悲剧、混乱的1968年民主党总统候选人提名会议——其间，电视给美国家庭提供了凶恶的警察攻击参加基本上属于非暴力的政治示威的中产阶级青年的画面。美国生活的许多方面都受到政治性的指责，这尤其反映在女性主义的口号中：“人是政治的。”尽管有这些批判和持续的学生抗议，但大学政治系还是由精英主导着，他们与军事—工业（还有大学）联合体的资金联系一如既往。理性主义的正统体系

仍是政治科学范例性的底线。

除了这些激烈的外部事件以外，公共行政领域内部也发生了一系列事件，潜在但却有意义地影响了明诺布鲁克会议。其中最为著名的三个事件是：(1) 艾伯托·古雷罗·拉莫斯（Alberto Guereirro Ramos）——一名巴西流亡者——受雇于南加利福尼亚大学；(2) 尼利·加德纳（Neely Gardner）提出组织行为理论；(3) 联邦行政学院在弗吉尼亚州的查尔罗特斯威尔成立。拉莫斯（Ramos，1981）接受过胡塞尔的现象学、存在主义和辩证法的教育，他在南加利福尼亚大学的著作——先是供研究生的课堂讨论用的手稿——中指出，公共行政领域的视角大部分是“主观主义的”，已经被居于主导地位的正统分析哲学拒之门外了。尼利·加德纳（Gardner，1963，1965，1974）对卡尔·罗杰斯的以顾客为中心的心理学造诣甚深，他的“应用”研究引得心理学与社会心理学纷纷把焦点转向这一领域。

这些新的（对于公共行政而言）学术转向在弗兰克·舍伍德领导下的联邦行政学院（Federal Executive Institute，FEI）中可实际地看到。FEI 是联邦政府行政人员培训计划的基地。它在许多方面对于公共行政都是重要的。首先甚至可能最为重要的是，它的行政人员发展哲学是具有创新的和挑战性的，其目标是要使参加培训的管理者实现重大的人格转变（或至少是为这一转变提供机会）。其核心理论是，可塑之材（这是有关如何更有效地组织和管理的新观念）只有当他通过一个人格完善过程被同化为有学识的行政人员时，才能够也应该被用于实践。视角方面的这种 203
变化——过去常常产生于经验，在某些学院毕业生写作的带有异端性质的著作中也能看到，如安德斯·里克特（Anders Richter，1970）在《公共行政评论》上发表的论文《存在主义行政》（*The Existentialist Executive*）。新的观念要求个人有新的实施观念的能力；因而，FEI 的人员培训被定位于男性对抗式的方法论培训，这一方法论比常规的更为个人主义，也更多心理学方面的内容。在个人发展中确立教育过程的观念，标志着与认知性地吸收信息，和掌握“非个人”的技术这两种学习方式之间根本的分离。从结构的层面说，传统的学院观念与一种认识论信念是一致的，这一信念认为，信息和学习是中立的，因为学习者的“生活世界”被假定为是标准的。FEI 的观念支持的是另一种认识论：学习者的生活世界在某一重要的方面来说是独特的和可变的，真正的学习只有当学习者被提供了通过一个实际上迷人的过程，把个人的学习重构为对于他或她所生活的精神世界合适的形式的机会时，才会出现。

明诺布鲁克会议举行时，已经出现的学术情形是这样的：捍卫一般社会科学、政治科学尤其是公共行政中某些最强大的学术传统的努力，实际上已经松动了。伴随着学术批判和教育的标准认知研究的动摇而来的对主要制度的挑战，为一个相当不同的公共行政的出现创造了可能性。看样子，“理性的人的体制”是失败了，得有不同的东西来取代它。

我不想夸大我所描述的情形。对社会科学中不被承认的意识形态维度的意识，仅仅为领域中异端的出现提供了**可能性**。在以技术的合法性为基础的居统治地位的精英的情况中，最可能的结果是，不仅会承认问题的存在，而且会把它们当作一种

更新的管理原理加以接受——就是说，有人需要解决问题。在一个仅仅假定的民主
204 语境中（在那里，精英实际上处于控制之中），批判会产生对话的效果。批判的存在对于维持民主的精神氛围（它标志着权力实际上被精英行使着）是至关重要的。批判只有当它对准深深隐藏的、能维持某一社会现实的承诺（如把权力理性化为来自人类本性或自然秩序的假设），才能导致变化。“民主的”精英，如理性的人所建构的精英，必须能够保证：(1) 人们发表不同意见和批评；(2) 这些意见和批评不会成为现存社会世界的根本维系原则。明诺布鲁克会议以及随后的事件产生了这一批判类型，其首要的影响是有助于维护理性的人的治理。

由于明诺布鲁克会议上并没有提出真正替代性的观点，公共行政领域的人们通过运用吸收和修正这一两步的过程，为提出新的与传统思维方式相一致的学术视角相互争吵。结果出现了大量的混淆和误会，以及一段时间的学术定位错误，德怀特·沃尔多（Dwight Waldo，1971）在各种场合（引用中国的一句普通的粗话）将之称为“扯淡”。

6.2 明诺布鲁克会议与随后的学科发展

弗兰克·马里尼（Frank Marini，1971）在编辑的会议论文集的导言中详尽地描述了明诺布鲁克会议本身的情况。简要地说，参会者“猛烈攻击”标准的会议形式，决心创造一个更开放的非正式的论坛形式。在学术上，与会者群体的视角从最正统（实证主义与行为主义）到最异端（现象学与心理分析）应有尽有。最醒目的一般论题是，公共行政领域不论在学术上还是实践上都需要改革。会议最重要的结果是形成了新的学术网络，它们后来为支持和维护会议上就已存在的异端提供了帮助。会上每一观点的代表都有足够的力量放弃感情用事，每一视角都有一定合法性，都与这一领域有关。

会议也为专业发展提供了相当的动力。在接下来的几年时间里，同一类型的其他会议举行过多次。与会者既有原明诺布鲁克会议的参加者，也有其他代表新观点
205 或力图改变行政学领域状况的新人。其中第一次会议是由托德·拉·波特和罗伯特·比勒（当时都在加利福尼亚大学伯克利分校工作）组织在加利福尼亚的索诺马一个隐蔽的地方召开的。还有一次第三“明诺布鲁克”小组会议是第二年在得克萨斯的奥斯丁郊外的一个会议中心召开的，组织者为奥里诺·怀特，发起人是新成立的林登·约翰逊公共事务学院。

自明诺布鲁克和后来的一系列会议以后，对于“新公共行政”——或者它力图实现的社会，显然再也没有出现一个普遍认同的看法。所出现的是“明诺布鲁克意识”的学术异端和对这一领域的现状的不满。大约相同的人组成的核心小组不断召开的会议，也开始创造出一种以“新公共行政”为后盾的动力意识（这种新公共行政必然意味着与“旧公共行政”的代表者的紧张关系）。尽管新公共行政运动的观念在一次后续的会议中做过讨论，但对如成员资格和一般目标这类关键问题未明确

达成共识。小组甚至认为，连让某人写一篇知识社会学的论文来解释导致学术方向发生变革的动力都没有必要。

然而，“运动”获得了力量，并在 1970 年美国公共行政协会（ASPA）在费城召开的年会上达到高潮，在那里发生了一件相当令人惊讶和史无前例的事情。由乔治·弗雷德里克森领头，几名成员和新公共行政小组一起举行了一次全体会议，以不切主题和不合时宜为由否定了会议的正式议程，并宣布要举行一个替代性的、由叛离者参加的会议，以小组讨论的形式就他们认为切合时代和社会的主题进行切磋。这一叛离者小组会议成功地举行了，讨论也十分热烈。几个月后，不论是否与它有关，ASPA 的最高领导层改组，组织的结构和程序向更为民主的方向发展。各种变革随之出现。然而，正如后来的事件所证明的，这些变革不过说明“事情变得越多，就越是原地踏步”。

6.3　新公共行政时期的一般学术定位

认识论和本体论的问题构成了新公共行政话语的焦点。这是再自然不过的，因为公共行政领域的传统身份，是建立在中立的科学专业知识基础上的。任何**新**的公共 206
行政，如果它想名副其实，就必须超越这样一种观念：官僚是专家，只有他的以技术应用为依托的介入，才能分析地解决政策问题的模糊性。当实证事实的观念在行为社会科学中出现时——哪怕是“软性的”和或然论的，就不能对其放任不理。如果说事实是存在的，把专业知识运用于它们，则根本上就是官僚角色唯一的合法性观念。

直接与这些问题相关的是人的本性问题。如果人只不过是理性的计算者，总是力图简约其基于本能的需求，那就可以根据因果关系来认识他们，他们的行为与来自环境的刺激就是相一致的。唯一的问题是，他们的需求是否能通过中心化的、明显理性的策略，如筹划，或通过非中心化的和含蓄的理性手段，如市场获得最大的满足。新公共行政所激发的观点是，对于人民而言，存在着比这更多的手段，如政府的委托人和他们自己的管理代理人。人民作为公民—委托人对政府的需求不只是基于利益；官僚不只具有理性地计算的能力。那些想论述新公共行政的人必须发现和建立的东西不仅是一种削弱实证事实观念的认识论，而且是一种证明人类不只有需求和本能以及简约它们的潜能的本体论。

艾伯托·古雷罗·拉莫斯和尼利·加德纳有关这方面的论述是重要的。拉莫斯向他的学生介绍了现象学的思维方式，并将其运用于组织研究；加德纳提出了一种超越当时普遍流行的经济理性与社会学的“黑箱”模式的人学理论。他们的影响——通过他们个人和他们的学生对新公共行政小组的作用，得到了这一期间出版的几本关键著作的巨大帮助：托马斯·库恩（Thomas Kuhn）的《科学革命的结构》（*The Structure of Scientific Revolutions*，1962）、亚伯拉罕·马斯洛（Abrahan Maslow）的《走向一种存在心理学》（*Toward a Psychology of Being*，1968）、迈克尔·波兰尼（Michael Polanyi）的《个人知识》（*Personal Know-*

ledge，1958）以及彼得·伯杰和托马斯·卢克曼（Peter Berger & Thomas Luckman）的《现实的社会构成》（*The Social Construction of Reality*，1966）。所有这些著作都使语境的观念合法化了，而不是使实证事实的观念以及超理性的人类本性观念合法化了。

还有其他的有利的发展。其中一个是戴维·西尔弗曼（David Silverman）的《组织理论》（*A Theory of Organization*，1970）的出版，这本书对组织生活的功能主义认识的不合常规进行了分类，并提倡一种能理解这些反常的解释主义的或社
207 会构成主义的研究［尤其吸收了彼得·伯杰（Peter Berger）的观点］。在民主理论方面，出现了一种复兴的兴趣，其如卡萝尔·佩特曼（Carole Pateman）的著作《参与与民主理论》（*Participation and Democratic Theory*，1970），该书的一个观点暗示出，民主的一个古典的必需的基本原理就是公民作为人的发展，而不是利益的满足。各种人本主义心理学是在诸如格式塔、事实分析、存在心理治疗这些基于异端的哲学立场的东西的基础上提出的（Berne，1970，1972，1976；Fagas & Shepherd，1971；Hatcher & Himmelstein，1976；Herman & Korenich，1977；May，1953；May，Angel，& Ellenberger，1958；Perls，Herfferline，& Goodman，1951；Smith，1977）。另外，把卡尔·荣格的著作运用于组织研究的兴趣也出现了。1976年，组织发展顾问约翰·英戈尔斯（John Ingalls）出版了《人类的潜能》（*Human Energy*）一书，运用荣格著作的某些方面去认识组织的机制。到1974年，当心理类型协会成立时，以荣格理论为基础的麦尔斯-布里格斯类型测试已十分流行（直到今天还是如此），并被广泛运用于管理培训之中（Keirsey & Bates，1978）。

然而，这多样的机会并没有导致对基础问题做连贯的和有建树的重新思考。实际上，歪曲、误解和混淆是这一话语中主导的状况。这在会议讨论中最为明显。争论呈现为两极分化。典型地，一方是坚持仍在流行的行为主义—经验主义观点的人，另一方是涵盖范围更广的相反视角。旧的观点称新的观点是相对主义、人本主义，是非经验的；新的观点称旧的观点是反动的和主导的。看样子，要阐述一个统一的中间立场是不可能的（White，1983）。

由此导致的歪曲可以以各种方式加以说明。例如，在焦点对准人本主义心理学的争论中，人民被认为或是支持或是反对马斯洛的人学观；或是相信或是不相信自我实现。各种中间道路的视角，如根据荣格的观点得出的结论认为，马斯洛的人的发展观念意味着摘除面具，甚至包括性别歧视、种族主义和民族沙文主义，都被忽视或误解了（White，1973b）。赫伯特·谢泼德（Herbert Shepard，1965）想要证
208 明有关人类本性的视角表明合作是人的一种本性，他指出马斯洛的人本主义理论实际上是反动的，因为它把发展看作是一种**需求**（并且是一种可以颠倒的需求），而不是积极的潜能。争论常常被方法论地结构为“一群叽叽喳喳的人”与“一帮小气鬼”之间的战斗。

对于解释主义或现实的社会构成视角的误解甚至更深。再者，由于争论被两极化，那些持社会构成立场的人被说成是相对主义的非经验主义者，他们不相信千真

万确的事实，认为人们可以完全按自己的需要建构现实。相反，经验主义者则被认为是坚持只有一个依据必然性对现实的真实表达。这些变形对于人类意向性和社会变化有着重要的意义。尽管经验主义者有担心，但解释主义的视角——不是把社会现实描述为开放的和可选择的，仍坚持有目的的社会变革是不可能的。因而，解释主义不能作为有计划地进行社会变革的谋划的基础，相反，它与这些谋划是对立的。伯杰、伯杰和凯尔纳（Berger，Berger，& Kellner）在《无家可归的心灵》（*The Homeless Mind*，1974）一书中清楚地阐述了这一点。因此，想证明社会现实是否能以人们喜欢的任何方式被建构这一问题完全是不着边际。

也许，这时学术界最奇怪的方面当是对库恩的《科学革命的结构》（1962）一书的反应。库恩的科学范式不可通约或相互排斥的观念，对居于统治地位的经验主义正统，当然还有理性的人的意识形态，提出了严峻的挑战。显然，如果所有的知识都从属于范式，那就没有办法确立权威在专业知识方面的运用，或与之相关，就没有办法削弱或否认从替代的范式角度提出的观点。库恩的反对者首先攻击范式观本身定义不清楚（仿佛任何术语都可以定义清楚，不带任何模糊性！），并简单地认为他的意图实际上不是想说范式是不可通约的。争论很快陷入僵局，甚至面对库恩后来对自己的说明和许多重要的解释，情况仍未有改观（Astley，1985；Barnes，1982；Guba，1990；Rorty，1979）。

不论这些障碍有多大，公共行政领域的创新著作还是层出不穷，这些著作力图为管理者角色的全新定义确立一个基础。把这一运动引向为公共行政领域进行新的哲学定位的是迈克尔·哈蒙于 1981 年出版的《公共行政的行为理论》（*Action Theory for Public Administration*）。为扩展解释主义，他论证说，不能把管理者和公民限定为是按因果决定的结果在行动，而是以能够“非物化”组织现实（它们被认为是不可改变的和固定的）的方式来行动。罗伯特·登哈特（Robert Denhardt）在他的《在组织的阴影中》（*In the Shadow of Organization*，1981）一书中，为类似的创新的、替代性的视角进行了辩护。他把分析主要建立在荣格心理学的基础上，把许多组织生活描述为是病理学的，并得出一个极其异端的结论说，实现组织目标的最佳途径就是首先把焦点对准构成组织的人的发展。这一建议直接求助于那些反对新公共行政的人和围绕着基础的改革运动，组织就是在这些基础上为实现目标而不是为目标中的人的发展而建立的。 *209*

致力于为这一领域提供新的哲学视角的另一个发展方向，是现象学与行政管理研究的合一，这起先是通过 USC 计划的研究生和拉莫斯的学生琼·吕恩与理查·弗尔米尔的著作完成的（Jun，1986，1994）。他们 1968 年在加利福尼亚州立大学的公共行政系建立了一个以现象学为基础的课程安排，这可以说是这一领域最具学术创新的一个计划。拉尔夫·赫梅尔也是推广现象学观念的一位领头人，尤其是他在 1977 年出版的《官僚经验》（*The Bureaucratic Experience*）一书。尽管这本书引发了相当程度的反对，但它仍十分普及，现在已出了第 4 版，最近在《公共行政评论》杂志上还受到一篇评论文章的推崇（Ventriss，1995b）。

到目前为止，这一时期公共行政领域最最有争议的著作是弗雷德里克·塞耶

(Frederick Thayer) 的《废除等级制！废除竞争!》，在后来的几版中，该书易名为《废除等级制和竞争》(*An End to Hierarchy*，1981)。这本书也可能是对这一领域的讨论影响最大的。作为一名退休的空军上校，塞耶最有资格写作这一批判著作；看起来不能说（典型地是针对等级制的批评家）他不知道“现实世界”如何运作和
210 为什么等级制是必要的。然而，他的论证被大多数读者误解了。针对围绕着新公共行政的争论的两极分化，塞耶被归入“左”的一方，并被解释为是为参与甚至被认为是为彻底的无政府主义辩护的。竞争作为一种主导的手段——并因而作为等级制问题的一个方面，如何发挥作用，这一点令大多数读者困惑不已。塞耶提倡的实际上不是“参与”，而是结构的创造，这种创造将为组织和制度中的人孕育出一种特殊的、互动的、非异化的对话 (White，1990)。在这本书中，他的议程与玛丽·福利特的完全一致。没有这种讨论或授权，摆脱等级制不仅是无意义的，而且是“跳出油锅又入火坑”。塞耶反对竞争性的市场经济，恰恰是因为它们与等级制条件下常常发生的异化的、统治的关系联系太过紧密。对他的论点的一个广泛误解的明显例子，就是一种意识形态正统如何能建构出话语以便排除有力的挑战。

这不是说塞耶为这一领域提供了一个替代以让人们加以反驳。他没有特别精确地说明新的对话是什么样子，或它所包含的意识改变如何才能发生。他指出，对话是“类似于这样的一种东西”，它发生于每天的“T 小组”或“感觉实验室”，但他又指出，只有世界性的灾难或危机能导致所需的变革 (Heilbroner，1974)。缺乏更好或更积极的变革策略实际上是塞耶的具有想象力的和高度创新的思路的局限。

围绕着塞耶的著作出现的混乱和误解是 20 世纪 70 年代公共行政领域学术发展情况的一个标志。尽管这样，发展的主流还是显出了苗头。20 世纪 70 年代作为美国的一个变革时期的重要性被人们低估了。我认为，后来的历史证明，冷战结束开始的标志是尼克松总统的下台，这 10 年作为一个自恋性的“我的 10 年”的表面特征，掩盖了动荡的现实。根本上，这个自恋的时期或者说产生自恋的时期，在最为深刻的人格层面说，就是社会的一种定位错误，当传统制度受到挑战和批判，总统下台，而又没有一个有意义的有效观念来说明什么是不同情况、不同对待或如何对待时，必定会出现这样一种情感。这一社会条件可有效地说明林顿·约翰逊在面对他的攻击者时发表的辩护和警告：“记住，我是你们唯一的总统。”美国正面临着革命者的古典问题：诋毁比被取代更重要。

有讽刺意味的是，根本就没有发生什么革命。甚至尼克松的下台也是有秩序地进行的。在这一事件的背后，尼克松和水门象征了一般的堕落，只有美国这样一个
211 年轻的国度，在世界历史的这一阶段才会经历这样的堕落。我们必须记住，正是这一堕落，正是与成人生活现实的相遇，使得年轻人开始对父母奉为楷模并希望孩子遵循的生活惯例做出了更为中肯的评价。核心的结果常常是，孩子成为父母的当代版。公共行政的情况也是如此。这一领域已分化出各种方法，每一种都是对上一章描述的各种现代主义学派分支的特殊方面的一种反应，只不过每一种都与这些分支保持着一定程度的连续性。

在“旧公共行政”方面——传统主义者和现代主义者，则对新公共行政的各种

不同观点存在着相当一致的反应。对于这些的反应在维克托·汤普森的《没有同情和激情》(*Without Sympathy or Enthusiasm*，1975) 一书中有极其生动的描述，这本书对公共行政领域的许多老成员视作新公共行政批判的关键点的东西，给予了迎头痛击：旧公共行政已经不合时宜，因为它顽固地坚持公共行政者的“中立官僚”模式。这不是芬纳有关民主政府中官僚制的理论的简单重复。旧公共行政的成员认为新公共行政已经过时，甚至弗里德里克的官僚裁决权的观点（许多旧公共行政学派的成员把这归之于他）和他所提倡的，官僚为实现超越任何特殊政策的社会正义的原则积极地投身于工作，也过时了。这一观点甚至超越了有关管理者角色的任何先验概念，同时它也受到芬纳和弗里德里克争论的双方的反驳。

6.4 新公共行政种种

新公共行政思想最直接介入这一反应并在一定意义上说最“保守”的方面，是乔治·弗雷德里克森（1980）对新公共行政给出的定义：“公平”。弗雷德里克森是新公共行政的“创立者”之一（他也是第一次明诺布鲁克会议的组织者之一），他对正在兴起的、还没有一致的学术同一性或计划的批判思潮十分敏感。他的反应是 *212*
强调**社会公平**是新公共行政同一性的基础。他的立场是，“公平”可以为管理者提供一个对公共利益的运作性定义。基于其特殊的角色，管理者应以他们所希望的任何方式积极地工作以实现公平。德维林和西蒙斯（Dvorin & Simmons）在他们的《从非道德的官僚制到人性的官僚制》(*From Amoral to Humane Bureaucracy*，1972) 一书中也提出了这一观点，要求公共行政者持有人道主义和行动主义的立场。一定意义上说，为公平定位的行动主义的观点是激进的；然而，作为一种学术立场，它又是对新出现的新公共行政最保守、最传统的反映，因为它还没有达到本体论和认识论的层次。

然而，对新公共行政的这一定义在公共行政领域的主流中影响深远。许多人把它看作是对新公共行政的一个定义性的表述。由于它与约翰·罗尔斯（John Rawis）的《正义论》(*A Theory of Justice*，1971) 这部以一种有想象力的新方式为正义分配的功利主义观念辩护的著作相一致，从而增强了它的力量和合法性。罗尔斯的论点广为人知，受到普遍的关注和评论，并对同时期的社会思想产生了巨大影响。

对于公平立场的左倾观点，可以称之为“新保守主义的反公共行政论”。这一观点的先驱或背景是文森特·奥斯特罗姆（Vincent Ostrom）的《公共行政的思想危机》(*The Intellectual Crisis in Public Administration*，1973)。奥斯特罗姆从即将出现的这一观点出发，提出了一种标准的“美国式的保守”立场：建国者并没有构想出一个等级的政府模式，尤其是在一个至高无上的总统领导者领导下的等级模式。相反，美国的政治原则提倡的是非中心化的政府，它尽可能紧密地沿着自由市场的路线提供服务，最大化地实现个人选择和政府责任。这一观点的基础，是建国者对政府权威尤其是管理权威的不信任。这种不信任态度使得这一批判扩展成了一个有关政府非中心化和运用市场手段提供政府服务的实际观点。公共选择在 20 世纪 70 年代迎来了它的契机，并通过埃莉诺·奥斯特罗姆（Elinor Ostrom，1975）以及奥斯特罗姆夫妇的学生如戈登·惠特克（Gordon Whitaker，1980）的著作而获得进一步的发展。由于这一观点的基础是经济学的世界观，并因而是明显反官僚
213 制的，因此与其说它是右倾的，不如说它是一种公平观。然而，这是一种在学术上属于非传统的观点，它脱离了旧公共行政的框架，因此我把它归入倡导公平的左倾阵营。毕竟，它认为理性的人的假设不仅是不必要的，而且本质上是无效的，因为他们受到自己的私利的拖累。

这一学派的其他著作对这一思想也有生动的阐述，不过是基于这样一种观念，即官僚理性地实施政策是根本不可能的。在已经成为对奥克兰创造工作机会计划的经典研究的著作中，杰弗里·普里斯曼和阿伦·威尔达夫斯基（Jeffrey Pressman & Aaron Wildavsky，1973）指出，个人利益复杂的相互作用会阻止计划目标的实现。政策的目标总是在实施的层面被破坏，因为执行政策的官僚们对于目标的实现只有外表的兴趣。其他目标，如进一步的职业培训，可能具有更大优先性。结果实施过程被置换到对于政策并非必要的补充并与目标本身根本不一致的目标之上。尤金·巴达奇（Eugene Bardach）在《实施游戏》（*The Implementation Game*，1977）一书中对这一批判做了详细的说明，该书对官僚行为做了新鲜的和辛辣的分析。从这一分析思路出发得出的处方是设计出尽可能避免行政过程的政策，这样，成功的实施就不必依赖官僚。

西奥多·洛伊（Theodore Lowi）的广泛流传且影响深远的著作《自由主义的终结》（*The End of Liberalism*，1969）可以说也触及同一新保守主义的核心。继格兰特·麦康奈尔（Grant McCownell）分析利益集团权力与行政权威的相辅相成关系之后，洛伊证明说，由于司法民主制（在那里，法律是明确的）的建立，行政自由裁量权被削弱了，总统的权力和责任被极大地提高了。官僚制作为政策形成的场所，其作用因此实际上是被削弱了。

更左的一种立场强调官僚应使公民**直接介入**设计和实施政策过程。对此可简单地称之为"参与性行政"运动（Pateman，1970）。它在行政的实际世界，尤其是在城区本地通过林顿·约翰逊的大社会的各种社群行动计划，产生了广泛的影响。这一研究激进地倡导使决策公开从行政人员转移到公民。因此，它看起来是对理性的人的立场的直接攻击。然而，问题在于，尽管在这方面有一些富有想象力的和有趣的尝试（Friedmann，1973），但倡导参与并不能使有效的参与过程的细节和相关的
214 专业知识在其中必须扮演的角色理论化。结果参与方面的实际实验到后来常常变成了（根据罗伯特的命令法则）没完没了的会议或毫无关联的、冗长难忍的"座谈会"。参与者实际上适合于只对民主过程和行政做传统的思考，因而，他们的论点的新奇之处，与其说在于为它所包含的为行动开出的任何具有理论价值的处方，不如说在于它的腔调和措辞。最终，这一视角仅仅在某一相对的意义上说是激进的。实际上，我见过许多例子，在那里，理性的人安排参与的活动，不过是为了让它们

落入不可避免的毁灭性过程——这表明“假定人的本性是其所是，那参与总归会失败”。当然，教训是：理性的人是必需的；没有他们的领导，就什么事也干不了。

在从新公共行政中产生出来的各种研究形成的连续体中继续向左转的思考，就代表着对常规框架的偏离：一种对组织发展（Organization Development，OD）的新研究。产生于现代主义语境的组织发展观点是一种用于标准化的发展过程的程式化的或“刻板的”形式，其目的在于使目标即组织更接近于定义前的理想管理模式，如前一章提到的布莱克—莫顿方格。这一改革策略之所以被广泛接受，主要是因为它没有任何可惊奇的东西：程序和对象都是事先设计好的；买它的人都知道买到的是什么。在新公共行政的语境中出现的一个 OD 替代则是“随情境而变的 OD”(Kirkhart & White，1974)。其明确的前提是，组织之外的任何人，如顾问，都不能准确地断定组织的关键问题是什么和应当采取何种措施解决它们。有效的改革必须是基于自我诊断和自我治疗。随情境而变的 OD 顾问的角色必须设计出程序（如将会或不能以其他方式发生的结构性的对话），并为它提供便利，这样，组织的自我发展就能进行。

在许多人看来，随情境而变的 OD 不过是我所描述的“参与论”的翻版。然而，它们之间有着根本的区别。参与包括修辞上的自由泳、罗伯特命令法则指导下的政治决策会议的粗糙和混乱的民主，而随情境而变的 OD 把高度结构化和紧密管理的过程归于共识的建立和集体性决议的形成。这一结构和过程被认为是最好的， 215
甚至是唯一的确保所有观点、所有偏好，总之群体成员的所有相关贡献能对情境发挥作用的方式。其做出决议的原则是集体的承诺，而不是民主理论的“少数服从多数的原则”。

指出这一差异，意在说明随情境而变的 OD 研究，是建立在一套根本不同的定位假设上的。其“激进的”价值论包括了下列信念：首先，社会现实是主观确立的，因而只能“从内部”准确地加以认识；其次，对问题的回答最好采取直接的方式，而不要以普遍的和客观的专业方式；最后，所有人都有产生行动、创造新途径接近情境而不只是应付它们的能力。

由此可以清楚地看到，这种价值论是如何动摇理性的人研究集体生活的方法的基础的。“理性的领导方式”作为一种治理方法看似理智，但现实必须是单一的和标准的，以便理性的人能从其客观的领导立场理解它。对专业知识的反驳和主张社会地决定的行为模式，使得领导成为不相关的东西。随情境而变的 OD 包含了社会现实与过程理论的核心，充分地说，这一理论削弱了理性的人的意识形态。然而，要充分地说明这一观念，就必须投身于社会语境，并且在那里，语境是完全不相兼容的，它呈现为一个不可能的双重关系：如果观念被真实地呈现的话，它们就不能被理解；如果为了理解它们而对它们重新加以结构，它们就会失去其完整性，被整合进尚存的正统中。

随情境而变的 OD 的关键在于上面所说的第三条，它必须处理本体论的问题。社会构成主义的观点——尽管是社会学中的一个边缘角度——有丰富的传统赋予它某种重要性。还有，在许多人看来，20 世纪 60 年代反文化的发展使对社会过程的这一认识获得了其有效性。然而，还是必须把多样社会现实的观念与行政世界联系起来。困难在于要把人的人格理论化（不求助于宗教论证）为一种能生产和创造的能力，这种能力能建立社会地构成的现实的观念。尽管许多人转向了解释主义的社会理论，但他们并没有找到他们所需的人的形象。解释主义仅仅把人解释为具有反思
216 的认识能力，而不具有以完全积极的、面向未来的意向来行动的能力。结果，随情境而变的 OD——尽管将其运用于组织设置的时候常常能产生奇妙的效果，仍是一种边缘的 OD 实践，对在更广意义上重构行政理论很少甚至根本没有作用。

在新公共行政时期对理性的人的问题的兴趣还引发了另一个方面：对传统主义做修正式的扩展。传统主义的残余通过关注研究和分析地理解“政策决策的形成”而存在于公共行政领域。在这一领域消逝的东西是以前集中于传统主义思维暗含的“结构主义”的定位，亦即强调把行政事务理解为是根植于深层的、决定行政情境的重复模式的结构机制的运作。一些受到传统主义熏陶的新公共行政的理论家转而把荣格的思想解释为，是精致的结构主义的指涉框架和随情境而变的 OD 有前途的本体论基础。对行政生活的“转型”研究（McSwain & White，1993；White & McSwain，1983)，强调人格发展（用荣格的术语说，人格的根本重建）是理解基于心理投射的冲突和冲突解决的关键，也是分析由象征（或者说神话）原型激发的组织动力的关键。[登哈特的《在组织的阴影中》（1981）是这一思路的例证。] 不过，尽管它激发了专题研究、大量的会议论文和许多杂志论文，但新公共行政的这一方面仍未发展起来，仍处于专业主流的边缘。

6.5 新公共行政的结果

1980 年是美国公共行政的重要转折点，也是新公共行政插曲合适的终点。20 世纪 70 年代最后的 10 年中这一领域的学术是从哪里终结的？要回答这一问题，必须想到，公共行政的合法性问题因罗斯福执政、第二次世界大战以及战后复苏时期
217 的历史而被遮蔽。一般地说，没有哪个时期政府有如此大的合法性，这一有利情形也包括公共行政。尽管合法性问题从没有消失，尽管对它的讨论一直很活跃，但关注的中心转移了。传统主义者受到其第二次世界大战时的行政经验的影响，觉得行政行为的合法性可以在公共行政者的性格以及他为了行事正确努力工作以便根据语境做出恰当的决策这些方面看出来。然而，在战后时期，对于行事正确已形成了明确的共识：为所有的人过上幸福的生活而努力。在这一气氛下，行政管理的合法性只有建立在专家有效的技术管理基础上才能有保障。这正是西蒙的现代主义适时地出现的条件。1964 年之后，这一道德的共识破灭了。对此最直接的回应是：(1)断言要更主动地关注行政的规范方面，(2) 为此要在一种本体论中——它把人描述为是善的、有创造力的（能动的）和理智的——寻求有力的原理。这一回答（新公共行政普遍采用的方法）的问题在于，依赖代表其规范信念的官僚的行动主义从来都是可怕的和需要质疑的。新公共行政运动觉得社会不公的明显事实——20 世纪 60

年代就已经出现——已经掩盖了合法性问题，任何人都知道该做什么。另外，新公共行政所迷恋的人本主义心理学（尤其是格式塔心理学）是一种具有挑战性的美国式的，或者说高度个人主义和享乐主义的信念，亦即任何人本质上都能获得他或她所渴望的东西，只要能够提升（身体的和心理的）极限。心理学家弗里兹·珀尔斯（Fritz Perls）著名的“格式塔祈祷”——“你做你的，我做我的”等——广为流传，成为这一观点的一种象征。从社会组织的层面说，乌托邦的社群主义似乎是合乎需要的和可行的理论。其特殊的研究既有斯金纳的“瓦尔登湖第二”这类“中立的”方法论设计（有许多群体，最著名的是吐温·皮尼斯社区，都想实施这一方案），也有其他更为典型的具有意识形态色彩的研究，如各种各样的马克思主义、各种修正了的标准宗教、原始主义、阿奎里亚斯时代的“爱”的哲学等。

当然，人本主义心理学、社团主义以及后来的新公共行政的失败之处，就在于理论化方面和对不可避免的冲突现实的处理上。标准的回答是讨论问题，这同样导 218
致了令人气馁的结果，使参与运动归于破产，因为它对于如何使讨论的过程发挥作用这一点没有认识。

然而，20 世纪 60 年代和 70 年代的经验教训并不完全是失败的。尽管我所描述的思想斗争有许多发生在公共行政主流之外，只在组织改革方面与之有所交叉，但还是有许多相关的教训可以吸取，尤其是有关建构一个理性的人的正统的替代模式时遇到的各种问题。还有，那些在格式塔这样的理论基础上卷入组织改革的替代模式研究的人拥有实验室来提出他们的技术，实验地检验这些技术和使结果理论化。这些努力取得了实质性的成功，强化了这样一种信念，即有效的替代模式是可能的。最后，既然在人类意识改变之前社会生活不可能有实质的改变，既然人类意识是缓慢变化的且只会部分地由理论引发，那么对于新公共行政就不应抱什么希望。这个时期对于美国是一个混乱的精神宣泄时期，是一个青春期。青春期或者说青春叛逆过后常常是生活的阶段，在这一阶段将出现向着持续的人格同一有意义的转变或向着父母的态度的回归。公共行政何去何从，将是下一个时期即里根总统任期要解决的问题。

6.6　里根时代：社会与学术语境

历史学家与社会哲学家克里斯托弗·拉希（Christopher Lasch，1978）把 20 世纪 70 年代命名为“（宾格）我的十年”尽管并不贴切，但却有先见之明。20 世纪 70 年代是年轻人寻求与人的人格的超越方面（主格的“我”）建立联系的年代，而 20 世纪 80 年代则看见了宾格的“我”的上升——自我。

罗纳德·里根的当选，标志着在宪法框架内建立求实政府的能力，在近 50 年的努力之后宣告终结。里根改革运动的一个口号是：“体制是好的，问题在于人民。”这意味着控制全国政府的人民已经颠覆了建国者的真实意愿，使宪法体系偏离了它本然的形态。新政权的命令是要回到美国作为一个国家的原初设计，在那 219

里，政府的角色就是培育和保护自由贸易。它为此设定的计划是：重建军队，以便保护资本主义免受社会主义的威胁；把政府方面的难题转嫁到各州，以便把它更好地置于人民的控制之下；取消全国政府对加强经济公平和保护稳定的过分介入。另外，里根把一个社会议程引入了他的总统职权范围：通过法律复兴他和他的支持者所理解的美国生活方式的基本道德价值。由此产生的过分的介入主义（如禁止妇女做出堕胎的个人选择）似乎与计划中包含的更多反政府的宗旨相矛盾，但从里根改革运动的世界观内部来看，推行传统的价值观对于大好形势是至关重要的。

第一个明显的学术进展——尽管某些专业的经济学家当时对它能有多大的可信度还抱怀疑——是乔治·吉尔德（George Gilder，1981）的供给经济学的流行。受到经济学理论中一个著名的概念“拉弗曲线”的启发，吉尔德指出，促使人把商品摆上货架的经济动力也能为把它们撤下货架创造出手段、收益和部署。获得经济增长的最佳途径是从“供给的一方”帮助经济。这是对凯恩斯的“需求方”经济学的直接攻击，后者认为经济增长在政府通过向消费者发行货币来强行扩大需求时才最有保证。在这一理论的武装下，里根的智囊们（正如人们恰当地称呼的）认为采取税收削减、减少福利补助以及取消对商业活动的调控等一系列计划是合理的。

与此同时，全国保守的“智囊团”开始为里根的保守主义提出一个政治理论的论证。这一论证的主题是向宪法与早先的联邦主义对政府与经济及社会的关系的定义的倒退（Schambra，1982）。保守的解释是，开国者的计划是想为政府提供唯一的支持和标准化以便繁荣贸易。社会福利被留给当地社区的机构。这一计划在富兰克林·罗斯福的新政时期就已经被违背了，当时，罗斯福想把整个国家建立在一个
220 巨大的共识社区之上，以支持为社会公平保护提供最低保证。里根的命令是想打退罗斯福所发动的改革，重新修订宪法。里根政府的保守派人士声称他们并不反对福利，但社会福利最好由私人慈善组织和个人操作。

基督教右翼也加入了20世纪80年代的政治和学术舞台，其在建设选举区和议事机构方面的成效，标志着公共话语的视野的明确转变。宗教右翼社群借用**政治正确**这个词来指涉（带有轻蔑的意图）他们认为是大学的自由派人士坚持的未被承认的正统。使用这一术语与学术组织中异质性的运动的成长有着直接的关系，这些运动激发了对“西方文明正典”的丢弃，为的是把女性、同性恋者、有色人种、种族群体等的历史与文学列入大学的常规课程。保守派论证说，以异质性为基础的课程设计也代表着一种主导的正统，否定了把被排斥的群体作为某人政治正确的试纸的要求。过剩的、常常碎片化的话语如雨后春笋般出现，有许多强调的是分离主义和新的排斥主义。然而，20世纪80年代真正有特色的方面，是不成熟的商业主义以及随之而来的真正学术活动的缺乏。“哈佛MBA综合征”被认为是这个时代的象征。（人们普遍地抱怨新的商学院毕业生学习仅仅是为了在银行和金融界谋得能“快速致富”的职业，而对学会如何长时间地实际管理生产性的企业少有兴趣。）社会和政治话语被谈论法人接管、吞并、假合同、套汇等总之是美国商业社会仍在盛行的“垄断”的大游戏所主导。小说与同名电影《浮华散尽》（Wolfe，*Bonfire of the Vanities*，1987）就描述了这样一个世界，使它所提出的道德问题成为关注的焦

点——贸易丑闻和全国性的储蓄破产丑闻的知情人伊文·波斯基-米歇尔·米尔金最能体现这些道德问题。20 世纪 80 年代对这些道德问题的反应相当温和，好像自由贸易的价值压倒了这类瑕疵。

当然，在政治上，沿着使市场成为社会生活的中心的方向出现了重要的——实 221
际上是里程碑性的转变。这些转变中主要的有苏联的改革、柏林墙的拆除和德国的重新统一以及欧洲经济一体化运动。现在展现在世界面前的唯一道路似乎就是围绕着商业原则组织起来的经济体系。认为社会生活就建立在商业的基础上，是里根总统采取的与众不同的一步。而这也是他的著名的“特氟隆*铠甲”的一部分。在道德主义成为社会话语的主导和道德规范主导着政府代理的日子里，他两任里的许多丑闻没有一个能触动他。他代表着世界的发展方向，挑战他就是挑战历史本身。

6.7 公共行政领域的发展

世界开始向着里根总统任期的方向发展，公共行政却没有给这种形态留出位置。在公共行政领域内，“紧缩”与“削减管理”成了关键词。利益引发了策略性的计划和非中心化的策略，尽管在实施方式上它并没有什么明显的建树。政府的经济与效率特许委员会引发的不过是把私人企业实践的假定最高效率，引向政府行政的又一次战役（Goodsell，1984）。与这一重点相一致，里根委派战略发展官员唐·德温（Don Devine）为人事管理办公室（Office of Personnel Management，OPM）主任。德温立即公开攻击新公共行政，说它传播了一种观念，即官僚是公共利益价值如公平的行动主义者，还说这是一种错误的行政角色观，因此是回到行政者作为中立的专家这一古典模式的时候了。

公共官僚又一次受到直接攻击，延续了尼克松总统任内复活和卡特总统任内升级的趋向。然而，这一次，努力是计划好了的并被强行实施。（一位高层官僚告诉我，他觉得这一次好像里根的 OPM 真的被苏联代理接管了，后者被委以使命要使全国政府从里到外彻底瘫痪！）领域的回应是发动一次新的和一致的行动，努力使行政角色合法化和专业化。其中的一个方面就是规定出道德准则。约翰·罗尔（John Rohr）的《官僚伦理学》（*Ethics for Bureaucrats*，1978）的出版是这方面一个重要的学术突破，它引发了人们的兴趣，招致了大量的赞扬和批评。特里·库珀（Terry Cooper）的《行政伦理学：实现行政责任的途径》（*The Responsible Administrator*，1983）、约翰·博克（John Borrke）的《官僚的责任》（*Bureaucratic Responsibility*，1986）和卡瑟琳·登哈特的《公务员伦理学》（*The Ethics of Pub-* 222
lic Service，1988）也在这个时候出版。巴雅德·卡顿是学术领头人，通过他，ASPA 在 1989 年全国伦理学会议上就当代政府设置中的伦理问题展开了一次富有成效的对话。ASPA 在 1985 年就已经为行政人员提出了一套伦理规范，这——还

---

* 特氟隆：不粘锅的涂料。作者以此说明里根不为丑闻所触动的能力。——译者注

有承认公共事务与行政学会全国联合会作为MPA的官方认定机构——标志着向授予这一领域专业学位迈出了重要的、许多人认为必要且早就应该的一步。就业计划与管理作为对新的专业身份的额外补充也进入了这一领域。

其他人对针对公务员的指控做出了直接的反应。1980年，在弗吉尼亚州黑堡地区的弗吉尼亚科技大学任教的查尔斯·古德塞尔，组织了一次全国性的公共行政与以委托人为中心的服务行业会议（Goodsell，1981）。会议的主题是嘉奖工作优秀的公共官员。后来，古德塞尔又出版了《行政管理案例分析》（*The Case for Bureaucracy*，1994）一书，为公共官员运用业绩评价和委托人满意程度调查数据说明，公众一般地对公共代理人的工作相当满意这一点做了有争议的辩护。1983年ASPA全国会议后不久，古德塞尔和他的一帮同事发表了《黑堡宣言》，力图对公共官僚制在民主治理中扮演的角色的合法性重新进行认识（Wamsley，Goodsell，Rohr，White，& Wolf，1987）。这篇宣言直接启发了《重建公共行政》（Wamsley et al.，*Refounding Public Administration*，1990）一书，该书详细阐述了宣言的观点。加里·瓦姆斯利领导的黑堡集团开启了一条对话的路线，直接讨论合法性问题，为治理中的行政功能辩护。由于这一领域以及政府中行政的角色被政治家和政治的被任命人立即定义为是不合法的，因此这一努力在帮助这一领域抵抗它的攻击者方面发挥了重要的作用。

作为学术发展的必然结果，一群公共行政理论家在1978年菲尼克斯的ASPA会议上，决定建立一个理论家兴趣网络以培育社群来就许多人认为ASPA不支持的
223 广泛的理论问题进行交流。到1978年秋，埃弗格林州立学院的盖伊·亚当斯开始为这种理论交流出版名为《对话》（*Dialogue*）的专题文集。反应是强烈的，《对话》拥有一批忠心的追随者。1981年底特律ASPA会议期间——但与会议没有关系——理论家们相聚在一起，正式成立了公共行政理论网络。到1985年，《对话》的编辑工作移交给亨利·卡斯和巴里·哈蒙德，并在斯里普·罗克大学出版。第一次全国公共行政理论网络座谈会于1988年在波特兰举行，会议议题是为公共行政领域找到一个新的身份，提出这一议题是针对从政治环境中出现的批评。这次会议在坚持主题的统一方面十分成功，会议论文选集《公共行政的形象与身份》（*Imagine and Identities in Public Administration*，1990）由亨利·卡斯和巴雅德·卡顿编辑出版。理论网络与ASPA没有正式结盟，但与一年一度的座谈会/公开的会议形式有着明确的关联，网络就这样逐渐成长。

到20世纪90年代初，它的杂志转变了正式的同人评论的形式，重新取名为《行政理论与实践》（*Administrative Theory and Practice*），并由加利福尼亚州立大学的琼·吕恩和理查·弗尔米尔编辑出版。这些事件围绕着公共行政领域往何处去的问题的对话曾令人兴奋不已。

我已经多次提及从组织理论领域到公共行政领域有选择的合并工作。20世纪80年代，组织理论领域展开激烈讨论，并迅速抛弃了这样一个观念，即通过理性主义的模式可以最好地认识管理与组织过程。在这方面迈出最为重要的一步的是伯勒尔和摩根（Burrell & Morgan）的《社会学范式与组织分析》（*Sociological*

Paradigms and Organizational Analysis，1979）的出版。这本书通过描述四种不同的和相互排斥的基本社会学范式——功能主义、解释主义、激进的结构主义以及激进的人本主义，为这一领域的异端奠定了基础，组织理论就是根据这一基础提出的。尽管书中承认功能主义范式居于主导地位，但它追溯了所有四种范式的哲学渊源，并认为每一种有同等的合法性。

卡尔·韦克从加芬克尔的人种学方法论的角度出发写作了《组织的社会心理学》（1979）一书，直接对抗凯兹和凯恩的《组织的社会心理学》（1966）中的传统
角色理论对组织行为的研究。人种学方法论作为伯勒尔和摩根的解释主义范式的左 224
翼一直以来都否认角色理论（Pfohl，1975），但韦克作为主流的组织理论家直击这一批判的要害，在清晰地叙述完它的观点之后，书的末尾最后两句话又扼要地概括说："组织让人忙忙碌碌，偶然会让人快乐，赋予人丰富的经验，使他们离开街区，为他们的故事讲述提供素材，使他们社会化。除此之外，组织不会做什么。"（Weick，1979，p. 264）他的观点整个地否定了传统描述的组织的存在。詹姆斯·马奇和他的合著者以相同的语调说："废话也能提供认识组织过程的模式。"（Cohen，March，& Olsen，1972）正如这一命名所表明的，他们还认为组织行动开始于信息与其他因素的混杂过程，而不是理性主义模式描述的线性推理过程。在依据理性主义—功能主义的观点写作了几部优秀的著作之后，查尔斯·皮若（1972，1980）一改旧见，指出最好以非理性的方式认识组织。在耶鲁大学长期讲授公共行政的荣誉教授赫伯特·考夫曼甚至提出了比这更激进的观点。在《时代、机遇与组织》（*Time*，*Chance*，*and Organization*，1991）中，他指出，组织的理性管理过程与它们成败与否没有关系。他说，决定组织兴衰的是偶然的机遇或者说一种生态学的命运。

在管理与组织理论更广泛的领域，确实出现了大量的作品和培训活动。导致这一情况的是彼得斯和沃特曼的畅销书《追求卓越》（*In Search of Excellence*，1982）（对一家特别成功的公司的管理实践的研究）所引发的"卓越运动"。在此要强调的是"软性管理"，亦即强有力的组织文化的创造能有效地结构工人的行为和消费者的关系。就学术的方面说，组织文化研究是由埃德加·索恩（Edgar Sohein）的《组织文化》（*Organizational Culture*，1985）开创的，但很快就出现了大量的著作和论文（Akin & Hopelain，1986；Allaire & Firsirotu，1984；Beyer & Trice，1987；Gagliardi，1986；Gregory，1983；Kilmann，Saxton，& Serpa，1986；Ott，1989；Pettigrew，1979；Sathe，1983；Schall，1983；Smircich，1983；Smircich & Morgan，1982；Smith & Simmons，1983；Wilkins，1983）。出现的关键问题在于组
织文化能否被控制和被管理。有人认为唯一真正的文化是土生土长的文化，为了 225
组织的目的而结构这种土生土长的文化之举操之过急。其他人呼吁把文化管理当作组织发展的新途径。这些倡议者自认是组织改革（Organization Transformation，OT）运动的成员（Adams，1984，1986；Owen，1984，1987）。组织发展的传统研究为变革确立了资料基础，组织改革家认为没有必要建立一个资料库作为改革计划的出发点。他们的立场是，改革只能由控制性的关键文化符号和象

征以引发组织成员欲望的态度和行为的方式来实施。没有什么比管理类畅销书《一分钟经理》(Blanchard & Johnson, *The One Minute Manager*, 1982) 更好地体现了对技术的迷恋。这本小册子——以虚构的神话形式——迎合了以灵巧的小技术赢得大收获的需要。然而，在《59 秒雇员》(Rae & Ward, *The 59 Second Employee*, 1984) 里，对完全不考虑工人的人性产生了一个讽刺性的反应。

这一管理活动与公共行政领域仅仅通过培训活动而交叉在一起。在主流的公共行政圈内，强调的是把领域的专业形象建立为**治理**的实践——一种管理作为相当小的一部分的治理活动。很少甚至根本没有人赞同在组织和管理层面展开的理论怎么会遇到界定民主治理中行政角色时产生的问题。对黑堡学派的《重建公共行政》(Wamsley et al., 1990) 的反应可说明这一点。对这本书的论点的大多数讨论与反应集中于加里·瓦姆斯利写的那一章对行政提出的"代理视角"。这一章的目的实际上是想解决弗里德里克与芬纳的争论，为此作者根据责任的代理理论对问题做了详尽的思考，这一思考的底线是把行政人员看作了解规范的"代理领导"。很少有人注意说明在组织过程的层面如何实现这一点或这意味着什么。

理论网络与 ASPA 的分裂也是引发合法性问题的标志。主流公共行政极力想把行政人员看作是专家，急于抓住在领域的"错误建立"中创造的已经临死的身份。想理论化这些替代的努力被人们所忽视，或是遭到公开反驳。这在 ASPA 的内部政
226 治和一年一度的全国会议议程的形成中最为明显。公共行政的理论家反复地提出理论思路，只是为了在会议组织的议事过程中削弱它们，其根据是理论工作不必有自身的位置，但应该把现存的亚领域结合起来。由于合法性问题是理论家关心的核心问题，由于这一社群内的研究手段主要是哲学、心理学和管理学的，因此 ASPA 会议的组织者拒绝提供进一步探讨的场所表明这一领域最主流的官方层面对合法性问题缺少兴趣。

随着 20 世纪 80 年代理论研究的发展，政府研究扩大了理论与传统政治科学/公共行政之间的鸿沟，获得有成效的进展的机会被错过了。就是说，理论工作在领域的内部和外部都已经转向了对话，如果在它和更大的合法性问题之间建立起某种联系的话。迈克尔·哈蒙和里克·迈耶的《公共行政的组织理论》(1986) 一书通过对可行的组织理论进行分门别类提供了必需的话语视角。这一工作的意图是想说明纯粹依据狭隘的技术手段考察组织与管理理论的日子已经过去了。沿大致相同的方向工作的两种心理分析的理论思路也出现了。一种是继续运用 20 世纪 70 年代就已开始的荣格心理学，另一种是从一个更为古典的弗洛伊德主义的基础出发的思路 (Allcorn, 1992; Baum, 1987; Diamond, 1984, 1988, 1993; Hirschorn, 1988; Jacques, 1976; Kets de Vries, 1991; LaBier, 1986; Levinson, 1981; Schwartz, 1990; Zaleznick, 1989)。心理分析的角度通过揭示组织生活的无意识方面，削弱了把管理简约为技术和把组织领域看作是理性的可能性。在另一方面，由新范式的前提所激发的研究也出现了。其中值得注意的是卡瑟·弗格森的著作《女性主义的官僚制批判》(*The Feminist Case Against Bureaucracy*, 1984)，这本书对传统官僚制做了女性主义的批判，并在最后（至少是简要地）提出了对官僚制的一种替

代。这部著作是从女性主义的视角理解组织的广泛运动的一部分（Bologh，1990；Brown，1988；Franzway，Courte，& Connell，1989；Ginzberg，1990；Kanter，1977；Powell，1988；Stivers，1993）。尽管这一学派为重新思考公共行政的合法性问题提供了巨大的可能性，但绝大部分理论的意义仍然未受重视。 227

20 世纪 80 年代在实践方面最激动人心的发展，当是谈判—冲突调解运动的出现。尽管这一领域的焦点性著作《达成共识》(*Getting to Yes*) 写得通俗易懂，但它提出了许多极其重要的观点，这些观点表明思考人际冲突的范式已发生了转变 (Fisher & Ury，1991)。谈判成为这一时期广泛的文化主题，许多学派提出要在公共行政培训中使谈判成为特殊的课程（Richman，White，& Wilkinson，1986)。

全面质量管理（TQM）是这个时期被并入公共行政实践的组织与管理过程层面的另一个创新（Aguayo，1990；Carr & Littman，1990；Deming，1986；Gabor，1990；Garvin，1988；Juran，1992；Lareau，1991；Mann，1985；Neave，1989；Scherkenbach，1991)。这一兴趣开始于军队，但当 TQM 作为对与日本企业竞争的一种应对方式引起注意时，它已成为一个广泛的运动，并随着美国政府设立一年一度的全国性的马尔科姆·巴尔德里格质量奖而被制度化了。TQM 与这本书之所以有着特殊的关系，是因为（至少根据爱德华兹·德明的说法）它是美国实用主义哲学的真实表达（White & Wolf，1995)。它定位的是合作原则而不是竞争原则，并因此，它的权威关系的观点与正统的观点根本不一致。在应用过程中，TQM 遭遇到了许多创新性研究同样的悲惨命运。它被挪移和误用于与流行的管理思潮和实践相一致的形式——在这里，就是理性的官僚控制。

到 20 世纪 80 年代末，公共行政领域处于一种碎片化的状态。为纪念第一次明诺布鲁克会议 20 周年而举行的第二次会议上的原则和事实就是这一状态的象征。第一次会议的与会者当时还是年轻人，而今却差不多都年逾花甲。第二次会议上提出了统一方向和运动的想法，受邀参加 1988 年会议的与会者人数更多，在性别、年龄和种族上更为多样。有时对话变成了争吵甚至发展到极其不礼貌的地步，许多与会者带着满腔的怨愤和沮丧离会。至少据说与会群体因为专业认同、哲学和理论立场、个人态度的不同而分裂，以至于会上根本没法对群体或领 228
域在方向上统一认识。在组织方面也可以看到这种分裂——例如，在一个政策学会的联合会即公共政策分析与管理协会（APPAM）中。这个联合会成立于 20 世纪 80 年代初，当时是为了回应 ASPA 和其他公共行政组织不重视政策分析问题的趋势才成立的，因而其研究定位与主导的政策分析方法不相一致（Henry，1987)。APPAM 计划通过会议和杂志《政策分析与管理杂志》为更集中于政策研究提供一个制度性的空间。

6.8　进入 20 世纪 90 年代：当前的学术语境

从 20 世纪 80 年代进入 20 世纪 90 年代后，现存的趋势有了进一步的发展。全球经济日趋复杂，并因此，似乎一切都围绕着经济效益原则重新定位。来自个人储蓄的大量货币开始流向彼此的专项资金账户，企业管理开始成为“投资者的回报”的管理，而不仅仅是古典意义上的“利润”管理，有时甚至更多的是前者（Reich，1995；1996）。结果，动荡开始袭击组织世界。公司裁员以及随之而来的职业不稳定形成正在兴起的“虚拟”社会现实（在那里，生活看起来是在正常继续，但工作仍是唯一真正现实的东西）的核心。有关一般大众中间的极度焦虑的报道层出不穷，尽管许多迹象表明，经济是稳定的和运转正常的，应该能够给民众提供安全感。官司明显增加，大家普遍觉得说不准某一天就会因某事受到指控。因种族、民族、性别和其他差异而造成的紧张也在激增——美国和全世界都是如此，叫嚣“不能自由地生，就毋宁死”的右翼民族主义也在抬头。

在政府世界，由于奥斯本和盖布勒著名的《改革政府》（1992），对经济效
229 益的沉迷已经采取了“再造运动”的形式。自里根时代以来认定政府在实践和原则上都与经济和社会生活基本上无关（尽管不是危险的）的倾向仍在继续。结果，政治舆论的形成逐渐超出了自由主义与保守主义的意识形态争论的传统界限（Tolchin，1996）。这些舆论倾向于自由主义的观点，认为政府毫无必要存在。

学术上，有许多迹象反映了这一更广泛的状况。尽管它们出现不过 20 余年的时间，但后现代主义和解构主义正主导着许多领域的话语。后现代组织理论已成为一个重要的思想学派，并有了一本激动人心的新杂志《组织》。混沌理论、各种二级控制论的系统理论以及其他用于认识社会秩序的非线性研究，已经激起了广泛的兴趣并产生了积极的成果（Briggs & Peat，1989；Gleick，1988；Kauffman，1993；Kiel & Elliott，1996；Prigogine & Stengers，1984；Richardson，1991；Senge，1990；Ulrich & Probst，1984；Wheatley，1992；Zohar，1990）。理查德·罗蒂（Richard Rorty，1979，1982）已经强调了接受异端的好处，这开始于库恩，并在美国实用主义者的著作中激发了强烈的复活兴趣。一般来说，学术领域正处在骚动中，为出现突破提供了巨大的可能。

6.9 公共行政的思想史对如何维护理性的人的意识形态的启示

我想在最后一章讨论公共行政领域当前的学术情形，因此在结束现在的回顾之前，我想说明一下我从刚刚叙述的历史中获得的模式、主题或教训。需要提醒的是，我叙述这一简要的思想史的目的是想说明，为了维护貌似有理的理性的人的意识形态（是它使得这一领域一开始就被建立在错误的基础上），人们是如何歪曲这一思想史的发展的。

为了这一目的，我对公共行政学术史做了阐释性的重述。这一历史表明，为界定治理中行政人员的角色而进行的争论，实际上是围绕着谁对政策有裁决权和这一
230 裁决如何实施而展开的一场政治意识形态的斗争。在这场游戏中，20 世纪初一开

始的动机是想运用改革的策略剥夺政党“御用文人”的权力，把它归还给理性的人中的“优秀分子”，即受过教育的中产和上层社会的成员。在这个方面，治理理论与社会理论是同义的；向科学管理或专家行政观念的转移事实上是政治理论层面的转移。治理理论作为一种意识形态工具，被用于重建新的理性的人的身份和合法性。

接下来的从行政人员作为科学管理者和技术专家向传统主义的专家制定政策的模式的转变是顺理成章的。这需要歪曲为发展一种替代的合作性实用主义政府而进行的改革运动的可能性，这一替代性的模式是沿着福利特、杜威和政治领域的其他人如赫伯特·胡佛的思路提出的。

现代主义其实是一次使理性的人现代化，以适应这个“政策中立”的时代氛围的变革。生活中的问题似乎首先是技术问题，需要理性的解决。有关西蒙与现代主义的争论是十分有限的，双方（尽管他们都强烈地感受到这一问题需要解决）相互都同意的方面比不一致的方面还要多。由于在核心问题上有如此多的共同点，组织与管理理论仍被认为直接地关联着更广泛的在民主治理中定位行政的问题。实际上，各种各样分支性的学术努力（如比较行政这样的亚领域），可以用于沿着新的方向阐明理性的人的意识形态的场所。对这一时期的主要曲解是来自组织社会学领域的理论与研究有选择的混合，它一般性地否认现代主义理论所妄求的理性主义的组织控制的可能性。

新公共行政的反应引发了一个重要的变化。由于认识论和本体论层面的哲学异端变得合法了或至少是不可避免了，因此运用组织与管理理论和研究来探究制度性——或者说**政治性**关系的全新替代现在有了可能，这些替代根本上威胁着理性的人的意识形态的霸权。

另一方面，对于新公共行政倡导提高公共行政人员的规范意识这些方面而言，情形又有所不同。这些建议在传统的思维框架内看是不错的，能为争论提供一个安全的场所，而不必担心会威胁到基础的意识形态。这些争论导致的具体进步就是使理性的人的行政者合法化了，并将其重新定义为有道德修养的专业人员，而且还能在专业联合会所批准的“法规”的控制下发挥功能。由于新公共行政的其他方面为重新定义领域的身份提供了更基础的可能性，因而出现了一个断裂，尤其是对于对异端的组织理论感兴趣的人而言，这些人强调这种重新定义的最大可能性。领域的主流关心的是实践问题和从常规角度看属“宏观层面”的制度问题。弥合这一鸿沟的工作，如黑堡学派的“重建计划”（Wamsley et al., 1990）以及卡茨和卡顿（1990）的著作，都已宣告失败，因为主流的反应是要拒绝“合法性问题”，认为它不再切题或重要，他们还公开宣称其自身的合法性研究（通过加强职业化）是充分的。一定意义上说，理论社群“偏离”了自己的轨道，进入了主流的边缘，但同时从某一方面来说，它又实现了根本革新的理论化。其中只有极少数进入了主流。在我看来，主流公共行政的思想已经成形，以便通过有选择地混合来自相关领域的材料和边缘化具有威胁其霸权的可能的工作来维护理性的人的意识形态。 231

当我回过头来看弗里德里克和芬纳的争论时，我明显感到公共行政领域从没有真正地希望解决官僚制如何恰当地配合民主制的问题，因为让这个问题存在着对于它所希望保持的公共行政人员——行使权力的理性的人的身份是至关重要的。行政的理性的人与其说有完全的合法性（作为公民的合作者）而必须权力共享，不如说是有权力但其合法性缺乏充足的理由。我认为这一论断的根据是显而易见的：**对合法性问题的回答一直如此而已**！改革运动时期，问题还悬而未决，玛丽·福利特和
232 约翰·杜威就有清楚的说明并且是以实践的方式进行的说明。不过我们在领域中最好对他们提出的否认（并且还在否认）替代的可能性进行说明。我们想提出我们的合法性问题，它使我们成为我们自身。

6.10 结语：理性的人的表现

在整本书中，我一直在使用**理性**的人这个术语来指代本书提出的核心问题或难题。我说过，理性的人对合法性问题的存在负有责任，因为他们需要它去维护他们的地位。我给人以一个印象，好像我是在**谴责**理性的人，认为他们有意识地对我们（他们的牺牲品）做了什么，如果他们不这么自私或邪恶，事情会大有不同且只会更好。我还认为（没有特别地做出说明）我所谓的**理性**的人指的是实际的**人**，他们在我们的制度中占据着精英的位置，并在这一位置上统治着我们其他人。

现在该直接地切入主题，对其做更确切的说明了。**理性的人**这个术语指的是一种**决策风格**，尤其指根本上做出某一特殊的个人裁决或决断的风格。这是极其重要的：理性的人既不是科学的人，也不是德性的人，亦即道德哲学所讲的人。**其存在的理由，就是科学和道德哲学不能为政策抉择问题提供明确的回答。**他当然愿意成为科学的人或德性的人，能够技术地和道德地做正确的事。问题在于，没有人能拥有这样的知识。理性的人相信经验的和道德的大写真理确实存在，但人类常常只能近似地理解它。如果他能完全地理解，他就是确定的，但由于他不能，所以他只能宣称他尽力接近真实的事实和绝对价值，仿佛人类有可能获得真理。这让我们回想起弗里德里克和芬纳的争论。尽管他们是对手，但他们在两点上是共同的：(1) 他们之间的争论是不可能解决的；(2) 由于这样，因此处于制度权力位置的人行事必须以**理性**为基础。此处的**理性**意味着决断、裁决，意味着必须把它们与已知的东西结合在一起，使其成为完整的和确定的，以便指导行动。因此，理性的人是一个仁慈的甚至谦卑的或缺乏自信的**主人**——他成为主人是被迫的，因为理性的态度在人类中间一般来说是短缺的。

233 理性的人为了为自己辩护，便详细地从许多方面描述说他没有实际权力，没有决断力，也没有进行抉择的余地。他说，他被法律、道德、伦理原则、（建立在科学基础上的）对事实的考虑以及实际束缚等所禁锢。根据他所说的这一切，他根本就是无关紧要的。他力图弱化他不得不采取的决断，因为他越是有能力做出决断，他的行为就越是正确和合法。在绝大多数时候，他都真诚地相信他很少甚至根本不会做出决断，并且由于他相信这一点，于是从一定意义来说，这就成了事实。他受

到攻击时感到为难。他觉得自己不被欣赏，因为从他的角度看，他所做的不仅重要，而且困难和麻烦。由于人们如此之自私、喜欢争吵、幼稚，或者说不论什么事，他们都会使其成为棘手的问题，因此他就必须亦步亦趋地做出决定。由于科学无法产生明确的答案，伦理学或道德理论也不能，他不得不运用他的判断。面对这一切，他努力想做一个好领导，而这需要花费时间、精力和心思，并会产生许多压力。他的确不明白为什么人们对他不满，并称他是精英或特权阶层；然而，他承认这种埋怨不过是他必须应付的生活现实。可能是由于人类本性中同样的缺点，才首先有了对他的需求。在他看来，如果他是一个主人，那只是因为人们需要主人；有人甘愿做这样的差事。

说理性的人是在其判断而不是科学、伦理或道德的基础上做出决定，并不意味着他们不承认那些是知识的源泉和指南。相反，他们是全心全意地支持科学和道德，并率先起来给它们辩护的。这一姿态对于维护理性的人的精神气质是至关重要的，其核心的原理就是**服从客观**事实。在此，**客观**的意思是“独立于我们而存在”，或者说外部世界，在那里，事实、虚假/善与恶相互作用，产生出一个不可逃避的语境，一种无法避免且必须承认和尊重的事实。

要获得这样的心灵特征，就必须相信大写的真理和大写的善是客观存在的，尽管我们虚弱的心灵不能直接理解它们。理性的人不过是我们中的这样一种人，他尽最大的努力去思考、感觉和生活，尽可能地接近真理和善。我们中的其他人让我们自己的个人喜好左右自己的思想和情感。这是为什么必须保护科学和规范理论免受攻击的另一个理由。如果这种攻击走得太远，人们一般地就看不到他们的意见为什 234
么不如科学的和道德的权威的意见好，为什么他们想要直接决定事情的进展。对于科学和道德理论而言，使事物各就其位，减少理性的人不得不应付的现实矛盾，是至关重要的。人民必须坚守在服从者的位置，理性的人必须坚守在领导者的位置。

理性的人是占据着我们社会秩序中最顶端位置的世界精英吗？答案是：不！然而，他们是最轻率的人，如果你走进决策圈，就能看到他们的情况。例如，现在(尽管以前并非如此，甚至在最近的过去）华盛顿街区一般的观点是，五角大楼做决策的过程是个人间协商的混乱过程。由于近乎所有涉及军事事务的决策本质上都是技术的，因此这不是它如何被设想的样子。正如一个人告诉我的，新来者期待着“决策过程以论据为基础”。他们发现事实并非如此；“论据”居于其他形式的基于介入决策过程的理性的人的裁决能力的论证和主张之后。在我介入我前面提到的NASA 研究的时候，我发现情况的确如此。空间计划的决策几乎完全是根据技术基础做出的。这确实是我开始研究时获得的印象。在我开始与介入的人交谈后，我发现事实不是这样。当然这中间有许多技术分析，但这并不必然地起支配作用。例如，做出登月计划决策的模式就是一个很好的例证（Logsdon，1971）。大部分的研究集中于地球轨道的各种着陆点和直升方式的选择。月球轨道的着陆点模式是最后 1分钟的选择且代表着重要的变化。NASA 为此提出的技术原理缺乏说服力，因此对包含它的文件进行了分类（Redford & White，1971）。非技术的思考基本上主宰了决策，白宫内部也发生了讨论。另一个例子是派 3 名宇航员的决策。NASA 没有足够的技术原理说明这一选择。当总统的科学顾问委员会就此提出疑问时，NASA当时的主管官员吉姆·韦布回信说，所提供的技术文件没有办法跟上决策过程。

吉姆·韦布作为NASA的主任是一个理性的人吗？是的，他是一个出色的例子，NASA则是受理性的人统治的世界上的事情如何进行的一个出色的例子。然
235 而，韦布并不是NASA唯一的一个理性的人。甚至在决策的层面上也有许多的限制，在那里，技术似乎被过分突出，个人判断在组织或结构决策语境时总是扮演着一个关键的（尽管是潜在的）角色。在最初的试验期间起火并导致3名宇航员丧生的阿波罗指挥仓里，起火是因为对指挥仓的设计的技术分析——主要是以宇航员的安全为基础，没有考虑这样一个事实，即指挥仓的结构中使用的许多进口减重金属在空间飞行的完全纯氧环境中会变得易燃。挑战者号空难为分析与裁决之间几乎不可见的相互作用提供了一个较新的相似例证。

使一个人成为理性的人的东西不只是他位居上层使得决策更多的是“政治的”和裁决性的而不是技术的。他是理性的人也不是因为他把他的裁决置于专业的命令之上。进而，原则上他也不是责任的逃避者。实际上，为了他的信誉，他甘愿承受沉重的领导负担。关键是，在每一实际的情境中，可能存在着各种各样的模糊性。理性的人是这样一种人，他为了解决这种模糊性而采取一些特殊的手段。任何一类和任何层面的决策都容易受到理性的人各自的决策风格的影响。区分理性的人与其他决策者的东西，是前者把他的判断归于他个人的裁决——就是说，他**是一个人做出决策**。如果他聪明的话，他当然会听取别人的意见，他也肯定会考虑对情境有影响的所有事实和价值。他不会孤立自己，但最终，在最后的分析中，他会一个人做出决策。理性的人完全能通过形式上的参与策略或投票（在这里，人们可以做出个人的选择，并由此合力做出集体性的选择）这样的手段来与他人合作。

在把理性的人归入反派角色的时候，我不是想对处于精英位置或在其他方面处于权威位置的人发起一般的攻击。在等级制的所有层面都有理性的人。任何人都有可能成为理性的人。还有，理性的人并不必然地是人。（尽管如此，我一会儿就会指出对于情境存在着重要的性别方面。）我个人认识许多女性的理性的人。确实，“最糟糕的”理性的人是精英位置的人，并且由于他们中的绝大多数都是男性，因
236 而处于精英位置的男性是问题的最大部分。这是显而易见的，因为——基于组织事情的方式，对人类世界的许多破坏都是这些处于高位的人做的，而这些高位几乎全都是男性占据着。

在最后的分析中，使一个人成为理性的人的东西是某种封闭性。我认识一个警官，他曾经告诉我一个偶然事故，可以说明理性的人的风格与更公开的风格之间的区别。几个“激进主义分子”在抢劫一个玩具枪仓库时被人发现，于是扣押了几名人质，他们和人质一起待在仓库里，而警察就守在外边。形势陷入了僵局，人们关心的是人质。我的朋友当时负责处理这件事，他在现场与其他负责人一起商量。最后，他决定调用一种像坦克一样的攻击工具，把它开到仓库前面，通过这一震慑性的武力表演，吓得行凶者缴械投降。这是一个复杂的决策，它包括技术的、伦理的

和道德的方面。

他的行为就像是一个好的、负责任的理性的人，但他对自己的决策没有把握。攻击车冲到仓库前的地方后，他发现里面的两个人尤其紧张。他走向攻击车，和驾驶员一起商谈攻击计划。他发现驾驶员领会了简短的命令，但出于一种预感，他问驾驶员是否明白他要做的事。驾驶员回答说，他已准备就绪，但他有点担心，因为他不认为这个计划会起到作用。当问到为什么时，他报告说他就是在这个地区的邻区里长大的，他曾许多次到这个仓库买玩具，知道这是一座用旧木板做楼板的老建筑。他的预言是，他一把攻击车开进仓库，楼板就会坍陷，车就会撞向地基。

至此，我想你们读者可能会想实际的问题是什么。理性的人采取的措施只是一个公开的和合作性的简单命令吗？答案是：基本上是。当要说明这一指令意味着什么时，困难就出现了，因为我们已经相信公开性和合作，甚至于觉得对决定负责是必需的。因此，制定出一个程序，通过它，必须做出的困难决定就可以做出，这在 237
我们所有的人看来才是唯一**理性的**。底线是（正如鲍格认为的）在最后的分析中，敌人就是我们自己。我们所有的人——男人、女人、权倾一时的、无足轻重的，都能像理性的人一样行为。结果，我在本书中重述的历史并没有什么不同。从最一般的层面说，它就是我们历史时代的意识特征展开和制度化的历史。这是一个理性的时代，是一个主要由男人主导的时代。理性就是我们所有的人拥有的意识本身的名称。所讨论的问题中关键的东西超越了公共行政的合法性问题。意识本身就内在于合法性的话语中。公共行政领域的我们在下面这个意义上说是幸运的：合法性问题使基础性的问题比在学术话语中通常的情况要轻松很多。因此确认我们借以摆脱理性罗网的话语种类要容易得多。

因此，我在下一章即第 7 章的修辞步骤必须转向更深层的分析，必须揭示和考察理性观念本身的意义。当我们这么做的时候，我们将能够更好地理解理性的人是什么样的人——他对生活和外部世界的立场，理性的精神气质导致的态度，以及为什么把理性的人归于男性气质是恰当的。在这么做的时候，我将冒险进入意识哲学，但从经验的层面说，在这一方式中，我相信问题能得到广泛的理解。我想勾勒出以意识为基础的角度，说明它是如何生产它的生活方式的。尽管如此，就这本书一般的情况而言，我只是想激起人们的兴趣，提供一个在其他场合和沿其他方向进一步对话的形式。

第7章

超越理性

238 设身处地想一想，我发现我所告诉你的根本没什么意思，那只不过是一出戏，人怎么样才能做到真正的诚实呢？

——安东尼·阿尔托（Antonin Artaud），
1947年1月24日
（他的最后一次公开演出）

恶是无限的一种形式。

——亚里士多德

我又一次向东（Je est un autre）。

——兰波（Rimbaud）

在我的学术生涯中，有大部分的时间是做公共机构的顾问。由于我最初的目标是想从事公共行政的实践，因而我对顾问这项工作颇为满意，它使我能够以有成效的方式把理论与实践结合起来，并从我的实践者同行那里学到大量的东西。事实上，正是对公共机构的介入，使我认识到了理性的人的“问题”以及它对美
239 国政府中公共行政的合法性造成的不良后果。尽管在公共组织的每一个环节都有理性的人，但也存在这样一种情形，即解决理性的人造成的问题的方式同样是明确的和可行的。我的顾问生涯使我对自己和我的研究领域有了更多的了解，它也给了我希望，使我能认识到变革的各种可能性。

我同军事机构签订合同，为其做程序咨询、团队建设和文职

人员培训长达 14 年之久。在一次培训班上，我结识了“珍妮”。有一天下午，她找到我，和我交谈她的看法，她认为她所在小组的男性不重视她的作用。她个子高得令人惊讶（正如她后来说的，“我 14 岁时身高就有 5 英尺”），给人的感觉是她同辈的人谁也不可能威胁到她。当我提到一些小组对性别机制的研究时，她转过身来对我说：“这在我看来是一种个别的兴趣，因为我曾经是男的。”

很少有其他的专业（或个人）场合如此地让我吃惊。她兴奋地告诉我她的经历，而我也是洗耳恭听。我获悉她曾是五角大楼的一位高级文员，但她的经历却令人难以想象。她告诉我她在 35 岁之前一直是男儿身（现在她已 38 岁），并是越南战争中的一个受勋部队的突击队员。她也是战争的牺牲品，她的双脚因穿军靴而受伤。（她告诉我这个是为了解释她为什么穿着制服和网球鞋上班。）退役之后，她在一个公共部门做文员。尽管有过“男性”背景，她还是平淡地说她对她的男性身份从未感到过满意，她总觉得她是女的，有好几年她总想为她的性别混淆找到答案。她不是同性恋者——或者是作为男人，或者是作为女人；她认为她的状态是一种“性别倒错”。终于，在 33 岁的时候，她成为一个大学的性变异中心的研究对象，经过一番全面的初步心理测试之后——测试期间，按女人的方式穿着和生活，并配以复杂的荷尔蒙治疗，她成了一个女人，有了女人的生活方式。她一直就以这个身份参加工作，并尽可能公开她的改变，好几次她还获得了提升。她在工作岗位上给她身边的同事提出了许多难题，首先是他们必须努力认识和适应这个新“珍妮”。

我能理解他们的困难。在那个傍晚交谈之中，我学到了许多重要的东西。我力图把自己放在珍妮的位置，想象我的身份不分性别；这一令人沮丧的工作性质向我证明了性别概念是如何植入我们心中的。珍妮就具体而准确地说明了性别被社会地 240
建构的情形。她详尽地解释了她是如何不得不**学会**做一个女人。性别改变不会影响声带，后者在青春期就发育成熟，无法还原。珍妮 3 年后还是接受了声带治疗，学习让声音变得更尖和使语调与措辞恰到好处，如正确地使用词汇和句法——所有这一切显然男女有别，因而必须学习。几年后，她认识到我们所理解的身份的深层源泉和生物学属性实际上是社会不懈建构的结果。

她如此坦言她的经历，我于是邀请她到我所在的大学做了一次讲座，讨论人们是如何在一定的组织背景中完成性别确认的。这次讲座吸引了大量听众，珍妮落座后，发现人群中有人以一种异样的和嘲弄的口气说三道四：“我觉得我必须以一个笑话开场，但你好像不能**开玩笑**！”她在讲演中解释说，她认为作为一个女人，其工作实际上就是化妆。尽管她变得具有了女人的生物属性，但她觉得这并不能使她成为一个女人；她的改变是通过训练和刻苦工作**实现**的。我的学生——他们全都是公共行政实践者——认为她的讲演很有吸引力。我们一直都在阅读和讨论加芬克尔（Garfinkel，1967）有关安格尼斯和比尔的研究（一个变性案例），珍妮则赋予了这个案例抽象的人种学方法以生命。

逐渐地，我开始发现珍妮教给我们的东西对于理性所要求的“实际”边界线至关重要，而这正是本章的主题。最后，珍妮给我提出的挑战是如何与这样一个现实相适应，即我的性别身份与我的社会身份都和她一样是“被建构的”。换句话说，她的性别“难题”并不比我或别的什么人更麻烦。认识珍妮使我面临着这样一个现实，即那把我们划归不同身份的东西其实是一套面具。在这些面具下面，珍妮和我是同一的：我就是珍妮，珍妮就是我。我也必须适应我的身份意识的被建构性和被限定性。我的真实的“我”乃存在于我的意识之外的某处，我的意识无法认识它，我也无法控制它。这一认识当然是“不可理喻的”，因为它超越了理性。意识需要社会面具的武装（Progoff，1973），但正是**理性**要求我们认真看待这些面具，就像我们平常所做的。

241 同珍妮的交往使我明白了超越理性到不同的关系层面——通过此亦彼这一矛盾的认识真正地承认他者的异在性——究竟意味着什么。珍妮身边的许多天天在一起工作的官员对这一点的认识比我清楚得多。我所看到的他们的行为让我想起了我参加的一次讲演当中见到的一个令人振奋的事实。那次讲演有许多听众是联邦官员，演讲者是美国的一位非裔心理学家，他论证说，按照法律的定义，艾森豪威尔和许多其他著名的“白种”美国人实际上是“黑人”。这时，一个魁梧的、来自路易斯安那州的白人蹦到他跟前，转身面对着听众激动地说：“根据他的说法，我明白了我自己极有可能是一个黑人。”

这就是我所说的那种超越理性的意思。所需要的一切就是使我们自己超越理性的人的政体。在本章的最后，我将讨论何以如此。

7.1 性、性别与理性的人的问题

何谓对现实的“合理”解释？这一解释与性别有何关系？

任何对意识的讨论都必须从将意识问题化开始。要以分析的方式讨论我们所谓的给定物是困难的。我的意思简单地说是：你，读者，怎么知道——正如庄子所困惑的，你不是一只梦见你是正在读现在的这本书的人的蝴蝶？如果你觉得你的意识没有这方面的问题，如果没有一个基础可以让你怀疑你是正在读这本书的人，而不是梦见你正在做这事的某人或某物，你可能就不能与你将要读的东西正确地联系起来，不论我试图把它写得有多么通俗易懂。我想谈论的是意识本身的本质以及意识是如何与我们的现实感知或者说对世界上的客体的认识联结在一起。

我的信念是：没有人能理性地、确然地认识，无论他或她是在“做梦”还是没有做梦。（如果你是一个“对梦没有记忆”的人，那你也许正好是还没有醒。）意识不是一个给定物；我们不能把我们的现实感看作是不容变通的，并不加怀疑地依赖
242 它。当然，我们所有的人（包括我在内）都是在某一日常基础上视我们的现实感知为理所当然。但问题在于：我们怎么来完成这种确定性？我们怎么确认现实是“外部存在”，我们是与之相分离的“内部存在”，我们把它纳入内部并创造意义？这正是我们一般视作是对生活的“理性”研究的核心，回答这一问题对于理解理性的本质是至关重要的。

我们不妨通过确认理性的我们是以非理性的方式认识生活这一点开始我们的讨论。一个合适的例证就是许多传统民族的世界观——例如，特罗布兰德的岛民、土著的美国人或墨西哥的土著民。尽管我们可能喜欢他们，被他们所吸引，对他们看待世界的方式极为欣赏，但我们现代的、理性的人还是认为他们的现实感知是原始的和不正确的。我们听说他们中的许多人相信鬼魂、精灵、他们的祖先的在场等等，我们还听说他们相信无生命的物体具有某种意识和/或精神。我们知道所有这些都不“真实”。因而在此，理性与“非理性”之间有着一条基本的分界线：理性的世界观是**有边界的**。精神世界常常被置于理性世界的边界之外。然而，这并非全部。有些理性的人相信精神现象的实在性，如宗教奇迹或神灵干预。但他们还是与那些传统民族有所不同，因为他们给这些东西划定了一个边界。他们觉得这类现象有些是“真实的”，有些则“不真实”，因而必须在两者之间划出一条界线，一个边界。

边界的观念对于“理性”的观念是至关重要的。事实上，我承认划定边界的有效性，这提供了我一种信念：我在写这本书的时候是清醒的，是有意识的，而不是一只梦见我在写作的蝴蝶。若是没有边界观念，此物与彼物就混淆不清，做梦与醒着就是一回事，精神世界就居于物质世界之中，正如传统民族所相信的。然而，理性要求我们承认某物是内在的，否认他物是外在的；这正是理性的本质所在。（梦是一些幻觉性的影像，清醒的意识才是真实的。）西蒙的决策理性模式就是这样的一个例子。事实上，他整个的模式都是以边界的必要性为基础的。如果你不能对与理性分析相关的东西划出一条边界线，你就不得不同时对所有的东西进行思考。这意味着你的决策过程根本上包括这样一些环节：燃起一个大篝火，通宵围着它唱歌跳舞，以等待上帝的消息——就像传统民族那样。亚里士多德的逻辑学（我们所有 243
的人都使用）的本质就是边界：必须以某种方式给论证的各子项确定边界，给出定义，以使它们相互区别开来。没有边界，我们就会终止于一大堆混乱的概念，我们就无法理性地研究生活世界。

尽管这样，我们对西蒙著作中边界观念的分析还是告诉我们：边界的划分是有问题的。在西蒙那里，被留在分析之外的变量总会回来纠缠我们，使我们采取的理性行为产生出意料不到的后果。这就是为什么我们在着手制定社会计划之前就要说明其生态学的影响的原因。而且边界**内在地**就是有问题的。如果我们想要理性地研究现实，这一研究就必须能运用于**所有的**现实——就是说，能运用于整个宇宙。这意味着我们必须把宇宙看作是有限的。依据理性，“万物”都必须有一个边界环绕着它。这里的疑难点是：边界的观念意味着总有某物要留在外边，（而另一方面）这样的话，“万物”怎么能是有限的呢？另一方面，万物之外有可能是什么呢？这正是宇宙观念的难题。什么是在宇宙之外——正是宇宙使其成为宇宙中的一员的？我们听人说过多样的宇宙。也许其他的宇宙就在“我们的宇宙”之外，它们正是赋予我们的宇宙同一性的东西。尽管如此，这只意味着宇宙的观念不是普遍的。诸多宇宙中的宇宙是什么样子？它的外面是什么？

我想你已经了解了这一观念。当你实际地深入思考它的时候，边界的观念就会出现问题。如果我们不能提出一个有效的有限宇宙的观念，那我们想要划定的所有边界都将受到质疑。根本上说，这就是在质疑现实是由相互分离的“客体”构成的这一观念。我们可以这样看待这一问题，即通过寻找一切途径通向宇宙连续体的另一端，考察基本粒子（又称“夸克”）的观念。有些在寻找夸克的物理学家已经想到，这整个的计划可能是一个矛盾，因为当或者说万一他们发现了夸克，他们就又要开始问它是由什么构成的，如此等等。终极粒子、最终的或基本的客体的观念（是从边界观念衍生出来的）是一种自相矛盾。

类似的情形在数的领域也存在。按照我们日常的观点，数和数学是理性最后的堡垒；它们提供了一个无可辩驳的逻辑，即现实就在那里（物体是可计算的），理
244 性的研究是有效的。论证接着说，你不能否认，2 加 2 等于 4，三角形内角的和永远都是 180 度，等等。[实际上，2 加 2 是不是等于 4，这要取决于你所使用的算术的基础，三角形内角的总和是不是 180 度要取决于你所使用的几何学的类型：在某一几何学类型中，它总是**大于** 180 度；在另一些几何学类型中，它总是**小于** 180 度（McKeen，1977）。] 然而，我们总是忘了，作为一种与现实相联系的方式，数的观念并非“自然地”进入人类心灵的。从人类整个历史的范围内来看，数是一种相对现代的观念。它也经历了一个进化过程；最初，在希腊人的数的观念中——算术，数与物是同一的，是一回事。数并不是**指谓**物的；它**就是**物。这是人们完全出现“表达”的观念之前的事。类似地，在中世纪，画像被认为**就是**它们所描绘的对象：上帝就在那里，在画像中（Rotman，1987）。

我们总是忘了，数学从任何根本的意义来说都是逻辑的。库尔特·戈德尔（Kurt Gödel）证明说，任何数学体系都是十分复杂的，而有趣的是，它们都是基于一个有欠缺的逻辑基础，因而它们或者是不完善的，或者是不一致的（Nagel & Newman，1968）。绝对、整体、无限的观念在数学看来也是有问题的。数学家乔治·坎托（George Cantor）指出，当人们引入无限数的观念时，数的领域就出现了自相矛盾（Jones，1982）。例如，坎托证明说：(1) 奇数的数量和全部数的数量一样多；(2) 偶数的数量和全部数的数量也一样多。但另一方面，奇数和偶数的总量合起来等于全部数的总量。你可以通过做一个思维实验理解这一点：想象一个无限的奇数系列，再想象把一个全部数列分配到这些奇数的每一个当中，然后对偶数也同样如此，最后再把它们相加到一起。坎托还描述了其他几个同样令人惊奇的悖谬，它们（和数的理论的其他方面一起）表明，最好把数的观念看作是一种隐喻。另一种研究认为数是存在于与我们所生活的现实相分离的“现实”中的，这一现实与普通现实部分地而非完全地交叠在一起。

所有这一切的关键在于，我们对数的常识性的理解是天真的。数和数学实际上并不能使我们认为理所当然的、有意识的观念变得有效。物理学的情况也是如
245 此——我们总是把这一科学看作是现实的最终仲裁者。从著名科学家那里引用惊人之语已是家常便饭，这些惊人之语公然挑战我们的常识——斯蒂芬·霍金所说的，不论物理学如何对时间理论化，都要问：“时间如何是真实的？……过去与未来的差异来自何处？我们为什么只记得过去而不记得未来？”（转引自 Anglia Television，1992；

Schambra，1961)。我们惊奇于亚原子粒子魔幻般的现实，因为这种粒子瞬间相互就能发生反应，不论它们相距多远。我们拥有的最精确的科学似乎否认我们认为理所当然的常识。

理解这一点的一种方法，简单地说就是承认构成我们意识的语言世界与数学等式的世界如此之不同，以至于一个不能完全转换成另一个。换一种方式来说，就是：我们“常识性地”视作既定物的理性的意识是对**不可符号化**的东西的具体化。符号产生于理性的范围**之内**。因而，尽管理性有赖于能够建立边界或界限，但在那里显现的是划界的行动的界限。理性本身有一个界限，理性不能符号化，不能再现它自己的界限。因此，理性依赖于某一有问题的基础。这一基础只有通过找出一种接受和不断承认矛盾的方式才能完全确立起来。该矛盾乃是理性的基础，且不会整个地动摇理性。简言之，我要讨论的是，在实践中这是如何实现的。在此，我想指出，理性是脆弱的，总要受到其界限的干扰，且本质上是不稳定的。正如明尼苏达大学物理学家罗杰·琼斯（Roger Jones，1982）所说，“［戈德尔只需一个证据］……最好地表明数学从来都没有一个坚固、严密的基础，更不用说物理学或别的科学了”(p. 158)。

我们可以在印度人发现零的效果的历史中看到这一点。零就像是无限观念的反面，但准确地说，它就像无限本身，因为它是一个根本的和不可设想的界限。零的观念对人类意识产生了不可估量的影响（Rotman，1987)，以几乎不可思议的方式增强了数学的力量并加强了艺术中抽象表现的能力。有表现的地方，就有缺席；因而，领会缺席的能力对于表现的观念是至关重要的。同时，尽管如此，零还是削弱或抽空了人类能够用数创造的某些最重要的意义。最明显的例子就是货币（Rotman，1987)。货币一开始是作为一种实际的（如金币）价值标准存在的。然而，246
随着意识发展了越来越复杂的零能够完成的表现形式，货币便成为一个几乎完全抽象的现象，由商业关系的复杂网络所维系着。在这一点上，货币已经被抽空了任何客观的意义；它仅仅指涉着商业交易体系，而不指涉体系外的任何东西，并成为这体系的一部分。现如今，货币成了电脑屏幕上的一个电子信号。

我描画了一幅光怪陆离的画面，使世界显得好像随时都会崩溃。事实上，这世界仍坚固如初。尽管如此，还是请记住，这实际上正是我们要讨论的：我们怎么才能够维系一个理性地研究世界的牢靠观念，尽管理性是不牢靠的，或者说是建立在矛盾基础上的，它无法理解和符号化它自己的界限。我希望通过这一点完成的东西就是提出这样一种观念，即理性以及基于边界观念研究现实的模式从理论上说是有问题的。

你也许不相信我所说的一切，事实上，我也希望你不相信，因为如果你自己考察所有这一切并得出自己的结论，那当然更好。我不过是想使你充分地思考一下那貌似有理的东西，为你理解我下面要讨论的东西即性别确立一个基础。

上帝啊！“女人”究竟代表什么？

我想讨论与理性问题有关的性和性别。首先，作为有意识的人，我必须将性别问题化。这意味着要回到前面说过的一个观点：**男性**和**女性**这两个概念指涉的是代表具体的外在现实的东西。我的目的不是要评论针对常识观点（即性别是真实的）的研究和理论。现在已经有大量的文献讨论这一问题（Alexander，1993；Butler，1990；Calas & Smircich，1996；Fausto-Sterling，1985）。这种研究和理论化的结果是：性别在生物学和其他方面并没有不容争辩的经验基础。性别是一个概念。

我不想说我否认人与人之间存在生物学的差异，这一差异在现实中是可以辨认的。然而，确立一个二元的分类并强行把这些差异范围纳入两大类是不必要的，甚至是不可理喻的。性别差异在其所有的向度上（物理的和心理的）乃是沿着一个连
247 续体出现的，我们可以把这一连续体概念化为一个渐近的、二元模式的配置。差异并非具体的和显而易见的，而仅仅是作为一系列可改变的特征被维系着。多达5%的婴儿生理上天生就生殖器官异常（Alexander，1993），而他们的父母必须选择他们希望孩子成为何种性别。因此就要通过外科手术矫正来实现他们的决定。由于有许多方式可使事情达到平衡，性别专家不同意把多少性别看作是应当“存在的”。遗传学家（他也是这个领域的专家）安妮·福斯托-斯特林（Aune Fausto-Sterling）断然地说：“从生物学上讲，从男性到女性是一个多级的渐变系列；这取决于人们如何规定范围，人们可以说，沿着这一系列至少有5种性别——也许更多”（转引自Alexander，1993，p. 14）。一个关注性别焦虑症的国际组织在其对所获得的证据的综合评论中已确认了可能的15种性别（Alexander，1993）。说性别世界可“自然地”分成两类其实是把问题太过简单化了。

尽管如此，我仍不希望听到这样的说法：性别整个地是一种社会建构，并能沿我们选择的任何路线被重建。我的立场是：性别有一个无法消除的基础，但这一基础不是生理学或社会构成主义者想要提供的那一种。我对性别的定义是这样的：**性别是在通常组织我们意识的理性模式的“现实”中（就是说，在我们认为理所当然的社会世界中）的表现**（Copjec，1994）。要确切地解释这个定义的意思是一件复杂的事，但我可以再次声明，我们所有人差不多都在运用的理性的意识**就是我们所拥有的一切**。性别的可能性，而且尤其重要的是，其对界限的依赖是真实的。它们不会改变，如果改变的话，我们就会失去我们的意识和意识呈现给我们的现实的基础，我们就会患精神病。

我的观点是：性别是**符号性的**（亦即语言学的）现实的反映，而不是**经验**现实的反映。我们常常借以发挥功能的理性的意识就存在于符号界（我们使用这个词即“符号”来代表现实）并以语言学的方式运作——按照指谓法则而不是按照我们所谓的自然世界的法则运作。当然，这两套法则之间是有联系的。意识所做的是聚集（通过它借以发挥功能的符号过程）存在于它之外的［大写的］**现实**世界的表象。我们典型地是把这一表象看作“现实”，并把它（错误）认作是**现实**世界。过去，
248 要理解这一点是困难的，但现如今却毫不费力，因为我们对**虚拟现实**（我们可以在计算机的帮助下创造出这一现实）概念已十分熟悉了。我们经验为“真实”的现实实际上是一种虚拟现实。计算机生产的虚拟现实甚至只在虚拟的方向朝偏离**现实**世界又迈出了一步。也许它的**虚拟性**对于我们之所以明显，仅仅是因为它的新奇性。

我们可以设想，动物是唯一直接生活——与**现实**世界直接接触的物种，至少我们就是这样理解和表象动物的。

意识类似于吸引我们注意力的捕捉机。不知怎么回事，每当我们获得语言时，就远离了**现实**世界，而进入意识的符号层面（亦即语言学层面），**现实**的大门由此关闭，把我们挡在了外面。而理性则是一种特殊的意识，是阐述意识本身的符号逻辑过程中的一个阶段。我们可以设想还有其他的意识形式更接近于**现实**。有人想象用古代的女神文化来说明这种意识类型（Gadon，1989；Gimbutas，1989，1991；Olson，1983）。这些文化（显然那时还没有出现文字）在功能方面与在我们现今的所谓文明下成长起来的文化有根本的不同。在女神文化时代，性别关系也与今天有根本的差异。对于认识理性机制而言，这其中的意思是难以辨识的，因为它太带有假想的性质。我想证明的是，理性的意识把符号性的客观限制加于性别分类之上，而我们通常就是以此为基础来认识这些类别的。

理性不能符号化自己的界限。我们也无法认识我们不能符号化的东西，也许正是这一不可知的某物使得解决坎托的无限数的悖谬、戈德尔的数学的逻辑基础的悖论以及理性在其界限方面陷入的其他死胡同变得如此之困难。换句话说，理性就像是我们的视觉。人类的视觉系统有其自身的盲点，它是由视网膜上的空白引起的，因为在那里，光无法与眼球发生联系。我们之所以意识不到这盲点，是因为大脑充满了对其所预示的东西的推断，它推断这些东西**应该**就在那里，因为它看到的是视觉范围内的东西。我们都有优秀视力的经验，尽管有一个界限是我们无法直接认识的。这强化了一种观点，即我们的现实观念是虚拟的；数字化的虚拟现实不同于真实现实的地方仅仅在于它们会省略某些信息，就像我们的眼睛一样。

这有助于在我们通过意识使其具体化的现实与外在于这一现实的**现实**之间建立 249
起近似的因而也是艰难的联系。现实仅仅以近似的方式与**现实**联系在一起——这把我们带回到了存在于性别以及性别在维系意识方面扮演的角色中的问题。一般地，研究理性是为了完善对现实的再现，而再现现实是为了在它与**现实**之间建立越来越紧密，或者说更为精确的联系。这当然是科学要做的事。理性创造了科学，把它看作是补偿意识的界限、搜索意识的盲点和使其更紧密地接近**现实**的方法。这是科学值得称道的意图，但它不能完全靠这一高尚目的活着，因为对理性而言，要符号化和认识它自己的界限是不可能的。结果，它必须在实际行动的层面努力捍卫自己内在的界限——这是它的致命缺陷。

根据心理的投射过程可以理解性别是如何支撑着意识的（Von Franz，1980；Weinberg & Rowe，1988）。个体人格发展最不完善的方面必然地要被排除在有意识的意识之外。结果，它们作为一种界限、一个“阴影的方面”，对人的意识发挥着作用，威胁着正式的、有意识的人格（它是由人需要呈现给外部世界因此已经对人格成长发生作用的那些方面组成的）的完整性和功能。然而，意识在某一不完全的层面上说乃是对其界限的意识，它总想通过对阴影的方面施加控制和防止它破坏意识已经获得的一切来完成这一点。由于它不能有意识地直接符号化、理解和认识它自己的界限，因而它在防止其阴影的方面的破坏时采取的最初策略就是**创造一个**

界限的外部表现。在日常生活中，我们为此采取的方式是给我们自己创造人格化的敌人——我们“完全不喜欢”的人。这种敌意实际上是基于我们自己的某些我们所憎恶和不想承认的方面。我们选择其他的人，认为他们的行为具有这些特征，并把我们所不喜欢的、属于我们自己的东西投射到他们身上。我们建立起一种与他们的
250 对抗性的关系。在某一层面上，意识就是力图解决它的局限，通过发现言谈这种局限的方式扩展和转换意识自身。然而，由于意识不能内在地交谈自己的阴影方面，于是它将其具体化在另一个人身上，以便通过发展同这一他者的对话，甚至是冲突性的对话，来更好地理解自己的被忽视的阴影方面。在另一更表面和更实际的层面上，意识力图**控制**阴影的方面，以便防止它的局限产生危害。总之，这就是问题所在，它是，或者说至少可能是一个紧迫的问题。清醒本身是至关重要的。如果阴影方面深深地受到压制，因而成为原发性的和高度强力的，它就会导致灾难。由于有意识的人格不能符号化自己的界限，它必须创造一个对象来表现自身，以便能控制它。

参照人格心理学（许多人认为这特别说的是荣格的心理分析理论），仅仅是想以隐喻的方式来说明问题。在把理性作为我们常规的集体性的意识模式的情况下，事情比这要复杂得多。由于我们讨论的是集体层面的意识，所以与人格心理学的情况相比，通过解决界限的问题来实现转换和发展的可能性要小得多。还有，问题的要求也高得多，甚至要包括人类种族的命运。

性别关系正处在这一问题的中心，而且这也是为什么说它们构成了这一困难的问题的原因。我先前说过，性别就体现在理性界限的日常世界中。荣格心理学的隐喻使我们可以更好地理解这里所说的意思。妇女代表着理性不能符号化的界限。**因此，符号地说，理性是男人的，女人是它（他）的界限。**现实的男人代表着男性，现实的女人代表着女性。在日常生活中，女人是作为理性界限以及因此而潜伏的危险的代表或提示者来发挥功能的。她们也是采取实际措施的工具，以防止因理性的界限而产生的潜在危险的威胁。如果理性能够应付——或者说符号化和理解设置其界限并体现和具体化在性别差异中的东西，我们就能摆脱性别差异而只有一个性别。我们为什么需要两种性别界定？我们为什么需要生育？显然，人能够或可以生育恰恰是因为他们就算不被称作男人和女人也可以这样。（生理学上不能生育或者选择不去生育的女人就不是女人了吗?）是性别界定使得人们要有一个孩子，要有一个稳定的家庭来养育他们，这种观点有什么益处？有人做过强有力的论证：如果
251 怎么样都行，那性别角色就会使人类关系变得更加复杂、更加困难和问题更大，就会削弱产生健康的新社会成员的过程。无论如何，取消性别所产生的威胁，至少在人类状况的进化这一点上说，就是理性所创造的世界——以及我借此所指称的现实本身的完全消失（Noble，1992）。

妇女在现实中如何扮演我所说的她们必须扮演的角色？“妇女”这一概念在日常生活中究竟意味着什么？我们与**妇女**这个概念有着什么样的联系？在它的上面附着了什么样的陈规？一般地，对所有这些问题的回答就源于我们的一种直觉，即妇女是无界限的，她们实际上不会承认边界。例如，她们在没有男人在场的时候放任

情感：她们哭叫、发怒、“歇斯底里”。还有，令男人极度沮丧的是，她们似乎有无尽的话要说，她们喋喋不休。她们似乎永远都摆脱不了语言。有趣的是，常见的研究表明，相反的情况也是真实的，深入地研究一下就能明白这一点。在对有两性参与的讨论群体的研究中，从说话的次数来看，男人说得比女人多。判断（从匿名的名册推测参与者的性别）总倾向于认为大声说话的人是男性。换句话说，“人们对女人和男人说话的多少，似乎有一个不正确的意识程式，而同时在较少的意识层面又认为男人讲话总是比女人多”（Frank & Anshen，1983，p. 28）。

总之，庸常之见总是把一定程度的**无节制**附着在女性身上。这也许可以回溯到性能力的差别上。女性被认为会以无节制的方式和程度拥有性。这是附着在女性身上的庸常之见的一个被深深压抑的方面（男人通过努力工作来掩盖女人更强的性能力的现实），它尤其表明这是该事实真实且重要的方面。男性一般的幻觉是女人渴望以多个性伙伴来满足性，而事实上，根据荣格的心理学，男性的女性理想（阿尼姆斯）是多样的，而女性的男性理想（阿尼玛）是单一的（Jung，1958）。也许源于此的还有对附着在女性身上的丰饶性的观念。作为母亲，女性当然是生殖与滋养的源泉，她们必然比男性更关注哺养。当社会中的暴力和革命使一切四分五裂时，重新组织稳定的经济过程的显然是女性（Arana-Ward，1996；Moore，1992）。女性与自然的充裕的联系动摇了男性的这一观点：自然威胁和影响着界限。女性无法 *252*
理解充斥和建构着男性现实的约束与充裕匮乏的现实性（White，1972）。

在这些说明中，我不是要说，女性事实上具有庸常之见所断言的特征。女性是多变的。尽管如此，发现女性做事一般都脱离在现实中指派给她们的位置，这并不值得大惊小怪。当然，许多社会心理学的研究表明，这其实是人类心理中极其普遍的一种倾向（Eden，1984；Kohn，1993；Milgram，1974；Snow，1969；Zimbardo，Haney，Banks，& Jaffe，1973）。这一倾向是具有符号基础（如在语言和理性逻辑中）的社会角色在社会世界中得以实施的方式，它使得角色显现成为自然的反映，而不仅仅是社会地建构的。

对女性的这一特征化与理性的问题有关。那威胁理性的东西正是无界限或者说无限。我们可以说明“续编”在某些女性的作品中是如何成为理性的威胁的。一个合适的案例就是电视剧《星际迷航》（*Star Trek*）的女性“发烧友杂志”（它们全由女性发烧友供稿和出版）（Bacon-Smith，1986）。这些全由女性供稿的杂志展现了不同的写作风格，完全不同于常规的叙事手法。故事根本就没有结束，事实上是回到了自身，重新发明了过去，把死去的主人公又带回到生活，对主人公进行修正，等等。它们是开放的，非线性的，在一定程度上说是“常规”叙事所不知道的。我认识一个男人，是这些杂志的读者，当时他告诉我，他发现这种写作风格尤其让人深感不安，因为似乎没有什么会走向终结。这直接地说明了一点：它们引向的无界限的文字链条和无休止的修正在男人看来是对**意义可能性的摧毁**。

“后现代主义”以及后现代主义作家如雅克·德里达（Jacques Derrida）给理性的意识造成的威胁的本质与女性的威胁十分相似。解构哲学以及后现代主义一般的态度就是力图证明没有文本能够生产出有边界、有限定、明确的稳定意义（Derrida，1974；Kamuf，1991；Norris，1982，1987）。文本的意义（根据解构性的细读）会转换、滑行和变换到传统的正规阅读可能断言的意义的反面。甚至作者也没
253 有权利断言他们的文本说了什么。解构主义者**拒绝承认言语有限定的意义**，意思是说，拒绝稳定的边界观念。他们拒绝理性自身的构造原则。

任何从一种积极有效的立场拒绝边界的人或物，都是对理性的威胁。女人是无界限的威胁的代表种类，但她们长期以来被置于控制之下，作为一个集体的力量，她们的作用就像是已经适应了主人的奴隶阶级（或者说是男性的朋友）。她们不再是威胁。只有这样的人，如形形色色的想要“解放”妇女的女性主义者，还有想要模糊传统的性别界限的同性恋者，以及想要在符号或语言领域内揭露边界观念的虚弱性的后现代主义者，会造成对理性的威胁。所有这些因素都必须置于控制之下，或者说（我在此不想夸大我的观点）我们面临着理性所建构的世界的末日。

因此我们可以得出这样的结论：对本节的主题所提问题的回答就是，女性代表着要想维护理性的地位，就必须否认它或将其置于控制之下。推广开来就是，任何包含无界限或否认边界的人或群体都必须看作是同类的威胁。理性是现实本身的关键；我们失去了理性，也就是失去了世界。现在该是时候进一步说明这一失去世界的威胁是什么意思。它有两个方面：首先，如果我们失去了理性，我们就会失去再现物理现实和理解经验对象的能力；其次，如果我们失去了理性，我们就会相互失去，也就是说，我们就会失去我们作为人对与他人的相互关系的影响，我们将无法相互承认，无法以人的方式来行动。

这些丧失中单一的一个方面只意味着失去我们的心灵，但理性的失去却意味着（再说一遍）两个方面都会出现。我这么说是想做什么？一开始，本书主要对理性的人做了持续的攻击。接着又从这一攻击回来，提出：由于理性构建了意识本身，这是我们所拥有的唯一意识，因此理性的人必定会把我们带到建制性权力的位置。现在，我则进一步展开，我认为，显然，失去理性就意味着失去我们所认识的世界，让女性和其他类似的人处于受压迫的位置，对于抓住现实而言是至关重要的。这样的话，难道本书是一种“装置”，意在强迫人接受讨厌的现状？

请放心，我不会以声称存在即合理而完事。无论如何，问题是严肃的和深刻
254 的，以至于我认为要找到一个乐观的、实际的讨论它的方法是不可能的。同时，我觉得——主要是由于我们正身处其中的后现代时刻的发展，我们就在一个关节点上，在这里，我们将能够创造出新的意识层面，以对付包围着我们的（理性意识的）陷阱。这种意识将证明，我们的牢笼有两个相互联系的方面，它们已成为我们的问题：(1) 如何行事；(2) 如何对待他人。现在我想粗略地描画出这两个问题的范围和性质。这样做可让我们知道我们的牢笼围栏的大小，在锯断它们的时候要做什么，第一把细小的锯子应如何下手。

7.2　下一步该做什么

在不运用理性的情况下该如何创造世界（万物）?

整个这一章我都在回避“哲学”话语，力图使讨论保持在常识的框架内，甚至在讨论非凡的不平常事情的时候也是如此。我确实对既定的路线有所引申甚至有可能是偏离，但在这一部分我还会这么做。我在此想讨论的是“创造世界”的问题，当然，对于我们日常的心灵来说，这必须是世界已经存在的时候。正如为了讨论的方便我不得不把意识和性别问题化一样，在此我也必须从把世界问题化开始。这意味着我必须提出一个貌似有理的观点，即世界是我们人类必须**实现**的某个东西，它对于我们不是给定的。

如果你想告诉我，说世界是客观的“外部存在”，我可以也会同意你的看法，至少会爽快地回答你，这不是问题。在前面我曾经说世界作为“外部存在”是**真实的**或**现实**。它是（我又一次设想）动物生活的场所。人类拥有意识，它源自这样一个事实：我们具有指谓（亦即语言）的能力。根据我所使用的观点，人类的活动就是运用指谓再现**现实**的过程。我们称这种再现是“现实”，并且由于我们已经习惯于这一现实，因而我们基于一种日常观念把它看作是**现实**的东西，而不是一种再现。

因此，当我问“我们如何能不依赖于理性来‘创造世界’”的时候，我的意思是说：“我们如何能意识到我们是不依赖于边界的观念创造了**现实**的再现?”从实践 255
的层面说，这意味着问题就在于我们如何能使客体呈现在我们的心灵面前，以便我们能控制它。如果你还记得我在前面说的数码化的虚拟现实的隐喻，这一点就比较容易理解了。我们面临的问题类似于计算机程序员在写进代码时（使计算机能够创造出一个虚拟现实）面临的问题。这一特殊问题就是：我们如何能不依赖于理性的人为产品以及它的根本原则（边界限定）来完成这一切。

思想家常常是在**认识论**的标签下讨论这一问题的。我可以依据经验告诉你，我们面临的第一件事就是建立一个讨论这一问题的对话。我在大学工作有整整 48 年的时间，毫无疑问，我一直想介入这一领域的认识论问题，因为这一领域有着我所遇到的最复杂最难解的难题。当本书的主题确立时，许多人感到担忧和极度不安。（事实上，我所在的学院的一位指导老师，一位政治理论家，就告诫我不要成为一个认识论者，理由是它会使我陷入绝望，会破坏我的生活，就像他已经经历的那样。）由于我们所有的人都想在我们的工作场所有一种平和的关系，因此就形成了一个规矩，学者们应尽可能避免讨论认识论问题。所以一般来说，很少发现有人在写作一本书时会先阐明其认识论的立场——西蒙是这方面的一个特例。也许会有人对这一陈规加以修正，尽管令人窘迫的是，他总是不得不以学术的方式这么做。然而，“解构主义”和“后现代主义”的出现，却以各种明确的和不可回避的方式提出了这样的问题，即人们已经不得不同时介入写作（Miller & Fox，1996）和面对面的讨论，从而使得紧张关系不断升级。[我听说过在引进解构主义的早些日子里，英语系的人相互争来斗去的故事，一位英语教授甚至就此写了一本神秘的小说《在MLA的谋杀》(Jones，1993)。]

我时常卷入认识论的争论，这也许是因为我采取的角度总是非正统的。在公共行政领域，卷入这些争论的人常常十分自觉地代表着理性的人的角度。时常令我惊讶的是这些争论者的隐晦与混乱（McSwain，1995；White，1995）。理性的人角度的支持者一直致力于反驳我的观点，这使得他们平庸地把我的立场说成是相对主义的和享乐主义的（他们在这一意义上认为我主张社会地建构世界的可能性是无限制
256 的，并因此认为我不承认“就是如此”的现实强加的约束），他们还说我反权威，否认现实的平凡事实（这一结论常常是通过强迫我承认“我们面前的这张桌子就在这里”这样一个现实得出的）。不过，所有这些描述都是错误的：它们关注的不是角度的有效性，而是**态度**。我的同事一直希望我对现实能采取某种情感的和认知的立场。他们一直在以某种方式对我高谈阔论，就像是父母教训孩子——父母觉得孩子对生活采取了错误的态度。讨论中的特殊问题只是偶然地成为使孩子改变生活态度的更大问题。

让我解释一下这里的意思以及它对于我们正在思考的问题的意义。意识必须解决现实的具体化（对现实稳定的和精确的充分再现）问题，这个问题其实就是如何把界限加于再现的过程。为创造一个现实中的客体，以便我们能够控制和使用它，我们就必须在意识中给它提供一个稳定的、以语言为基础的描述。如果我们让过程描述永远进行下去，描述就不可能完结，客体就永远也不会显现出来。我的一段经历可以说明这一点。年轻的时候，我曾经在一家汽车修理厂做学徒。我的师傅高兴地向我介绍各种工具，这些工具在他向我描述它们之前我从未用过——有时这种介绍毫无必要，因为他就在一辆汽车的下面打发我从工具箱中拿一件工具给他。我就站在工具箱的面前听他给我描述。每当说到关键之处，某件工具就会“呈现”在我的视觉范围内。当然其他的工具也在这里，但是在我对它有了一定的概念之后，我只能“看到”它。有的时候，师傅有力的描述也会无效，我没有得到任何概念，我也看不到（或“创造”）那个工具。在这些情况下，他会一遍又一遍地讲，他讲得越多，结果越糟。**有趣的是，他会特别责备我看不到那个工具，好像是我在听他描述的时候态度不端正。**

用符号学的术语说，描述是通过“指谓链”被创造的。皮尔斯以来的符号学家已经指出，指谓的过程本然地就是不稳定的，因为一个“符号”总关涉着“所指”（概念）和“能指”（代表概念的语词），但通常所指关涉的不是某物（后者可以是
257 前者的基础并能制止指谓的过程），而是由另一能指与所指构成的另一个符号（Hartshorne & Weiss，1931）。简言之，语词指涉着其他的语词，有时是以循环的方式。我是有一次想找出语词 compose 与 comprise 之间的意义差别时直接发现这一点的。为了纠正我的无知造成的对它们的混淆，我先在词典中查出 compose，然后又查了一下释义中对这个词的解释，一个接一个，最后，令我惊奇的是，我回到

了 comprise 一词。compose 的意义（正如狄兹·迪安说的）已经“融”进了 comprise 之中。

问题在于如何制止这种滑动以便描述能够稳定化，概念能够形成，世界万物能够具体化为某一现实。[要完成这一点是一个艰巨的任务，例如，我们知道，英语中 500 个最常用的词有 14 000 多个词典释义（Dolan & Lamoureaux，1990）。] 这样，我们就能拥有事实、解释和其他与之有关的一切。目前我们完成这一任务的方式，就是通过划定一个边界，由此引出理性的技术或者说“合理性”的技术。这一技术是有问题的，它会导致这样一个结论，即如果理性能发挥作用，我们就必须以某种**态度**、某种承诺来支持它。这就是为什么人们坚持对某物的意义提出问题并指出其模糊性的时候，总会遇到这样的告诫：“要有理性！”（儿童在他们不想理解某物的意义的时候总是提出这类无休止的问题的天才。他们知道模糊性总是存在的。）我以这样一种方式指出这一点并不是想戏拟或斥责我正在讨论的态度。我只是想强调强烈的情感是如何因现实本身或世界这些至关重要的东西而出现。这就是为什么认识论的讨论会如此可怕地带有情感色彩的原因。从字面上说，“每件事”在这些讨论中都是至关重要的。

出于简洁的原因，我将对态度（它对于支持理性和使其发挥作用而言是必要的）做一概括性的描述。首先，我们可以设想一个意象，亦即我们所谓的“科学态度”。这一态度的情感底线就是**遵从客体**。（对此有许多假定，其中最著名的是：客体是已经存在的，是独立于我们对它的知觉—判断—定义的。）换句话说，我们必须谦卑地研究客体，让它向我们说话，让它向我们的心灵展示其“现实性”，而不要让我们的精神状态影响到客体。我们还必须保持一种**永远开放的意识**。这意味着我们必须承认我们对客体的知觉—判断—定义不可避免地是不完整的。我们必须坚持这样的观点，即我们**永远**也不可能完全地和最终地认识客体。科学是一个没有终结的过程。这一观点将导向一个相关的方面。我们必须听从这一观念：我们所获得 *258*
的结论之所以能被接受，是因为它们在这一点上是唯一可能的结论。总之，我们必须让现实告诉我们该做什么，我们必须按照我们所听到的行事。这一态度有某种宿命论的色彩，好像我们必须卑躬屈膝，让现实主宰我们，听天由命。

我们所提出的理性化意味着采取这一立场是**至关重要**的，尽管事实不是如此；因此，理性最终依赖的东西就是**虚伪**。我们必须使制止指谓过程的无限滑动成为可能，为此，我们必须循规蹈矩，仿佛环绕事物的边界已经存在在那里，我们还必须坚持使这一举止理性化的态度。我认为理性的意识形态显然承认理性是有界限的。它知道科学和道德都不能产生明晰的最终答案。把选择托付给理性的人的裁决只是弥补理性本身之不足的一种方式。我不打算发表什么意见，好像我是要谴责理性，因为理性是建立在一个伪装之上的，它需要我们付出巨大的代价，如女性主义者所论及的性别压迫和库恩（Kuhn，1962）揭示的理性的人的方法对我们的命运的不负责任。如果理性是我们创造世界的唯一方式，那我们不愿按它的要求行事就显然是疯了。“要钱还是要命”根本就不是一种实际的选择。

尽管如此，我还是坚持认为，存在一个对理性的替代方式，只要你愿意，我们就能用这一替代方式弥补理性的矛盾和局限。我称之为**合作的实用主义**。我们可以通过与理性做对比来界定这一方式，尤其是与理性对于如何制止妨碍现实创造的指谓滑动所持有的观点进行对比。合作实用主义是本书讨论的受压制的宪法亚主题的核心，这一主题开始于殖民地精神，贯彻于《邦联条例》，到 20 世纪初又出现于民粹主义和进步论中，在当代又以后现代主义的形式再次出现。

我可以通过返回到知觉—判断—定义客体的例子——也许最著名的例子就是“我们面前的桌子就存在在那里”——来开始对此的解释。在认识论话语中一个常见的说法是：桌子作为在我和他人经验领域内的一个客体显然就“在那里”，理由是，已经为这一经验领域设定了一个背景，**使**桌子能够在那里显现。换句话说，我们的知觉是以一种标准化的方式被建构的。我已经学会了——尽管我并没有意识到学习的发生过程，如何去认识——或者说“创造”——桌子。视觉也好，其他的感
259 官也好，都不是以纯粹的“自然”方式发挥功能；知觉是社会地决定的（Crary，1992；Elkins，1996；Farmer，1995；Sacks，1995；Silverman，1996）。这一社会决定因素是什么？还有它是如何实现的？物理学家罗杰·琼斯（Roger Jones，1982）发现，要测定一个客体——如测定桌子的长度，人们在着手测量之前就已经知道它的长度。琼斯的意思是，根本就不存在抽象的测量这回事。当人们打算对桌子的长度做出精确的测量，并尽可能达到原子的层面时，桌子的边缘会不知不觉地隐入周围的环境中。（又是界限的问题！）琼斯由此得出结论说，测量是不可能的，**除非人们带着测量的意图去做**。这就是人们“在着手测量之前就已经知道长度”这句话的意思。人们必须能够说出（在意图给定的情况下），测量什么时候算是达到了足够精确的程度。那使测量得以完成和使客体得以存在的东西就是**意图**的观念。

我相信，即便是理性的人也会承认这一点。数学家解决零的绝对界限问题的方式就是通过找出一种他们希望尽可能接近他们给定的意图的方法来研究它（Jones，1982）。由此我们可以发现，顺应客体的态度导致了一种欺骗。这就像桌子的问题：我们无法顺应它，让它告诉我们它的长度，因为在我们带着意图走向它之前，它并不存在于我们的现实之中。**如果我们需要一个世界，我们就必须积极地通过决定我们该做什么来创造它。**因此，顺从客体、保持客观的伪装，可以说是寻找隐蔽的议程的一种方式，由此，一个未显示的意图就可以通过假定的客观测量的“中立”活动而得以实现。如果事实就是如此，那我们所有的人不是都要设定测量所能实现的意图了吗？

尽管这能说明一些东西，但它毕竟要求助于我们正在探讨的问题（即如何创造世界），因为我们仍不知道该如何获得意图的意识。它来自何处？它如何逃脱指谓滑动的难题？为说明这一点，我们必须转向我们的主体性该定位何处这一公认的重大问题。在到目前为止我对意识所做的描述中，我已经使其显得仿佛人类主体就寄
260 居于意识或有意识的态度之中。这是事实，但又不完全是真理。主体中还有一个**无意识的维度**，这一维度在意识的事务中会以强有力的方式发挥作用。尽管意识是人类主体性的重要方面，但它并非真正的中心。这是因为意识的态度是社会话语的创造物，因而是社会的产物，或者至少是特殊的个体展现的社会部分的产物。因而，

人作为一种“意识”是被决定的和可预知的，它不能真正地做出选择，自由地回应或做其他所有把我们与真正的人类联系在一起的事。

真正的人类必定存在于意识之外，也许就存在于无意识中。因此可把主体性定位于这样一个位置，从那里，它能中断或制止在意识层面发生的指谓过程。问题在于：它如何做到这一点？对于无意识中的主体，我无法用意识来认识，但我能就其矛盾的角色暗示出某些方面。为此，我必须利用控制论理论家格雷戈里·贝特森（Gregory Bateson，1973）的观点和他对嗜酒者互诫协会（Alcoholics Anonymous，AA）的分析。借助于分析 AA，贝特森想证明系统——在这个案例中就是人类系统——有一个现实和一种独立于其部分的力量。当嗜酒者参加 AA 会议并说“我是一个酒鬼”时，他们作为个体性的单位就消失了，而走向了集体系统的整合力量。AA 作为对酒精中毒的治疗显然是有效的。不论什么时候嗜酒者宣称他们的个体性，如他们不断声称的，“我只喝一口，我能控制”，他们都显然算是又一次向酒精屈服了。

看待这一点的另一个方式就是：当嗜酒者说“我是一个酒鬼”时，他们就是在意识的过程中创造一个符号学的分裂或侵入。这就是说，由于**酒鬼**这个词表明某人已经放弃和不再以独立的个体存在，因而那句话就意味着：“我不是……”这一陈述创造了一个虚空，一个空间，外部的某物（人类主体在无意识中从其源头出现）可以进入其中。当这话成为事实时，就会出现人在意识中不能做的事：停止饮酒。类似的情况在冲突性的情境中（当各派放弃游戏的姿态，讨论它们切身的利益时）也有发生。当它们承认——和 AA 中的酒鬼一样——它们的欲望是建立在情感基础上，并认为它主宰着它们时（“我唯一想要的就是酒精”），自相矛盾的是，冲突的情境就变得有伸缩性了，协商解决问题、达成共识的可能性就会出现（Fisher & Ury，1991；Follett，1924；Richman et al.，1986）。

在创造世界的过程中，问题就在于必须制止意识的指谓滑动，以便我们能获得意图的意识。这可以通过某种社会关系以某一特殊的方式把人联结为一个整体来完成，因为这样，个体的意识的锋芒就会消融。这为从外部形成某个东西（亦即人类主体性）打开了大门，并且有可能制止指谓的无限过程和形成某个意图。这正是 261
C. S. 皮尔斯对用什么来制止指谓无休止的滑动这一问题的回答。他以大写的形式表达了他的意思：“COMMUNITY”（社区）（Hartshorne & Weiss，1931）。

这一回答并不像它所表达的那样神秘，我们可以根据日常经验说明它。我们可以通过发展与他人的相互关系来改造世界，使我们能完成我们下一步想做的事。我们的共同意图并不一定要是一个宏大的“一劳永逸”的意图，就是说，一个意识形态的意图。实际上，这种意图很快就会失去其生命力而归于死亡，因为它们被意识所利用，不能继续创造。当人们开始争吵他们所做的是否真正地是一种进步时，就会出现这种情况。我所说的意图仅仅是对于我们下一步该做什么提出的重复的、暂时的、试验性的选择。简言之，如果我们在我们接下来该做什么的问题上达成了共识，并着手去做了，那我们就不必担心。我们接下来的行动就是创造世界。归根结底，创造世界的乃是真正的人类关系。**如果我们建立了关系，我们就不需要理性。**

我们如何建立（处理）与他人的关系？

犹太人的范例

我通过回忆我就认识论问题曾经经历过的争论的个人历史，开始了对如何创造世界的讨论。我们现在可以更清楚地看到这一争论的具体内容。它超出了我上面提及的东西，亦即我没有显示确切的态度，使维持伪装成为维护理性所必需，并因此威胁要打击世界。现在我们看到围绕着性别认同也有情感的负担。维持顺从客体的态度和伪装言语代表着有限的意义，这些都是**男性**的任务。之所以如此，是因为女性代表着无界限和无边界。女性的任务就是顺从那为了维持理性而不得不加于她们身上的控制。**这两个任务构成了社会组织的底线原则。**

这对于人类关系和摆脱理性压迫的可能性有着重要的意义。在这些条件下以关
262 系的方式实现这些任务几乎是不可能的。事实上，关系在我于此所指的意义上（即实用主义的合作）根本是不可能的。没有真正的合作，也没有共同的意图，因为行动必须建立在来自客体的教训基础上，亦即“现实”。男人，尤其是理性的男人，是唯一有可能吸取这种教训的人，因此他们必须向女人和“其他人”传达这教训。这使得男人不可避免地处于主导的地位而女人则处于从属的地位。它否定了合作。

当然，女性可以假定科学的态度和在符号界扮演指派给男人的角色。模仿得越像，她们在这些角色中就越容易被接受。有一个好的理由可以解释为什么在传统的男性角色中，扮演“先锋”的女性要像男人一样行动甚至穿和男人一样的衣服。尽管如此，原则上，一个是理性之人的男人是不会真正地以他是一个男人同样的方式来看待一个女人的。女人当然也可以是理性的人，但直到出现某种变革废除理性的意识之前，她们将只能一直模仿和猜想。只有当人际关系到了个人的层面，人们才会以各种特别的方式革新，尤其是在涉及性的领域。然而，原则上，这没有任何可能性，除非男人是老板，女人是附属的帮手。

这就提出了一个问题，即我们该如何在社会秩序中达成一种人际关系，从而使理性能够被取代。理性的人并非内在地就是恶；他们不过是实施意识与社会组织的日常运作原则，但也会对诸如性别和其他压迫形式产生某些负面的影响。我个人所体验和发现的令人不解的方面是，有许多焦虑和其他混乱的、满怀恐惧的情感围绕着没有恰当的性别位置的任何人或集团。“恰当的性别位置”既代表着界限和边界的原则（因此会从对现实的理性研究中吸取教训）（意味着是男性和主导）或者相反也代表着无边界的原则——意味着是女性和受控制。正如我们已经看到的，问题的本质在于与言语的关系。由于是通过言语，世界、现实才被具体化，才得以存在，因此必须把言语看作父法。男人通过父法吸取教训，女人只是屈从于父法之下。任何时候任何人超出了这些位置，都会产生威胁和焦虑，而这又激发人们对他或她采取行动。

在符号界可有许多方法脱离位置。理性的原则主要是通过基督教白种教民的殖民主义被植入传统的非理性的世界中。殖民主义是一种把“**言语**”输送给其他只有

其传统社会的某一特色“言语”的人群的方式。一定的条件下产生的一定的言语（传统文化的）被置于（发达的殖民文化的）**言语**之内。传统文化的言语显然较少强调边界观念。这些文化被置于某一类似于女性在符号系统中的位置，在那里，它们代表着无边界。它们，如同女性的情况一样，是某种需要加以控制的对象。肤色常常是这样的一个方面，因为大多数被殖民人民的有色肤色被认为指谓着空洞、无边界等。然而，这仅仅是事情的一个偶然方面。理性与非理性的对立在最基本的层面就体现为性别（男性对女性）的对立，这一对立主导着所有其他的差别。 263

既然女性的从属地位已经被常规化，理性王国自我解构的威胁更有可能不是指向性别对立的双方，而是指向两者之间的空间。理性把性别（女性）建立为它能制服，或者说能够使自身的界限发生影响的唯一方面。这意味着女性在理性的王国内有一个特殊的或受保护的（尽管是被主导的）位置。然而，其他既不在言语之内又不在可分类的女性范围内的群体不仅不会受到保护，而且整个地是可牺牲的或“可削弱的”。这一居于两者之间的领域正是种族歧视和其他偏见发生的地方。异己的群体（非洲裔的美国人、德国的土耳其人等）之所以接受一个共同的观念投射，即女人作为女性的代表是意识的界限，是因为（正如我所说）它们不完全处在主导群体的**言语**、父法控制之下。这样，它们就在理性的领域之外。这就是为什么偏见在其表现上如此之标准一致：异己集团的形象总是懒惰、肮脏、密谋、不尊重他人的财产和地位、坚持古怪的信仰等。一般地，偏见是这样一种情感：他者没有理性，不能按理性的方式生活。在普遍的层面上说，这意味着他者不尊重边界。在逃脱偏见的方面，群体的作用不是更好就是更糟，因为它们所拥有的“言语”——它们土著的文化——在如何强调统一的边界方面接近于理性的**言语**。在实践的方面，群体越是受符号体系的控制（如天主教教会的西班牙人的情况、宗教与家庭结构合一的亚洲人的情况等），就越是能平静地享受生活。肤色总会产生一种残余的偏见效果，不论其与言语的关系如何，但当比较一下群体与符号界的关系时，就发现，这效果是最小的。非洲裔的美国人（因为奴隶制实际上已经消灭了他们土著的“言语”， 264
并严重损害了他们的家庭体系）就是对理性最大的威胁。

在这方面，犹太人代表着特殊的种类。所有其他的集团都有把自己定位（通过这样那样的手段）在理性言语之下的可能性，通过这样，它们就能平息它们所造成的偏见。它们能适应女性的方式，并和女性一样，能获得实质性的安全感，尽管还不能逃脱主导的态度。犹太人的情况就是难以应付的偏见的范例，因为它揭示了理性的王国是如何生产导致其自身瓦解的偏见的。

什么是犹太人的特殊方面？使犹太人作为一个群体的特殊方面就是，尽管他们生活在理性的**言语**的语境内，但他们仍有自己的**言语**，他们在符号层面似乎属于没有中介的理性的人。他们与上帝有着直接的关系，代表着对边界意识的必然性的一种否定。他们不必有“屈从于客体”或边界性的**言语**的态度。他们的现实是他们自己的，并且其本身就是完整的。常常用以描画犹太人的普遍范式就反映了这一形象。他们被描绘成是最为理智的，他们身上有一种理性的光环，而同时他们的唯理智论又被认为是“离谱的”，常常被说成是一种神经质的方式。人们常常嘲笑他们的“与上帝交谈”的观念，认为他们是理性与非理性的结合，结合点就是使他们不是理性的人这一点符号化。结果，他们所引发的偏执狂别具特色：他们被认为是想接管整个世界，建立在理性基础上的世界。在这一方面，犹太人代表着不同的意识模式，这一模式不承认确立主导意识的界限。现实中的犹太人为适应“主导文化”而做的任何事都不能弥补他们以符号指谓的东西。

犹太人代表了一种**言语**，这**言语**既是**反言语**，又不是**言语**，它在**言语**的王国内部和周边寻求存在。因而他们是矛盾，是理性的界限，只以匿名的形式显现。从某一意义来说，犹太人占据着与女性相邻的位置。然而，不像其他边缘群体，犹太人在世界社会中间已经获得了一个正式的位置。尽管他们处在和每个人相同的建制约
265 束下，但从心理学上说，他们又不在这种约束下，而且整个地摆脱了这些约束。他们对我们的约束的遵从根本上只是一个假象；他们唯一真正遵从的是他们自己的言语。他们生活在他们自己的世界里，并且因此，他们有力地证明了：理性的世界不是唯一的世界，还有其他的创造世界的途径。

犹太人是他在性问题的一个范例，是生活在意义相互排斥的世界中的人相互冲突的一个特例。这就是为什么说理解与犹太人的关系以及反犹偏见的后果问题是如此之重要。在这样一种联系中思考一下我们对第二次世界大战期间犹太人遭大屠杀事件的关注是有帮助的。我们为什么会如此关注这一事件，它已成为反人性的历史中的一幕？我们为什么不去谈论鲍尔·波特，或处死美国人的土耳其军人？回答是：把犹太人遭大屠杀看作是尤其不同的威胁方式是有足够理由的。其不同就在于：**希特勒有意识地决定灭杀犹太人，不是出于政治的权宜之计，而是作为一个原则性的事情。**在符号的层面说，这一差别的意义就在于，意识是通过否定其自身的界限和使自身得以可能的矛盾来投射其意图的。就好像男人已经决定消灭女人，而不是简单地控制女人，他们已经忘记正是女人才使男人得以可能的。对女人的大屠杀似乎是不可想象的，但显然，如果果真发生了这样的事，那残留的男人就会发疯。犹太人的情况完全一样，他们显然被认为属于可杀绝的人种。**如果犹太人被灭绝了，剩余的人们也会错乱和疯狂。**理性以及与之相伴随的意识就会以灾变的形式突然终结。这是针对我们沉迷于大屠杀而对自己提出的需要加以提防的可能。犹太人代表着**文明**的可能性，即一方面使文明体现出来（在现实的层面上），另一方面使文明陷入自相矛盾（在符号的层面上）。

尽管如此，所论的主题仍是理性下的人际关系问题。重要的是反犹主义的问题与这一主题的联系。反犹主义教导我们，“忍耐”和“平等对待”可能还不足以维
266 护理性的意识，更别说提供超越这一意识所需的关系。理性是最安全的，能为它自身的转换提供最佳的可能性，**只要它接纳它的界限和矛盾**。这意味着既不需要通过假装意义就存在在那里来把指谓（亦即言语或语言）限定在有限的意义之中，也不必否认理性的有限意义是假冒的，是后现代的无政府主义者的游戏。在此一个有用的隐喻就是与**假装**相对立的**伪装**。理性是建立在假装基础上的，通过运用假装，我们可以获得有效的行动指南。理性的人认为自己并希望使自己显得**拥有**他们做出决议的情境，亦即理解和执行现实的教训所需的特殊的顺从态度。这是产生假装的一

个必要的和有意识的自我欺骗。相反，伪装的前提是，面具能揭示面具背后的东西的某一方面，但绝不是整个的方面。整个的方面即人类主体不是也不能完全在意识世界呈现。意义来自面具与面具背后的东西永久的相互游戏，它既是“现实的”，同时又是暂时的,亦即现实仅仅是当下时刻的。明确承认理性的矛盾及其假装使得转向伪装的态度和**诗性意义**的创造得以可能，这一意义就来自情境的并置（在诗的语言中）而不是稳定的定义。这恰恰是实用主义的合作中出现的情境的重复性意义。从人类关系的实践层面说，它意味着通过成为他者，通过以明显具体的方式言说和指明诗歌创造意义（“我是犹太人”）来克服他在性（Zizek，1991）。

这类似于“内在于”范式或者说意义的基本框架中的认识论观念，这一观念不是某人自己的（Buscemi，1978）。下面的成为他者的例子（引自一位越战老兵写的一篇文章）更为有力地说明了这一点：

> 在我看来，越南现在是第一个独特的人……你问我现在在哪里？我回答说，还在死亡线上。我是炮火，我是烟雾。我是布满灰尘的路上发暗的小红点。我是坦克防护板上像木材一样堆放着的尸体。我是在起火的房子前哭喊的小姑娘。尤其是，我害怕。树在晃动，在倾斜，现在是半树半人，一个半树半人拿着枪指着我。我伸手去拿我的武器，我拉开滑膛装上一发子弹。我必须在 267
> 这个人杀死我之前将他杀了。我的手在发抖……我请求上帝帮助我杀死这个要杀我的人。现在我向他的身体开枪。我翻检着他的衣袋，从他的裤袋里拿出他的钱夹子。这是董，这是董的妻子，这是董的孩子。这子弹是我的，别管他们了。当然我也死了。杀死董的子弹也杀死了我。现在我是一个空心人，空洞而孤独。我的心灵留下了伤痕。（引自 M. Norman，The hollow man，*New York Times Magazine*，May 26，1996，p. 54）

还有一个来自越战的故事，这个故事是我亲耳听到的。它与我的一个熟人有关，是他告诉我所有细节的。我的这位朋友是个上尉，一天下午，他一个人在军营的外边，沿着一片甘蔗地的边沿行走，并且只有一只胳臂。突然，他看到一个越南士兵穿着典型的“黑色宽松裤”制服在距离甘蔗地不远的地方。那人举起枪，扣动扳机，子弹从我朋友的头上呼啸而过。（他此前未曾正面作战。）他想：“如果不采取行动的话，我就要被杀死了。”他举起手枪，就在那人再次向他开枪之前扣动了扳机。那个越南士兵倒下了，我的朋友转身跑回军营。在他跑的时候，突然感到一阵恶心，他停下来，呕吐不止。他认为一切都已经过去了。他决定回去看看那个越南人。当他到达那里时，他发现那人胸口受伤了，但还活着。他把他带回军营，在那里对他进行了治疗，后来被列入遣返计划。这个越南人现在住在华盛顿市区，30多年来，他和我的朋友定期见面，吃饭和聊天。

当我的朋友跑回军营时，在他身上发生的事是：他以自己的方式成了一个空心人。他告诉我他的恶心来自一种冲突的情感和思想，在他开枪并看到那人倒下以后，它们湮没了他。已经注入他心中并在他有关自己的信念系统中维持着的所有确定性融化成了一种不可战胜的情感。从某种意义来说，他已经被“杀死”了，就像前面故事中的那个士兵一样，当他杀死董时，他也被杀死了。过去的是边界的观念，是这一观念如此明确地把他和越南士兵分离开来。还有，他的抽象的行动意识已经融化了——这一意识就是：生活不过是一个决断、行动和有效地活着的过程。通过他的认同的这些方面的抽空，剩下的就是空心，在这种空心中，新的可能性出现了。他要杀死那个人的“决定”，现在在时间的流动中看起来不过是一个重复性
268 的事件。他可以以一种全新的、更为开放的眼光看待他人。他已经跨越了自我与他者的边界，**他已经跨越了他自己的理性化的行动模式的边界**。

讲述这一故事的意图不是要把我的朋友树立为未来士兵的典范。我不想对从军行为做任何评论。这两个例子都与战争有关，这也许是因为战争中出现的极端情况常常会创造出新的经验，使我们能打破一直坚持的观念，即理性及其边界的前提会影响到我们的意识。这些例子表明，当发生这种情况时，就会出现比理性所具体化的那些意义更广泛更深刻的意义。这些意义是暂时的和不稳定的，因为它们是偶然出现的。从这一立场出发，对于行动能够说的富有特色的方面就是，意义是通过相关性的过程不断地被创造的，这一过程承认他者的他在性的同时，也承认自我和他者是同一的。所有常规的、有吸引力的契约关系的确定性不再可行。

这一结论以及在此基础上的分析无疑是不自然的和可怕的。毕竟，有人会问，它与公共行政有什么关系？我想现在开始说明这一点。为了确立说明的语境，我得回到我对公共行政文献的评论，因为它与合法性的问题有关。在我结束上一章的时候，我讨论了这一领域当前的学术情况，现在，我将从这里开始。

7.3 公共行政领域当前的状况：好消息与坏消息

当我最初构思这本书的时候，我计划最后一章将围绕着一个分成两部分的结论来展开。首先，我要概述一个论点，即我们眼下的世纪末特征与 19 个世纪末的特征有着直接的相似性，历史在一定意义上说就是这样重复着自身，但眼下也有新的机会重新界定公共行政领域的特性。与此相关，我想在美国的实用主义哲学与后现代理论的关键方面之间建立起某种联系。其次，通过以“实用主义是后现代哲学”这一论点为基础，我想为解决公共行政的合法性问题勾勒出一个方法，并以此得出结论：应该采纳以福利特和其他实用主义者的观点为基础的公共行政模式，他们的
269 观点表明，这一模式正是与公民合作的实用主义模式。同时，这一结论似乎是先锋的，且理论上是复杂的。事实上，它是如此之超出常规，以至于要将其有效地付诸实施似乎是一件令人生畏的事情。

好消息是：这两个任务都已经在较大程度上完成了。许多人把美国描述为一个后现代社会，这些描述与对 19 世纪 90 年代的描述之间的相似性是相当明显的（Borgman，1992；Denzin，1991；Fox & Miller，1995；Rosenau，1992)。理查德·罗蒂（Richard Rorty，1982，1989）的著作已充分地说明了实用主义尤其是杜威理论的核心方面与后现代感受之间的联系。全面质量管理的文献已经揭示了后现代思想

与实用主义的各个方面（Scherkenbach，1988；White & Wolf，1995）。实用主义的著名研究者理查德·伯恩斯坦（Richard Bernstein，1992）也做了相似的有力论证。

至于对公共行政的实用主义合作模式的阐述，不论是在这一领域内部，还是在附属的领域或支持它的领域，都正在不断涌现。这些努力确实是这一领域当前出现的最激动人心的事情。卡米拉·斯蒂弗斯（Camilla Stivers，1990）（他的著作的许多观点在本书中都有讨论）多年来在围绕公民定位重新界定这一领域的过程中一直居于前列。她对公民与管理者之间的积极关系的呼吁现在已获得广泛的回应。《黑堡宣言》团体的第二部作品也已经出版（Wamsley & Wolf，1996），它提出要向着杰斐逊的以公民为基础的模式对这一领域重新定位。它甚至认为，反联邦主义者为这一立场提供了历史的合法性。这是对“代理领导人”的管理模式［《重建公共行政》（Wamsley et al.，1990）第一版的核心观点］明显的背离。查尔斯·古德塞尔——尽管在新版的著作中没有出现，也倡导重新定位公共行政，把公民看作是官僚首要角色的发送者，他说，公共行政传统的参照点如公共利益与总统制的观念对这一角色不再合适和有效。公共事务与管理学派国家联合会主席帕特·英格拉哈姆（Pat Ingraham，1996）以及美国公共行政协会前主席罗伯特·登哈特（Robert Denhardt，1996）也发出了类似的呼吁。这一领域的其他许多学者也提供分析支持重新界定公共行政，以便它能更好地理解和应付主动的公民（Box，1995；Frug， 270
1993；Herzog & Claunch，1996；Racine，1995；Ventriss，1995a）。过去两年里，这一领域又有两部里程碑性的著作问世，它们也直接论及了这一主题。这两部著作是：福克斯与米勒的《后现代公共行政》（1995）和戴维·法默尔的《公共行政的语言》（1995）。它们都认同后现代的角度，并以不同的方式倡导一种定位于公民的公共行政。福克斯和米勒呼吁一种建立在对话基础上的公共行政。法默尔则提出了“反管理者”的观点，这一反管理者的主要参照点是被服务的他者、委托人或公民。

大多数的著作把目标都瞄准激活治理中公民的作用，然而，它们都被排除在公共行政领域之外，而被纳入了相关的学科如政治学和社会学。《心灵的习性》（Bellah，Madsen，Sullivan，Swidler，& Tipton，1985）一书发起的社群主义运动正通过阿米泰·埃齐奥尼（Amitai Etzioni，1993，1995）以及其他人的著作逐渐获得了牢靠的基石。相关但不同义的“公民社会运动”（见本书第 3 章）已经超越了社群主义最初的观念，并因罗伯特·普特南的《打造民主制》（1993）和迈克尔·桑德尔的《民主制的不足：寻求公共哲学的美国》（1996）的著作而获得了中心的位置。这些著作与其他大量作品成竞争之势，后者的政治立场包括从极左到极右，其关注的焦点既有社会的，也有组织的和个人的。

公共行政领域内出现的介绍非线形理论［如混沌理论、新系统论、二级控制论（见本书第 6 章）］的兴趣直接影响了为公共行政找到恰当身份的问题。这一进展是对我正在讨论的重新定位的支持，因为它暗示出强调关系重建的紧迫性并对此持一种开放的态度（Wheatley，1994）对于解决当前越来越多的组织面临的混沌状态是至关重要的。它还与把家庭系统理论及组织理论和管理理论合并在一起有着紧密的关系（见本书第 6 章）。费力建立的这一理论体能提供一个根本上革新的方式，把组织中的个人理论化为社会关系网络的产物。这一观念对于增强介入工人及组织外的人中间的程度有着积极的意义。

总之，我因我刚刚勾勒的图景深受鼓舞。不过，不好的消息是：最有可能的结
271 果是不会有任何实质的变化（Behn，1995；Golembiewski，1996；Kirlin，1996；Spicer，1995；Stillman，1995）。首先，一般说来，所有形式的后现代主义都会遇到强有力的反对者，我的直觉是，这种反对代表着这一领域理论意见的真正中心。其次，有人开始指出，公共行政领域应该彻底停止谈论合法性问题：实际上，公共行政在美国已具有事实上的合法性，所谓的合法性问题实际上是一个虚假的人造物，它乃是来自美国宪法理论中州的概念的缺位（Rutgers，1994；Stillman，1995；Warren，1993）。把伦理学作为这一领域主要的焦点加以关注由于形形色色的后现代理论对伦理问题提供的具有根本革新意义的思维方式而大放异彩（Bauman，1993；D. Wood，1987）。后现代理论的核心对马奇和奥尔森在《重新发现制度：政治学的组织基础》（1989）以及菲利普·塞尔兹尼克在《道德共和国》（1992）中表述的“新制度主义”最具吸引力。

在我看来，这种研究尤其有害，因为它看起来是新的，而事实上它是反动的和防御性的，是对理性意识形态的认识论基础的削弱造成的影响的坚决抵制。新制度主义力图把实用主义与它的观点结合在一起，通过把自己建立在一种解释主义基础上使自己在认识论上显得是坦率的（Selznick，1992）。实用主义（尤其是批判实用主义的主将杜威）和解释主义的多义性使得后现代对实用主义和解释主义的阅读容易受到“好争论者”的指责。令人遗憾的是，这些论战的指责与其说是为了反对长期以来的正统（甚至当正统已经变得有问题并成为争议的焦点时），不如说是为了更有力地反对那些为吸引注意力相互竞争的理论。所有这些的最后影响很可能就是：公共行政领域的某些方面发生变化，但总体仍一如既往。我们甚至会认为（尽管只是暂时地）合法性问题已被解决。这一领域可围绕着“梅比尔的安迪”一类的公共行政者重新定位——这是一种开放的、定位社区的、操纵性的然而和蔼的公仆类型，他凭借自己的裁决闯天下，就像过去最强有力的理性的人一样（White & McSwain，1993）。后现代理论表面的相对主义也激发了理性的人的意识形态拼死的保卫战：尽管事实与价值并不常常是明确的，而且裁决也是必需的，但是在某些
272 情况下还是存在确定性的。因此，论点是：这意味着，原则上，绝对的道德与经验的真理确实存在，如希特勒是恶的，死亡是真实的。结论是——而且有许多修辞性的说法——任何否认这一事实的观点必定是发疯了。在我看来，这是一种普通的论证方式，但它无懈可击。

7.4 反思性的结语

我必须把这种乐观主义和一种我觉得多少是基于我作为一个过程理论家的观察

相调和。从我所献身的事业的意义来说，我一直的目的是想把过程理论表述为一种比较有理的定位，通过这一定位，公共行政便可重新界定自身。我所谓的过程理论其实就是我在本书中一直倡导的玛丽·福利特和合作实用主义所讲的那种。我一直以来遇到的对过程理论核心的反驳就是，它对两个关键的阵地即一般用来指涉事实与价值的东西持有的“相对主义”态度是人们无法接受的。这种反驳集中于一个观点，即尽管必须承认，对于权力实施，根本就不存在最后的和明确的事实与道德基础，但任何研究，如过程理论，都不能把自己建立在屈从客观事实的观念基础上，也不能建立在这样一种观念基础上，即在某些情况下，事实是不容否认的，恶是明显存在的——这种观念会削弱负责任的行为的所有可能性，因此是无法接受的。呼吁要根据随时会变化的情境来采取行动，这既是危险的，也是不可信的。

作为一个过程理论家，面对这些反驳，我指出，所有自相矛盾的研究都力图通过确定性的手段避免错误的行动：“科学”和道德的确定性已经导致了大量的我们认为最罪恶的人类历史。也许哪里都有恶出没——从无政府主义的设定到最脆弱的制度。恶的背后经常就是**确定性**，渴望我们的思想和情感指涉人类领域之外的东西——或“事实”，或“价值”，或两者皆是，正是产生确定性的原因。过程理论力图在可能的确定性中进行选择，它认为，当人类开始互动时，行动的基础就会出现(即玛丽·福利特所谓的情境的法则)，这一基础既非客观确定的，亦非根本暂时的(McSwain & White，1987)。

尽管如此，说明过程并不就是要完全有效地平息对恶会出现且会误导行动的恐
惧。这就是为什么我在此要以不同的方式研究问题。本书的主要观点是：一种旨在 273
使理性的人归位的沉闷的学术史必定属于公共行政，确切地说，属于美国政府研究。使这一历史必然如此的原因是：在我们能够看到：(1) 在不依赖于理性的情况下使创造世界和行动如何得以可能；(2) 在与我们人类用以和自己对抗的他性和平共处之前，是不会有重大变化发生的。然而，我的基本论点是，完成第一件事实际上要依赖于能够实现第二件事。一切都有赖于对他在性的问题的解决。

我对于过程的细节未置一词 (White，1990)。从研究的层面说，这似乎是错误的。一般的问题就是理解如何面对在我们的生活中相互间获得正确的生存立场这一任务，根据这一立场，我们可以把个人看作既是他人又是我们。这就是为什么我要选择在此使用的研究方法，尤其是为什么我要关注犹太人的问题的原因。一次又一次，我在这一领域的同事用希特勒和纳粹的例子来质疑过程理论。他们提出的问题是：“当我们知道希特勒是恶时，为什么还需要过程?”还有 (可疑的是)：“为什么你要我们停止谈论与他或像他一样的其他人有关的事?”

我的回答是：我们用以看待希特勒的确定性使我们看不到一个基本的事实，即我们所有的人心中都有一个希特勒，正是这一普遍的希特勒才是最可怕的危险。在我看来，问题不在于“我们该如何处置希特勒、海军陆战队、激进的动物权益行动分子、暴力的反堕胎群体等” (答案是明显的：目前，继续做我们能做的)，而是“我们该如何减少人类心灵出现希特勒方面的可能性”。

令我困惑的是，为什么对希特勒怎么办的问题比**如何防止他出现**的问题更能吸

引人的注意。就好像我们的理性意识**需要**希特勒的幽灵作为其自身的理论基础，作为“正义战争”观念的理论基础。理性似乎需要自身的对立面才显得有意义。它的修辞力量，它的动员和激发情感的能力，都有赖于它拥有一个需要征服的反题。过程理论（因为它是建立在这样一个观念的基础上的，即理性的“对立面”就存在于作为自身界限的自身之内）否认这一理论基础，因而是理性的克星。

274 我不认为理性是某种根本上坏的统治。我一直认为过程理论与理性的对立就像是美国政坛民主党人与共和党人持久的争斗。某人可以同意某个党而不同意另一个党，但接受无论哪个党执政以及在它的统治下生活并不是件难事。然而，随着我们临近20世纪的终点，要愉快地坚持这一立场已越来越困难了。理性无效的信号越来越多。理性的逻辑已经把自身阐述为是我们的社会组织的模式，但现在它已经接近了自身的矛盾。作为一个过程理论家，我当然热衷于认为所有的观念都包含矛盾或缺陷，并会根本上产生出变化的条件。然而，不管原因是什么，社会关系似乎越来越有问题。

全世界都在警报，偏见威胁着要吞食我们（Barber，1995；Enzensberger，1994；Kaplan，1996）冷战结束后，宗教激进主义暴力急剧增加。看起来，民主制的资本主义已经赢得了时间，世界正在迈向新秩序，这一新秩序的中心将是一体化的市场经济。世界经济的确在飞速发展，但同时国家、民族、种族以及其他团体间的关系也日趋紧张。似乎很少有人明白是什么赋予了这一新生的偏见以力量。正如一位有关的观察家谈及这一问题时指出的：“赋予今天的内战以新的可怕的倾向的东西是这样一个事实：作战的双方都没有赌注，这是一场**什么也不为**的战争”（Enzensberger，1994，p. 8）。

这一评论中有趣的是，它之所以正确恰恰是因为它不愿提及的一点。我同意精神分析学对这一问题提供的分析。从个体心理学的层面说，民主制包含一个矛盾。民主制要求人民应受尊重，不论种族、性别、宗教、人种、年龄等，也不论具体地授予他们什么样的身份。作为民主制的公民，我必须把我的同伴只看作是空白的他人（Zizek，1991）。引申来说，我必须以同样的方式看待我自己。然而，这一原则忽视了一点，即它需要最终完全抽空主体性，这样，我就没有任何身份，至少我是这样来理解的。对于资本主义也同样如此。资本主义所主张的一个系统原则就是以最小的代价获取最大程度的满足。代价—满足比是它根本的伦理原则。当然，问题
275 在于，要显示这一点，就需要付出一切作为代价，不过付出代价的行为能把人类价值最大限度地（它们都要面对与他人和自我的关系）转换成商品。因此，作为资本主义秩序里的消费者，我们全都被抽空了，成了被满足的东西。其他人对于我们是商品，我们对于他们也是商品，我们全都是消费者。

这不是说，资本主义民主制没有任何价值。实际上，它的价值是自由和正义的最高原则。道德原则与现实之间的不一致乃是进步和发展的强大动力，在那里，不发达国家被转换成积极的贸易伙伴。这能提高效率，世界经济秩序就是以此来盘剥和转换资源的。这一过程表明，资本主义带来的实际的基本后果（如果没有动力）就是全面地盘剥我们的生态系统。因此，本尼顿跨国公司围绕倡导全人类平等的价

值和社会与政治的正义这一理念，掀起一个全球性的广告竞选运动是完全自然的。

尽管如此，民主资本主义的意识形态还是认识不到，价值在“全球”语境中没有任何意义，也没有任何力量。**价值必须建立在具体的、集体性的人类关系基础上。**这就是为什么（在欧洲电视的一则新闻报道中）来自前南斯拉夫的年轻叛军要宣布他们想给西方发送一条信息：“我们拒绝本尼顿的美国色彩。”由于旧的意识形态失败后，他们突然面对着身份被完全抽空的前景，所以出现这种抵制是可以理解的。这种抵制必定要反过来求助于任何可行的传统身份，宣称那些身份是进攻性的——尽管不是暴力的，因而能使他们获得生命力，成为真实的人。这就是那所谓的新内战“什么也不为”的意思。这是一场斗争，人民为反对自己被变成为**虚无**而战。

同样的逻辑对于所有的歧视和沙文主义的抬头（从南部的教会争论到西部的美国民族主义误用的“要么自由地活着，要么死”）也是成立的。何种“理性化”的研究能用来回答这些东西？理性的研究是道德性的论证，当这一论证失效时，就会出现正义的战争。问题在于道德论证的力量已经达到了它的顶峰，不再有曾经拥有 276
的效果。它的修辞功效依赖于在不再存在的稳固的群体认同中拥有一个基础。基于这一原因，有可能，理性的统治无力解决民主资本主义因个体的抽空而产生的矛盾。在这一情况下，正义的战争该反对谁？这是得克萨斯州瓦科区的布兰奇·戴维悲剧尖锐地提出的一个问题。根本上说，敌人是一个幻影，是我们每个人心中出现的一种虚无感，唯一能打击这一敌人的战争就是一个人反对他认为与我们不一样的其他所有人。如果这是事实，如果我们想拯救我们自己，我们就必须找到一个新的认同基础和社会关系，以及一个表达这些东西的场所，以便它们能被广泛地学习。

因此，现在，我们绕了一大圈又回到了公共行政的合法性问题。只要我们根据传统的框架通过论证来解决这一问题，理性的人和他们的统治就会继续，理性的矛盾就还会折磨我们。越过这一问题是一个艰巨的转换任务，但有可能完成。我们首先必须认识到，转变的起始点不是采纳某一新理论。从这一意义来说，本书和其他与之类似的著作对于这一任务都是不重要的。理查德·罗蒂（Richard Rorty，1994）最近写道，左派（他想复活它）眼下的主要问题就是没有任何党派邀请人民参加，没有任何具体的行动计划可以提供。他的观点是，理论对导致实际变革没有什么影响，因为除非有不同的事可以做，否则我们的能量就会消耗在无用的理论诡辩中。这其实就是合法性问题使我们陷入了无用的争论。

这就是为什么我想通过重复我的意图来结束本书：请求公共行政的理论界采纳不同的对话模式。让我们自己卷入合法性问题——因为它的隐蔽的前提是人民有权要求解释，就是要我们坐下来相互审判，并在我们讨论和论述我们领域的问题时对我们的观点的价值和有效性做出判断。

对此的实际选择就是我们相互保持开放。其现实的出发点，卡米拉·斯蒂弗斯、福克斯和米勒（Fox & Miller，1995）在其书的最后一页，戴维·法默尔（David Farmer，1995）在其对他在性的讨论中都已对此做了说明。唯一的选择就是倾听，就是成为空心人，把他者当作自身来接受（Stivers，1994）。这表明，我在此讨论

的不是理性的终结，也不是通过公开承认和接纳它自身的矛盾与可怕的缺陷来实现
277 它的转换。通过使人民和他们的生活成为理性沉思的对象，当人类现实的状况是“我就是你”时，理性就使我们相互分离。

7.5 结束语

当我要结束这本书时，我意识到，我对已经写就的同类东西产生了强烈的情感。昨天晚上，我在《纽约州书评》上读到了一篇优秀的文章，我放下它的时候内心久久不能平静。我想到本书的论述方式与典型的学术著作的论述方式怎么会有如此大的差异。我喜欢知识分子表现出来的装模作样的刻板和冷漠。我需要花大量的时间和功夫来学，哪怕只学到一点点。我也常常认为自己是幸运的，因为我有许多学术界的朋友和敌人，我想让一切照旧。我有一点不想离开这本书，去从事它留下的新的计划。正是这一部分需要我的朋友去说“啊，真是好书!”而我的敌人则去发表其常常是空洞的、不得要领的评论，这样便可以一切照旧。

尽管如此，我同时也批判知识分子。他们一般地总是对人民采取极其模棱两可的态度。他们中的许多人想要成为批判的知识分子——这实际上是他们的使命，为增加“平民百姓”的福利呼吁，但同时他们又觉得他们比一般人更优秀。结果，他们只能是漫不经心地表现出支持他们想要成为的批判的知识分子的特权模式，并且在这一过程中，他们让自己沉迷于小资情调的、有权者赏赐给他们的“赏钱”中。

我的这一观点直接得自作为一个组织发展顾问的经验。组织中的人通常是相互关联的，就像学术界一样，而这正是组织发展顾问受召去帮助解决的问题得以产生的主要原因。据我的观察，当人们开始改变他们的谈话方式和交往方式，变得更少理性更多实际时，这些问题就可以得到解决。当我在这种情况下召开会议时，我常常想到这种交谈方式对于学术界是多么陌生（作为难相处的委托人，他们在组织发展顾问中早已臭名昭著）。我还时常认为，在组织中与我共事的人有着比学者更重要、更要负责任的工作，但他们愿意脱掉他们的伪装，兢兢业业地
278 完成工作。作为教授，我们的自我需求真的有这么大，以至于甚至对于我们面对的低风险的情境，我们也无所作为吗？我不知道，但我们的倾向似乎是想保持精英形象的姿态，并以此来保护那些实权在握的人。我们完全成了社会管理部门的女学究和主人。

我认为，在公共行政中，我们尤其有责任去抵制这种倾向。我们的领域真正鼓舞人心的事，是使政府权威变成人类目标的推动者，这是一个神奇而又实际的任务。因这一任务引发的特殊方面可明确地、自由地开始。对我们而言，是开始相互交谈的时候了，这意味着要学会脱除我们的知识伪装。我怀疑我这一代人中有许多人已没有希望做出这一改变，不论我们多么希望如此。但是，有许多研究者，并且在最后的分析中，有一本书需要这样的人做出那样的改变，这本书就是直接针

对他们的。因此，对于公共行政领域的研究者，我要说：尽管你们面对的世界可能比新一代人面对的任何世界问题更多，但这是你们的世界，你们拥有它，而不是别人拥有它。你们可以按你们的要求改变它，不要让任何人告诉你们任何不同的东西。

别让它就这样终结。告诉他们我所说的。

——维拉的临别赠言

参考书目

Adams, J. D. (Ed.). (1984). *Transforming work*. Alexandria, VA: Miles River.

Adams, J. D. (Ed.). (1986). *Transforming leadership*. Alexandria, VA: Miles River.

Agrippa [pseud.]. (1966), Letters: December 3, 1787. In C. Kenyon (Ed.), *The antifederalists* (pp. 131–160). New York: Bobbs-Merrill.

Aguayo, R. (1990). *Dr. Deming: The American who taught the Japanese about quality*. New York: Carol.

Akin, G., & Hopelain, D. (1986, Winter). Finding the culture of productivity. *Organizational Dynamics*, pp. 19–32.

Alexander, J. (1993, October). The five sexes. *New Woman*, pp. 14–17.

Allaire, Y., & Firsirotu, M. (1984). Theories of organizational culture. *Organizational Studies*, 3, 193–226.

Allcorn, S. (1992). *Codependency in the workplace*. Westport, CT: Quorum.

Anglia Television & Gordon Freedman Productions (Producer), & Morris, E. (Director). (1992). *A brief history of time* [Film].

Appleby, P. (1945). *Big democracy*. New York: Knopf.

Arana-Ward, M. (1996, September 1). Mothers know best. *Washington Post*, Outlook Section, p. C1.

Astley, W. G. (1985). Administrative science as socially constructed truth. *Administrative Science Quarterly*, 30, 497-513.

Bacon-Smith, C. (1986, November 8). Spock among the women. *New York Times Book Review*, pp. 25-28.

Baeber, B. (1984). *Strong democracy*. Berkeley: University of California Press.

Barber, B. R. (1995). *Jihad vs. McWorld*. New York: Time.

Bardach, E. (1977). *The implementation game*. Cambridge: MIT Press.

Barnard, C. (1968). *The functions of the executive*. Cambridge, MA: Harvard University Press. (Original work published 1938)

Barnes, B. (1982). *T. S. Kuhn and social science*. New York: Macmillan.

Bateson, C. (1973). *Steps to an ecology of mind*. St. Albans, NY: Paladin.

Baum, H. S. (1987). *The invisible bureaucracy*. New York: Oxford University Press.

Bauman, Z. (1993). *Postmodern ethics*. Oxford, UK: Blackwell.

Bayley, S. (1991). *Taste: The secret meaning of things*. New York: Pantheon.

Beard, C. A. (1913). *An economic interpretation of the Constitution of the United States*. New York: Macmillan.

Beeman, M. (1987). Introduction. In R. Beeman, S. Botein, & E. Carter II (Eds.), *Beyond confederation: Origins of the Constitution and American national identity* (pp. 3-19). Chapel Hill: University of North Carolina Press.

Beer, S. H., Ulam, A. B., Spiro, H. J., Wahl, N., & Eckstein, H. (1958). *Patterns of government: The major political systems of Europe*. New York: Random House.

Behn, R. D. (1995). The big questions of public management. *Public Administration Review*, 55. 313-324.

Bellah, R. N., Madsen, R., Sullivan, W. M., Swidler, A., & Tipton, S. M. (1985). *Habits of the heart*. Berkeley: University of California Press.

Berger, P., Berger, B., & Kellner, H. (1974). *The homeless mind*. New York: Vintage.

Berger, P., & Luckmann, T. (1966). *The social construction of reality*. Garden City, NY: Doubleday.

Berne, E. (1961). *Transactional analysis in psychotherapy*. New York: Grove.

Berne, E. (1970). *Games people play: The psychology of human relations*. New York: Grove.

Berne, E. (1972). *What do you say after you say hello*. New York: Grove.

Berne, E. (1976). *Beyond games and scripts*. New York: Grove.

Bernstein, R. J. (1992). *The new constellation: The ethical-political horizons of modernity/postmodernity*. Cambridge: MIT Press.

Beyer, J. M., & Trice, H. M. (1987, Spring). How an organization's rites reveal its culture. *Organizational Dynamics*, pp. 5–24.

Black, M. (Ed.). (1961). *The social theories of Talcott Parsons*. Englewood Cliffs, NJ: Prentice Hall.

Blake, R. R., & Mouton, J. S. (1964). *The managerial grid: Key orientations for achieving production through people*. Houston, TX: Gulf.

Blanchard, K., & Johnson, S. (1982). *The one minute manager*. New York: William Morrow.

Blau, P. M. (1965). *The dynamics of bureaucracy*. Chicago: University of Chicago Press.

Blau, P. M., & Scott, W. (1963). *Formal organizations: A comparative approach*. New York: Routledge & Kegan Paul.

Bloom, A. (1987). *The closing of the American mind*. New York: Simon & Schuster.

Bologh, R. W. (1990). *Love or greatness: Max Weber and masculine thinking — a feminist inquiry*. London: Unwin Hyman.

Borgman, A. (1992). *Crossing the postmodern divide*. Chicago: University of Chicago Press.

Bowen, M. (1978). *Family therapy in clinical practice*. Ann Arbor: University of Michigan Press.

Box, R. C. (1995). Critical theory and the paradox of discourse. *American Review of Public Administration*, 25 (1), 1–19.

Bragdon, H. N., McCutchen, S. P., & Ritchie, D. A. (1994). *History of a free nation*. New York: Glencoe.

Braibanti, R. (1969). *Political administrative development*. Durham, NC: Duke University Press.

Braybrooke, D., & Lindblom, C. E. (1963). *A strategy of decision: Policy evaluation as a social process*. Glencoe, IL: Free Press.

Briggs, J., & Peat, F. D. (1989). *Turbulent mirror*. New York: Harper & Row.

Brown, R. D. (1987). Shay's Rebellion and the ratification of the federal Constitution in Massachusetts. In R. Beeman, S. Botein, & E. Carter II (Eds.), *Beyond confederation: Origin of the Constitution and American national identity* (pp. 113–127). Chapel Hill: University of North Carolina Press.

Brown, W. (1988). *Manhood and politics: A feminist reading in political theory*. Totowa, NJ: Rowman Littlefield.

Brutus Junior [pseud.]. (1965). The New York journal: November 8, 1787. In M. Borden (Ed.), *The antifederalist papers* (p. 103). East Lansing: Michigan State University Press.

Buck, A. E. (1921). *Public budgeting*. New York: Appleton.

Burke, J. P. (1986). *Bureaucratic responsibility*. Baltimore: Johns Hopkins University Press.

Burns, J. M., Peltason, J. W., & Cronin, T. E. (1984). *Government by the people* (12th ed.). New York: Prentice Hall.

Burrell, G., & Morgan, G. (1979). *Sociological paradigms and organizational analysis*. Portsmouth, NH: Heinemann.

Buscemi, W. I. (1978, Fall). Political theory: Impact of the philosophy of science. *ASPA News*, pp. 1–5.

Butler, J. (1990). *Gender trouble: Feminism and the subversion of identity*. New York: Routledge.

Caiden, G. E. (1971). *The dynamics of public administration: Guidelines to current transformations in theory and practice*. Hinsdale, IL: Dryden.

Calas, M. B., & Smircich, L. (1996). From "the woman's" point of view: Feminist approaches to organization studies. In S. Clegg, C. Hardy, & W. R. Nord (Eds.), *Handbook of organization studies* (pp. 218–257). Thousand Oaks, CA: Sage.

Campbell, A., Converse, P. E., Miller, W. E., & Stokes, D. E. (1960). The *American voter*. New York: John Wiley.

Carr, D. K., & Littman, I. D. (1990). *Excellence in government: Total quality management in the 1990s*. Arlington, VA: Coopers & Lybrand.

Carson, R. (1962). *Silent spring*. Boston: Houghton Mifflin.

Catron, B., & Harmon, M. M. (1981). Action theory in practice: Toward theory without conspiracy. *Public Administration Review*, 41, 535–540.

Centinel [pseud.]. (1965). Letters to *The Independent Gazetteer*: October 5, 1787 and November 8, 1787. In M. Borden (Ed.), *The antifederalist papers* (pp. 110–134). East Lansing: Michigan State University Press.

Centinel [pseud.]. (1966). Letter to *The Independent Gazetteer*: October5, 1787. In C. Kenyon (Ed.), *The antifederalists* (pp. 2–14). New York: Bobbs-Merrill.

Cohen, M. D., March, J. G., & Olsen, J. P. (1972). A garbage can model of organizational choice. *Administrative Science Quarterly*, 17, 1–25.

Connolly, W. (1969). *The bias of pluralism*. New York: Atherton.

Cooper, T. (1983). *The responsible administrator*. Port Washington, NY: Kennikat.

Copjec, J. (1994). Sex and the euthanasia of reason. In J. Copjec (Ed.), *Supposing the subject* (pp. 16–44). London: Verso.

Copley, F. B. (1923). *Frederick W. Taylor, father of scientific management*. New York: Harper.

Corwin, E. 5. (1957). *The president: Office and powers, 1787—1957*. New York: New York University Press.

Crary, J. (1992). *Techniques of the observer: On vision and modernity in the nineteenth century*. Cambridge: MIT Press.

Croly, H. (1963). *The promise of American life*. New York: E. P. Dutton.

Cross, G. (1993). *Time and money*. New York: Routledge.

Crozier, M. (1964). *The bureaucratic phenomenon*. Chicago: University of Chicago Press.

Czarniawska-Joerges, B. (1992). *Exploring complex organizations: A cultural perspective*. Newbury Park, CA: Sage.

Dahl, R. A. (1956). *A preface to democratic theory*. Chicago: University of Chicago Press.

Dahl, R. A. (1961). *Who governs? Democracy and power in an American city*. New Haven, CT: Yale University Press.

Dahl, R. A. (1967). *Pluralist democracy in the United States: Conflict and consent*. Chicago: Rand McNally.

Dahlberg, J. S. (1966). *The New York Bureau of Municipal Research: Pioneer in government administration*. New York: New York University Press.

Damrosch, D. (1995). The scholar as exile. *Lingua Franca*, 5 (2), 56-60.

Davis, C. R. (1996). The administrative rational model and public organization theory. *Administration & Society*, 28, 39-60.

Deming, W. E. (1986). *Out of crisis*. Cambridge: MIT Center for Advanced Engineering Study.

Denhardt, K. C. (1988). *The ethics of public service: Resolving moral dilemmas in public organizations*. New York: Greenwood.

Denhardt, R. B. (1981). *In the shadow of organization*. Lawrence: Regents Press of Kansas.

Denhardt, R. B. (1996). Denhardt opens Atlanta conference. *PA. Times*, 19 (8), 16.

Dennard, L. (1995). Neo-Darwinism and Simon's bureaucratic antihero. *Administration & Society*, 26, 464-487.

Denzin, N. K. (1991). *Images of postmodern society*. Newbury Park, CA: Sage.

Derrida, J. (1974). *Of grammatology*. Baltimore: Johns Hopkins University Press.

Diamond, M. (1979). Ethics and politics: The American way. In R. H. Horowitz (Ed.), *The moral foundations of the American republic* (2nd ed., pp. 38-72). Charlottesville: University of Virginia Press.

Diamond , M. A. (1984). Bureaucracy as externalized self-system: A view from the psychological interior. *Administration & Society*, 16, 195–214.

Diamond, M. A. (1988). Organizational identity: A psychoanalytic exploration of organizational meaning. *Administration & Society*, 20, 166–190.

Diamond, M. A. (1993). *The unconscious life of organizations: Interpreting organizational identity*. Westport, CT: Quorum.

Dolan, S. L., & Lamoureaux, G. (1990). *Initiation à Ia psychologie du travail*. Bourcherville, Quebec: Gaetan Morin.

Dolbeare, K. (1974). *Political change in the United States: A framework for analysis*. New York: McGraw-Hill.

Douglas, M. (1986). *How institutions think*. Syracuse, NY: Syracuse University Press.

Drucker, P. F. (1995). *Managing in a time of great change*. New York: Truman Talley.

Dumenil, L. (1995). *The modern temper: American culture and society in the 1920's*. New York: Hill & Wang.

Duverger, M. (1955). *Political parties*. New York: John Wiley.

Dvorin, E. P., & Simmons, R. H. (1972). *From amoral to humane bureaucracy*. San Francisco: Canfield.

Eden, D. (1984). Self-fulfilling prophecy as a management tool: Harnessing Pygmalion. *Academy of Management Review*, 9 (1), 64–73.

Eisenach, E. J. (1994). *The lost promise of progressivism*. Lawrence: University Press of Kansas.

Eliot, T. S. (1971). *T. S. Eliot: The complete poems and plays, 1909—1950*. Orlando, FL: Harcourt Brace Jovanovitch.

Elkins, J. (1996). *The object stares back: On the nature of seeing*. New York: Simon & Schuster.

Ellis, R. E. (1987). The persistence of antifederalism after 1789. In R. Beeman, S. Botein, & E. Carter II (Eds.), *Beyond confederation: Origins of the Constitution and American national identity* (pp. 295–314). Chapel Hill: University of North Carolina Press.

Enzensberger, H. M. (1994). *Civil war*. London: Granta.

Esman, M. J. (1972). *Administration and development in Malaysia: Institution building and reform in a plural society*. Ithaca, NY: Cornell University Press.

Etzioni, A. (1960). Two approaches to organizational analysis: A critique and a suggestion. *Administrative Science Quarterly*, 5, 257–278.

Etzioni, A. (1961). *Complex organizations: A sociological reader*. New York: Holt, Rinehart & Winston.

Etzioni, A. (1964). *Modern organizations*. Englewood Cliffs, NJ: Prentice Hall.

Etzioni, A. (1993). *The spirit of community: Rights, responsibilities and the communitarian agenda*. New York: Crown.

Etzioni, A. (Ed.). (1995). *New communitarian thinking: Persons, virtues, institutions, and communities*. Charlottesville: University Press of Virginia.

Fagas, J., & Shepherd, I. L. (Eds.). (1971). *Gestalt therapy now*. New York: Harper & Row.

Fainsod, M., Gordon, L., & Palamountain, J. C. (1959). *Government and the American economy*. New York: Norton.

Farmer, D. (1995). *The language of public administration*. Tuscaloosa: University of Alabama Press.

Fausto-Sterling, A. (1985). *Myths of gender*. New York: Basic Books.

The Federal Farmer [pseud.]. (1965). The quantity of power the Union must possess is one thing; the mode of exercising the powers given is quite a different consideration: 1787. In M. Borden (Ed.), *The antifederalist papers* (pp. 113–114). East Lansing: Michigan State University Press.

Ferguson, E. J. (1979). The nationalists of 1781—1783 and the economic interpretation of the Constitution. In G. S. Wood (Ed.), *The Confederation and the Constitution: The critical issues* (pp. 1–14). New York: University Press of America.

Ferguson, K. E. (1984). *The feminist case against bureaucracy*. Philadelphia: Temple University Press.

Ferkiss, V. (1974). *The future of technological civilization*. New York: George Brazilier.

Finer, H. (1940). Administrative responsibility in democratic government. In C. Friedrich (Ed.), *Public policy* (pp. 247–275). Cambridge, MA: Harvard University Press.

Fisher, R., & Ury, W. (1991). *Getting to yes: Negotiating agreement without giving in* (2nd ed.). New York: Penguin.

Follett, M. P. (1918). *The new state*. New York: Longmans, Green.

Follett, M. P. (1924). *Creative experience*. New York: Longmans, Green.

Follett, M. P. (1940). *Dynamic administration: The collected works of Mary Parker Follett* (H. C. Metcalf & L. Urwick, Eds.). New York: Harper.

Foss, P. O. (1960). *The grazing fee dilemma*. Indianapolis: Bobbs-Merrill.

Foucault, M. (1970). *The order of things*. New York: Pantheon.

Foucault, M. (1977). What is an author? In D. F. Bouchard (Ed.), *Language, counter-memory, practice: Selected essays and interviews* (pp. 113–138). Ithaca, NY: Cornell University Press.

Foucault, M. (1979). *Discipline and punish* (A. Sheridan, Trans.). New York: Vintage.

Fox, C. J., & Miller, H. T. (1995). *Postmodern public administration*. Thousand Oaks, CA: Sage.

Frank, F., & Anshen, F. (1983). *Language and the sexes*. Albany: State University of New York Press.

Franzway, S., Courte, D., & Connell, R. W. (1989). *Staking a claim: Feminism, bureaucracy and the state*. Sydney, Australia: Allen & Unwin.

Frederickson, H. G. (1980). *New public administration*. University: University of Alabama Press.

Freeman, L. (1955). *The political process: Executive bureau-legislative committee relations*. Garden City, NY: Doubleday.

Friedman, E. H. (1985). *Generation to generation*. New York: Guilford.

Friedmann, J. (1973). *Retracking America*. Garden City, NY: Doubleday.

Friedrich, C. (1940). Public policy and the nature of administrative responsibility. In C. Friedrich (Ed.), *Public policy* (pp. 221-245). Cambridge, MA: Harvard University Press.

Frug, J. (1993). Decentering decentralization. *University of Chicago Law Review*, 60, 253-338.

Gabor, A. (1990). *The man who discovered quality*. New York: Random House.

Gadon, E. W. (1989). *The once and future goddess*. San Francisco: Harper & Row.

Gagliardi, P. (1986). The creation and change of organizational cultures: A conceptual framework. *Organizational Studies*, 2, 117-134.

Cans, H. (1971, May-June). The uses of poverty: The poor pay all. *Social Policy*, 2, 20-24.

Gardner, N. (1963). *Effective executive practices*. New York: Doubleday.

Gardner, N. (1965). *The art of delegating*. New York: Doubleday.

Gardner, N. (1974). Action training and research: Something old and something new. *Public Administration Review*, 34, 106-115.

Garfinkel, H. (1967). *Studies in ethnomethodology*. Englewood Cliffs, NJ: Prentice Hall.

Garvin, D. A. (1988). *Managing quality*. New York: Free Press.

Gilder, G. (1981). *Wealth and poverty*. New York: Basic Books.

Gilmore, T. (1982). A triangular framework: Leadership and followership. In R. R. Sagar & K. Wiseman (Eds.), *Understanding organizations: Applications of Bowen family system theory* (pp. vii-xii). Washington. DC: Georgetown University Family Center.

Gimbutas , M. (1989). *The language of the goddess*. San Francisco: Harper & Row.

Gimbutas, M. (1991). *The civilization of the goddess*. San Francisco: Harper & Row.

Ginzberg, L. D. (1990). *Women and the work of benevolence: Morality, politics and class in the 19th century United States*. New Haven, CT: Yale University Press.

Gleick, J. (1988). *Chaos: Making a new science*. New York: Penguin.

Goldwin, R. A. (1979). Of men and angels: A search for morality in the Constitution. In R. H. Horwitz (Ed.), *The moral foundations of the American republic* (pp. 1–18). Charlottesville: University of Virginia Press.

Golembiewski, R. T. (1996). The future of public administration: End of a short stay in the sun? Or a new day a-dawning? *Public Administration Review*, 56, 139–148.

Goodnow, F. (1900). *Politics and administration*. New York: Macmillan.

Goodsell, C. T. (1981). *The public encounter*. Bloomington: Indiana University Press.

Goodsell, C. T. (1984). The Grace Commission: Seeking efficiency for the whole people? *Public Administration Review*, 44, 196–204.

Goodsell, C. T. (1994). *The case for bureaucracy* (3rd ed.). Chatham, NJ: Chatham House.

Goodwyn, L. (1976). *Democratic promise: The populist movement in America*. New York: Oxford University Press.

Gouldner, A. W. (1954). *Patterns of industrial bureaucracy*. Glencoe, IL: Free Press.

Gregory, K. L. (1983). Native-view paradigms: Multiple cultures and culture conflicts in organizations. *Administrative Science Quarterly*, 3, 359–376.

Guba, E. G. (Ed.). (1990), *The paradigm dialog*. Newbury Park, CA: Sage.

Guerin, P. (1976). *Family therapy: Theory and practice*. New York: Gardner.

Guess, C. M. (1989). Comparative and international administration. In J. Rabin, W. B. Hildreth, & C. J. Miller (Eds.), *Handbook of public administration* (pp. 477–498). New York: Marcel Dekker.

Gulick, L. , & Urwick, L. (Eds.). (1037). *Papers on the science of administration*. New York: Columbia University, Institute of Public Affairs.

Habor, S. (1964). *Efficiency and uplift: Scientific management in the Progressive Era*. Chicago: University of Chicago Press.

Hall, J. A. (Ed.). (1995). *Civil society*. Cambridge, UK: Polity.

Hardy, R. J. (1992). *Government in America*. Boston: Houghton Mifflin.

Harmon, M. M. (1981). *Action theory for public administration*. New York: Longman.

Harmon, M. M. (1995). *Responsibility as paradox: A critique of rational discourse on government*. Thousand Oaks, CA: Sage.

Harmon, M. M., & Mayer, R. T. (1986). *Organization theory for public administration*. Boston: Little, Brown.

Harrington, M. (1962). *The other America: Poverty in the United States*. New York: Macmillan.

Hartshorne, C., & Weiss, P. (Eds.). (1931). *The collected papers of Charles Sanders Peirce* (Vols. 1 & 5). Cambridge, MA: Harvard University Press.

Hartz, L. (1948). *Economic policy and democratic thought: Pennsylvania, 1776—1860*. Cambridge, MA: Harvard University Press.

The Harwood Group. (1991). *Citizens and politics: A view from Main Street America*. Bethesda. MD: Author.

The Harwood Group. (1995, November). *America's struggle within: Citizens talk about the state of the Union*. Bethesda, MD: Author.

The Harwood Group. (1996, January). *The public realm: Where America must address its concerns*. Bethesda, MD: Author.

Hatcher, C., & Himmelstein, P. (Eds.). (1976). *The handbook of gestalt therapy*. New York: Jason Aronson.

Hawley, E. W. (1994). Herbert Hoover and American corporatism. 1929—1933. In R. F. Himmelberg (Ed.), *Business-government cooperation 1917—1932: The rise of corporatist policies* (pp. 121-149). New York: Garland.

Heady, F. (1966). *Public administration: A comparative perspective*. New York: Marcel Dekker.

Heady, F. (1989). Issues in comparative and international administration. In J. Rabin. W. B. Hildreth, & G. J. Miller (Eds.), *Handbook of public administration* (pp. 499-522). New York: Marcel Dekkcr.

Heer, C. (1926). *The post-war expansion of state expenditures*. New York: National Institute of Public Administration.

Heilbroner. R. (1974). *An inquiry into the human prospect*. New York: Norton.

Henry, N. (1987). The emergence of public administration as a field of study. In R. C. Chandler (Ed.), *A centennial history of the American administrative state* (pp. 37-85). New York: Free Press.

Henry, P. (1966). Debates in the Virginia convention 1788. In C. Kenyon (Ed.) *The antifederalists* (pp. 240-251). New York: Bobbs-Merrill.

Heritage, J. (1984). *Garfinkel and ethnomethodology*. Cambridge, UK: Polity.

Herman, S. M., & Korenich, M. (1977). *Authentic management Gestalt orienta-*

tion to organizations and their development. Reading, MA: Addison-Wesley.

Herzog, R. J., & Claunch, R. C. (1996). Stories citizens tell: New and old directions for city management. In J. Jung (Ed.), *Proceedings of the Ninth National Symposium on Public Administration Theory* (pp. 212–225). Hayward CA: Public Administration Theory Network.

Hicks, J. D., & Mowry, G. E. (1956). *A short history of American democracy*. Boston: Houghton Mifflin.

Himmelberg, R. F. (1976). *The origins of the National Recovery Administration*. New York: Fordham University Press.

Himmelberg. R. F. (Ed.). (1994). *Business-government corporations 1917—1932: The rise of corporatist policies*. New York: Garland.

Hirschorn, L. (1988). *The workplace within*. Cambridge: MIT Press.

Hirschorn. L., & Gilmore, T. (1980). The application of family therapy concepts to influencing organizational behavior. *Administrative Science Quarterly*, 25, 18–27.

Hofstadter, R. (1955). *Age of reform: From Bryan to F. D. R.*. New York: Knopf.

Homans. G. C. (1950). *The human group*. New York: Harcourt Brace Jovanovitch.

Hummel, R. P. (1977). *The bureaucratic experience*. New York: St. Martin's.

Ingalls, J. D. (1976). *Human energy*. Reading, MA: Addison-Wesley.

Ingraham. P. (1996, April 13). Address to Center for Public Administration and Policy, Annual High Table, Blacksburg, VA.

Jacobson, N. (1963). Political science and political education. *American Political Science Review*, 57. 561–569.

Jacques. E. (1976). *A general theory of bureaucracy*. London: Heinemann.

Jamison, A., & Eyerman. R. (1994). *Seeds of the sixties*. Berkeley: University of California Press.

John De Witt [pseud.]. (1966). To the free citizens of the Commonwealth of Massachusetts: November 5, 1787. In C. Kenyon (Ed.), *The antifederalists* (pp. 89–109). New York: Bobbs-Merrill.

Jones, D. J. (1993). *Murder at the MLA*. Athens: University of Georgia Press.

Jones, R. S. (1982). *Physics as metaphor*. New York: New American Library.

Jordan, W. P., Greenblatt, M., & Bowes, J. S. (1985). *The Americans*. *Evanston*, IL: McDougal, Littell.

Jun, J. (1986). *Public administration: Design and problem solving*. New York: Macmillan.

Jun. J. (1994). *Philosophy of administration*. Seoul, Korea: Daeyoung Moonhwa International.

Jung, C. G. (1958). The syzygy: Anima and animus. In V. S. de Laslo (Ed.), *Psyche and symbol: A selection from the writings of C. G. Jung* (pp. 9–22). Garden City, NY: Doubleday.

Jung, C. G. (1963). *The collected works of C. G. Jung* (2nd ed., Vol. 14; R. F. C. Hull. Trans.). Princeton, NJ: Princeton University Press.

Juran, J. M. (1992). *Juran on quality by design*. New York: Free Press.

Kahn, M. (1979). Organizational consultation and the teaching of family therapy: Contrasting case histories. *Journal of Marital and Family Therapy*, 5 (1), 69–80.

Kakar, S. (1970). *Frederick Taylor: A study in personality and innovation*. Cambridge: MIT Press.

Kaminski, J. P. (1983, February). Antifederalism and the perils of homogenized history: A review essay. *Rhode Island History*, 42, 30–37.

Kamuf, P. (Ed.). (1991). *A Derrida reader*. New York: Columbia University Press.

Kanter, R. M. (1977). *Men and women of the corporation*. New York: Basic Books.

Kaplan. R. D. (1996). *The ends of the earth: A journey at the dawn of the 21st century*. New York: Vintage.

Kass, H. D., & Catron, B. L. (Eds.). (1990). *Images and identities in public administration*. Newbury Park, CA: Sage.

Katz, D., & Kahn, R. L. (1966). *The social psychology of organizations*. New York: John Wiley.

Kauffman, S. A. (1993). *The origins of order: Self-organization and selection in evolution*. New York: Oxford University Press.

Kaufman, H. (1991). *Time, chance, and organization: Natural selection in a perilous environment* (2nd ed.). Chatham, NJ: Chatham House.

Keirsey. D., & Bates, M. (1978). *Please understand me*. Del Mar, CA: Prometheus-Nemesis.

Kenyon. C. (1979). Men of little faith: The anti-federalists on the name of representative government. In G. S. Wood (Ed.), *The Confederation and the Constitution: The critical issues* (pp. 56–85). New York: University Press of America. (Original work published 1955)

Kerr, C. (1967). *The university in America*. Santa Barbara, CA: Center for the Study of Democratic Institutions.

Kets de Vries, M. (Ed.). (1991). *Organizations on the couch*. San Francisco: Jossey-Bass.

Key, V. O. (1959). *Politics, parties, and pressure groups*. New York: Thomas Y. Crowell.

Kiel, D., & Elliott, E. (Eds.). (1996). *Chaos theory in the social sciences: Foundations and applications*. Ann Arbor: University of Michigan Press.

Kilduff, M. (1993). Deconstructing organizations. *Academy of Management Review*, 18, 13-31.

Kilmann, R., Saxton, M., & Serpa, R. (1986, Winter). Issues in understanding and changing culture. *California Management Review*, 2, 87-94.

Kirkhart, L., & White, O. F., Jr. (1974). The future of organization development. *Public Administration Review*, 34, 129-140.

Kirlin, J. J. (1996). The big questions of public administration in a democracy. *Public Administration Review*, 56, 416-423.

Kohn, A. (1993). *Punished by rewards: The trouble with gold stars, incentive plans, A's, praise and other bribes*. New York: Houghton Mifflin.

Kownslar, A., & Smart, T. (1983). *Civics: Citizens and society* (2nd ed.). New York: McGraw-Hill.

Kronenberg, P. S. (1977, April). *Toward a theory of the interorganization*. Paper presented at the meeting of the National Conference of the American Society for Public Administration, Atlanta.

Kuhn, T. (1962). *The structure of scientific revolutions*. Chicago: University of Chicago Press.

LaBier, D. (1986). *Modern madness*. New York: Touchstone.

Lacan, J. (1977). *Ecrits* (A. Sheridan, Trans.). New York: Norton.

Lacan, J. (1978). *The four fundamental concepts of psycho-analysis* (A. Sheridan, Trans.; J.-A. Miller, Ed.). New York: Norton.

Laing, R. D. (1960). *The divided self*. London: Tavistock.

Laing, R. D. (1967). *Politics of experience*. New York: Penguin.

Lane, L. M., & Wolf, J. F. (1990). *The human resource crisis in the public sector*. New York: Quorum.

Lapolambara, J. G. (1963). *Bureaucracy and political development*. Princeton, NJ: Princeton University Press.

Lareau, W. (1991). *American samurai*. Clinton, NJ: New Win.

Lasch, C. (1978). *The culture of narcissism*. New York: Norton.

Lasswell, H. D. (1971). *A preview of policy sciences*. New York: American Elsevier.

Lawrence, P. R., & Lorsch, J. W. (1969). *Organization and environment: Managing differentiation and integration*. Homewood, IL: Richard D. Irwin.

Lawrence, S. A. (1962). *The battery additive controversy*. Indianapolis: Bobbs-Merrill.

Lederer, W. J. (1958). *The ugly American*. New York: Norton.

Lee, R. H. (1966). Letters from the Federal Farmer: October 8, 1787 and October 10, 1787. In C. Kenyon (Ed.), *The antifederalists* (pp. 197–233), New York: Bobbs-Merrill.

Leonard, W. N. (1969). *Business size, market power, and public policy*. New York: Thomas Y. Crowell.

Levinson, H. (1981). *Executive*. Cambridge, MA: Harvard University Press.

Lieberson, J. (1982a). Postscript to the logic of scientific discovery. *New York Review of Books*, 29 (18), 67–69.

Lieberson, J. (1982b). The romantic rationalist. *New York Review of Books*, 29 (19), 51–57.

Lienesch, M. (1980). The constitutional tradition: History, political action, and progress in American political thought 1787—1793. *Journal of Politics*, 42 (1), 2–30.

Lienesch, M. (1983). In defence of the antifederalists. *History of Political Thought*, 4 (1), 65–87.

Lienesch, M. (1988). *The new order of the ages: Time, the Constitution, and the making of modern American political thought*. Princeton, NJ: Princeton University Press.

Lindblom, C. A. (1959). The science of muddling through. *Public Administration Review*, 19, 79–88.

Lippmann, W. (1937). *The good society*. New York: Little, Brown.

Little, J. H. (1994). Administrative man faces the quality transformation: Comparing the ideas of Herbert A. Simon and W. Edwards Deming. *American Review of Public Administration*, 24 (1), 67–84.

Lockhard, D. (1976). *The perverted priorities of American politics*. New York: Macmillan.

Logsdon, J. (1971, June). Selecting the way to the moon: The choice of the lunar orbit rendezvous mode. *Aerospace History*.

Lowi, T. (1969). *The end of liberalism*. New York: Norton.

Lowndes, R. (1981). Speeches of Rawlins Lowndes in the South Carolina legislature: January, 1788. In H. J. Storing (Ed.), *The complete anti-federalist* (Vol. 5, pp. 149–150). Chicago: University of Chicago Press.

Lux, K. (1990). *Adam Smith's mistake: How a moral philosopher invented economics and ended morality*. New York: Random House/Shambala.

MacIntyre, A. (1984). *After virtue: A study in moral theory* (2nd ad.). Notre Dame, IN: Notre Dame University Press.

Madison, J. (1952). Federalist #10. In R. M. Hutchins (Ed.), *American state papers* (pp. 49–53). Chicago: Encyclopedia Britannica.

Mann, N. R. (1985). *The keys to excellence: The story of the Deming philosophy*. Los Angeles: Prestwick.

March, J. G., & Olsen, J. P. (1989). *Rediscovering institutions: The organizational basis of politics*. New York: Free Press.

March, J. C., & Simon, H. A. (1958). *Organizations*. New York: John Wiley.

Marini, F. (Ed.). (1971). *Toward a new public administration*. London: Chandler, Scranton.

Marshall, G. (1996). Deconstructing administrative behavior: The "real" as representation. *Administrative Theory and Praxis*, 18 (1), 117–127.

Martin, J. (1992). *Cultures in organizations: Three perspectives*. New York: Oxford University Press.

Maslow, A. (1968). *Toward a psychology of being*. Princeton, NJ: Van Nostrand.

Mason, A. T. (1979). The Constitutional Convention. In G. S. Wood (Ed.), *The Confederation and the Constitution: The critical issues* (pp. 37 – 55). New York: University Press of America.

Mason, G. (1966). Objections to the proposed federal Constitution. In C. Kenyon (Ed.), *The antifederalists* (pp. 191–195). New York: Bobbs-Merrill.

Maurer, R. (1996). *Beyond the wall of resistance*. Austin, TX: Bard & Stephen.

May, R. (1953). *Man's search for himself*. New York: Delta.

May, R., Angel, E., & Ellenberger. H. F. (Eds.). (1958). *Existence*. New York: Simon & Schuster.

McCombs, C. E. (1927). *City health administration*. New York: Crowell, Collier, & Macmillan.

McConnell, G. (1966). *Private power and American democracy*. New York: Vintage.

McKeen, R. L. (1977). Behavioral objectives and non-behavioral objectives: A case of when and where. *College Student Journal*, 11 (2), 139–145.

McMath, R. C. (1993). *American populism: A social history 1877—1898*. New York: Hill & Wang.

McSwain, C. J. (1995). Men, mom, meaning and marginalization. *Administration & Society*. 27, 283–289.

McSwain, C. J., & White, O. F., Jr. (1987). The case for lying, cheating and stealing: Personal development as ethical guidance for managers. *Administration & Society*, 18, 411–432.

McSwain, C. J., & White, O. F., Jr. (1993). Transformational organization theory. *American Review of Public Administration*, 23 (2), 81–98.

McWilliams, W. C. (1979). On equality as the moral foundation for community. In R. H. Horowitz (Ed.), *The moral foundations of the American republic* (2nd ed., pp. 183–213). Charlottesville: University of Virginia Press.

Merkle, J. A. (1968). The Taylor strategy: Organizational innovation and class structure. *Berkeley Journal of Sociology*, 13, 59–81.

Merton, R. K. (1936). The unanticipated consequences of purposive social action. *American Sociological Review*, 1, 894–904.

Merton, R. K. (1940). Bureaucratic structure and personality. *Social Forces*, 18, 560–568.

Merton, R. K. (1949). *Social theory and social structures*. Chicago: Free Press.

Milgram, S. (1974). *Obedience to authority: An experimental view*. New York: Harper & Row.

Miller, H. T., & Fox, C. J. (Eds.). (1996). *Postmodernism, "reality", and public administration: A discourse*. Burke, VA: Chatelaine.

Mills, C. W. (1959). *The sociological imagination*. London: Oxford University Press.

Montgomery, J. D., & Siffin, W. J. (Eds.). (1966). *Approaches to development: Politics, administration and change*. New York: McGraw-Hill.

Moore, M. (1992, August 16). Bangladesh Bank: A woman's domain. *Washington Post*, Section A, p. 1.

Morris, R. B. (1987). *The forging of the Union: 1781—1789*. New York: Harper & Row.

Morstein-Marx, F. (1946). *Elements of public administration*. Englewood Cliffs, NJ: Prentice Hall.

Mosher, F. C. (Ed.). (1980). *American public administration: Past, present, future*. University: University of Alabama Press.

Mosher, W. E. (1937). Government without patronage. *Annals*, 189, 35–41.

Mund, V. (1965). *Government and business*. New York: Harper & Row.

Nagel, E., & Newman, J. R. (1968). *Gödel's proof* New York: University Press.

Naisbitt, J. (1982). *Megatrends*. New York: Warner.

Neave, H. R. (1989). *The Deming dimension*. Knoxville, TN: SPC.

Nedelsky, J. (1982). Confirming democratic politics: Anti-federalists, federalists, and the Constitution. *Harvard Law Review*, 96, 340–360.

Nelson, U. (1980). *Frederick W. Taylor and the rise of scientific management*. Madison: University of Wisconsin Press.

Neustadt, R. (1960). *Presidential power: The politics of leadership*. New York: John Wiley.

Noble, D. F. (1981). *The progressive mind*. Minneapolis, MN: Burgess.

Noble, D. F. (1992). *A world without women: The Christian clerical culture of Western science*. New York: Oxford University Press.

Norman, M. (1996, May 26). The hollow man. *New York Times Magazine*, Section 6, p. 54.

Norris, C. (1982). *Deconstruction: Theory and practice*. New York: Routledge.

Norris, C. (1987). *Derrida*. Cambridge, MA: Harvard University Press.

Olasky, M. (1992). *The tragedy of American compassion*. Wheaton, IL: Crossway.

Olson, C. (1983). *The book of the goddess*. New York: Crossroad.

O'Neill, W. L. (1971). *Coming apart: An informal history of America in the 1960's*. New York: Quadrangle/New York Times.

Osborne, D., & Gaebler, T. (1992). *Reinventing government: How the entrepreneurial spirit is transforming the public sector*. Reading, MA: Addison-Wesley.

Ostrom, E. (1975). The design of institutional agreements and the responsive ness of police. In L. Rieselbach (Ed.), *People vs. government* (pp. 274−299). Bloomington: Indiana University Press.

Ostrom, V. (1973). *The intellectual crisis in public administration*. University: University of Alabama Press.

Ott, J. S. (1989). *The organizational culture perspective*. Chicago: Dorsey.

Owen, H. (1984). Facilitating organizational transformation: The uses of myth and ritual. In J. D. Adams (Ed.), *Transforming work* (pp. 209−244). Alexandria, VA: Miles River.

Owen, H. (1987). *Spirit: Transformation and development in organizations*. Potomac, MD: Abbott.

Parenti, M. (1974). *Democracy for the few*. New York: St. Martin's.

Parsons, T. (1949). *The structure of social action*. Glencoe, IL: Free Press.

Parsons, T. (1951). *The social system*. New York: Free Press.

Pateman, C. (1970). *Participation and democratic theory*. Cambridge, UK: Cambridge University Press.

Perls, F., Hefferline, R. F., & Goodman, P. (1951). *Gestalt therapy*. New York: Delta.

Perrow, C. (1961). The analysis of goals in complex organizations. *American Sociological Review*, 26, 854−866.

Perrow, C. (1972). *Complex organizations: A critical essay*. Glenview, IL: Scott, Foresman.

Perrow, C. (1980). Zoo story or life in the organizational sandpit. In G. Salaman & K. Thompson (Eds.), *Control and ideology in organizations* (pp. 259−277). Cambridge: MIT Press.

Peters, T. J., & Waterman, R. H., Jr. (1982). *In search of excellence*. New York: Warner.

Pettigrew, A. M. (1979). On studying organizational cultures. *Administrative Science Quarterly*, 24, 570−581.

Pfiffner, J. M. (1935). *Public administration*. New York: Ronald.

Pfohl, S. J. (1975). Social role analysis: The ethnomethodological critique. *Sociology and Social Research*, 59, 243−265.

Pinkney, H. R. (1969). *Christopher Gore: Federalist of Massachusetts: 1758—1827*. Waltham, MA: Gore Place Society.

Piszkiewicz, D. (1995). *The Nazi rocketeers*. Westport, CT: Praeger.

Playford, J., & McCoy, C. (1967). *Apolitical politics*. New York: T. Crowell.

Polanyi, M. (1958). *Personal knowledge*. New York: Routledge & Kegan Paul.

Powell, C. (1988). *Women and men in management*. Newbury Park, CA: Sage.

Pressman, J. L., & Wildavsky, A. B. (1973). *Implementation*. Berkeley: University of California Press.

Prigogine, I., & Stengers, I. (1984). *Order out of chaos: Man's new dialogue with nature*. New York: Bantam.

Progoff, I. (1973). *Jung's psychology and its social meaning*. Garden City, NY: Doubleday.

Publius [pseud.]. (1952). The Federalist papers. In R. M. Hutchins (Ed.), *American state papers* (pp. 29−259). Chicago: Encyclopedia Britannica.

Putnam, R. D. (1993). *Making democracy work*. Princeton, NJ: Princeton University Press.

Racinc, D. P. (1995). The welfare state: Citizens and immersed civil servants. *Administration & Society*. 26, 434−463.

Rae, A., & Ward, P. D. (1984). *The 59 second employee: How to stay one second ahead of your one minute manager*. Boston: Houghton Mifflin.

Rawls, J. (1971). *A theory of justice*. Cambridge, MA: Harvard University Press.

Ramos, A. G. (1981). *The new science of organizations: A reconceptualization of the wealth of nations*. Toronto: University of Toronto Press.

Redford, E. S. (1958). *Ideal and practice in public administration*. University: University of Alabama Press.

Redford, E. S. (1965). *American government and the economy*. New York: Macmillan.

Redford, E. S. (1969). *Democracy in the administrative state*. New York: Oxford University Press.

Redford, E. S., & White, O. F., Jr. (1971). *What manned space program after reaching the moon? Government attempts to decide: 1962—1968*. Syracuse, NY: Inter-University Case Program.

Reich, C. A. (1995). *Opposing the system*. New York: Crown.

Reich, R. B. (1996, February). *Pink slips, profits and paychecks: Corporate citizenship in an era of smaller government*. Speech delivered at the George Washington University School of Business and Public Management, Washington, DC.

Remy, R. C., Elowitz, L., & Berlin, W. (1984). *Government in the United States*. New York: Scribner.

A Republican Federalist [pseud.]. (1966). To the members of the convention of Massachusetts: January 19, 1788. In C. Kenyon (Ed.), *The antifederalists* (pp. 125-128). New York: Bobbs-Merrill.

Rhoads, S. E. (1985). *The economists' view of the world*. Cambridge, UK: Cambridge University Press.

Richardson, G. P. (1991). *Feedback thought in social science and systems theory*. Philadelphia: University of Pennsylvania Press.

Richman, R., White, O. F., Jr., & Wilkinson, M. II. (1986). *Intergovernmental mediation: Negotiations in local government disputes*. Boulder, CO: Westview.

Richter, A. (1970). The existentialist executive. *Public Administration Review*, 30, 415-422.

Riesman, J. A. (1987). Money, credit and federalist political economy. In R. Beeman, S. Botein, & E. Carter II (Eds.), *Beyond confederation: Origins of the Constitution and American national identity* (pp. 128-135). Chapel Hill: University of North Carolina Press.

Riggs. F. W. (1965). *Administration in developing countries: The theory of a prismatic society*. Boston: Houghton-Mifflin.

Riggs, F. W. (1991). Public administration: A comparativist framework. *Public Administration Review*, 51, 473-477.

Riggs, F. W. (1994). Bureaucracy and the Constitution. *Public Administration Review*, 54, 65-72.

Rohr, J. A. (1978). *Ethics for bureaucrats: An essay on law and values*. New York: Marcel Dekker.

Rorty, R. (1979). Kuhn and incommensurability. In R. Rorty, *Philosophy and the mirror of nature* (pp. 322-333). Princeton, NJ: Princeton University Press.

Rorty, R. (1982). *Consequences of pragmatism*. Minneapolis: University of Minnesota Press.

Rorty, R. (1989). *Contingency. irony, and solidarity*. Cambridge, UK: Cambridge University Press.

Rorty, R. (1994). Feminism, ideology, and deconstruction: A pragmatist view. In S. Zizek (Ed.), *Mapping ideology* (pp. 227-234). London: Verso.

Rosenau, P. M. (1992). *Post-modernism and the social sciences*. Princeton, NJ: Princeton University Press.

Rotman, B. (1987). *Signifying nothing: The semiotics of zero*. New York: Macmillan.

Rutgers, M. R. (1994). Can the study of public administration do without a concept of the state? Reflections on the work of Lorenz Von Stein. *Administration & Society*, 26, 395–412.

Sacks, O. W. (1995). *An anthropologist on Mars: Seven paradoxical tales*. New York: Vintage.

Safford, J. L. (1987). *Pragmatism and the progressive movement in the United States*. Lanbam, MD: University Press of America.

Sandel, M. J. (1996). *Democracy's discontent: America in search of a public philosophy*. Cambridge, MA: Harvard University Press.

Sathe, V. (1983, Autumn). Implications of corporate culture: A manager's guide to action. *Organizational Dynamics*, pp. 5–23.

Schaef, A. W. (1988). *The addictive organization*. San Francisco: Harper & Row.

Schall, M. S. (1983). A communication-rules approach to organizational culture. *Administrative Science Quarterly*, 28, 557–581.

Schambra, P. E. (1961). Effects of heavy ions on cellular systems relative to lightly ionizing radiation. *Radiation Research*. 14, 126–131.

Schambra, W. A. (1982, Spring). The roots of the American public philosophy. *Public Interest*, 67, 36–48.

Schattschneider, E. E. (1960). *Party government*. New York: Holt, Rinehart & Winston.

Schein, E. H. (1985). *Organizational culture and leadership*. San Francisco: Jossey-Bass.

Scherkenbach, W. W. (1988). *The Deming route to quality and productivity*. Rockville, MD: Mercury.

Scherkenbach, W. W. (1991). *Deming's road to continual improvement*. Knoxville, TN: SPC.

Schmidt, M. R. (1993). Government: Alternative kinds of knowledge and why they are ignored. *Public Administration Review*, 53, 525–530.

Schuman, D. (1973). *A preface to politics*. Lexington, MA: D. C. Heath.

Schwartz, 11. (1990). *Narcissistic processes and corporate decay*. New York: New York University Press.

Selznick, P. (1949). *T. V. A. and the grass roots*. Berkeley: University of California Press.

Selznick, P. (1992). *The moral commonwealth: Social theory and the promise of community*. Berkeley: University of California Press.

Senge. P. M. (1990). *The fifth discipline*. New York: Doubleday.

Sheldon, C. (1984). *In his steps*. Uhrichsville, OH: Barbourt.

Shepard, H. (1965). Changing interpersonal and intergroup relationships in organizations. In J. G. March (Ed.), *Handbook of organizations* (pp. 1115-1143). Chicago: Rand McNally.

Siffin, W. J. (Ed.). (1957). *Toward the comparative study of public administration*. Bloomington: Indiana University Press.

Siffin, W. J. (1966a). *Approaches to development: Politics, administration and change*. New York: McGraw-Hill.

Siffin, W. J. (1966b). *The Thai bureaucracy: Institutional change and development*. Honolulu: East-West Center.

Silverman, D. (1970). *The theory of organizations*. London: Heinemann.

Silverman, K. (1996). *The threshold of the visible world*. New York: Routledge.

Simon, H. A. (1952). Development of theory of democratic administration: Replies and comments. *American Political Science Review*, 46, 494-496.

Simon, H. A. (1976). *Administrative behavior: A study of decision-making processes in administrative organizations* (3rd ed., rev.). New York: Free Press.

Simon, H. A. Smithburg, D. W., & Thompson, V. A. (1950). *Public administration*. New York: Knopf.

Sjoberg, G. (1960). *The preindustrial city: Past and present*. New York: Free Press.

Sjoberg, G. (1989). Notes on the life of a tortured optimist. *Journal of Applied Behavioral Science*, 25, 471-486.

Skowronek, S. (1982). *Building a new American state*. New York: Cambridge University Press.

Smircich, L. (1983). Concepts of culture and organizational analysis. *Administrative Science Quarterly*, 28, 339-359.

Smircich, L., & Morgan, G. (1982). Leadership: The management of meaning. *Journal of Applied Behavioral Science*, 18, 257-273.

Smith, B. (1925). *State police*. New York: Crowell, Collier, & Macmillan.

Smith, E. W. L. (Ed.). (1977). *The growing edge of gestalt therapy*. Secaucus, NJ: Citadel.

Smith, J. A. (1907). *The spirit of American government*. New York: Macmillan.

Smith, K. K., & Simmons, V. M. (1983). A Rumpelstiltskin organization: Metaphors in field research. *Administrative Science Quarterly*, 28, 377-392.

Smith, M. (1966). Debates in the New York convention: 1788. In C. Kenyon (Ed.), *The antifederalists* (pp. 370–389). New York: Bobbs-Merrill.

Snow, R. E. (1969). Unfinished Pygmalion. *Contemporary Psychology*, 14, 197–200.

Spicer, M. W. (1995). *The founders, the Constitution, and public administration: A conflict in worldviews*. Washington, DC: Georgetown University Press.

Spiro, H. J. (1959). *Government by constitution: The political systems of democracy*. New York: Random House.

Stanley, M. (1972). Technicism, liberalism, and development. In M. Stanley (Ed.), *Social development*. New York: Basic Books.

Stein, H. E. (1952a). The disposal of the aluminum plants. In H. Stein (Ed.), *Public administration and policy development: A case book* (pp. 313–362). New York: Harcourt Brace.

Stein, H. E. (1952b). Introduction. In H. Stein (Ed.), *Public administration and policy development: A case book* (pp. ix-xiv). New York: Harcourt Brace.

Stein, H. E., & Arnow, K. S. (Eds.). (1948—1951). *Case studies in public administration and policy formulation*. New York: Inter-University Case Program, Polygraphic Company of America.

Stewart, F. M. (1950). *A half century of municipal reform: The history of the National Municipal League*. Berkeley: University of California Press.

Stillman, R. J., II. (1995). The refounding movement in American public administration: From "rabid" anti-statism to "mere" anti-statism in the 1990's. *Administrative Theory and Praxis*, 17 (1), 29–45.

Stivers, C. (1990). Active citizenship and public administration. In G. L. Wamsley, C. T. Goodsell, J. A. Rohr, P. Kronenberg, O. F. White, Jr., J. F. Wolf, & C. Stivers, *Refounding public administration* (pp. 246–273). Newbury Park, CA: Sage.

Stivers, C. (1993). *Gender images in public administration: Legitimacy and the administrative state*. Newbury Park, CA: Sage.

Stivers, C. (1994). The listening bureaucrat. *Public Administration Review*, 54, 364–369.

Stivers, C. (1995). Settlement women and bureau men: Constructing a useable past for public administration. *Public Administration Review*, 55, 522–529.

Stone, A. B., & Stone, D. (1975a). Appendix: Case histories of early professional educational programs. In F. C. Mosher (Ed.), *American public administration: Past, present, future* (pp. 268–290). University: University of Alabama Press.

Stone, A. B., & Stone, D. (1975b). Early development of education in public administration. In F. C. Mosher (Ed.), *American public administration: Past, present, future* (pp. 11–48). University: University of Alabama Press.

Storing, H. J. (1979). Slavery and the moral foundations of the American republic. In R. H. Horowitz (Ed.), *The moral foundations of the American republic* (2nd ed., pp. 214-233). Charlottesville: University of Virginia Press.

Storing, H. J. (Ed.). (1981a). *The complete antifederalist* (Vols. 1-7). Chicago: University of Chicago Press.

Storing, H. J. (1981b). *What the anti-federalists were for*. Chicago: University of Chicago Press.

Studensky, P. (1920). *Public pension systems*. New York: Appleton.

Taylor, F. W. (1947). *Scientific management*. New York: Harper.

Terreberry, S. (1968). The evaluation of organizational environments. *Administrative Science Quarterly*, 13, 590-613.

Thayer, F. (1981). *An end to hierarchy and competition: Administration in the post-affluent world* (2nd ed.). New York: Franklin Watts.

Thompson, J. D. (1959). *Comparative studies in administration*. Pittsburgh: University of Pittsburgh Press.

Thompson, J. D. (1967). *Organizations in action*. New York: McGraw-Hill.

Thompson, J. D., & McEwen, W. J. (1958, February). Organizational goals and environment: Goal setting as an interaction process. *American Sociological Review*, 23, 23-31.

Thompson, V. A. (1975). *Without sympathy or enthusiasm: The problem of administrative compassion*. University: University of Alabama Press.

Toffler, A., & Toffler, H. (1995). *Creating a new civilization*. Atlanta: Turner.

Tolchin, S. J. (1996). *The angry American: How voter rage is changing the nation*. Boulder, CO: Westview.

Tompkins, J. (1992). *West of everything*. New York: Oxford University Press.

Ulrich, H., & Probst, G. J. B. (Eds.). (1984). *Self-organization and management of social systems: Insights, promises, doubts, and questions*. New York: Springer-Verlag.

U. S. Department of Labor, Office of Planning and Research. (1965). *The Negro family: The case for national action*. Washington, DC: Government Printing Office.

Uveges, J. A., Jr., & Keller, L. F. (1989). The first one-hundred years of American public administration: The study and practice of public management in American life. In J. Rabin, W. B. Hildreth, & G. J. Miller (Eds.), *Handbook of public administration* (pp. 1-42). New York: Marcel Dekker.

Ventriss, C. (1995a). Emerging perspectives on citizen participation. *Public Administration Review*, 45, 433-440.

Ventriss, C. (1995b). Modern thought and bureaucracy: The bureaucratic experience: A critique of life in modern organization. *Public Administration Review*, 55, 575–581.

Ventura, M. (1995, December 12). Trapped in the time machine. *Washington Post*, Outlook Section, pp. 1–3.

Ver Steeg, C. L. (1964). *The formative years: 1607—1763*. New York: Hill & Wang.

Vidal, G. (1976). *1876*. New York: Ballantine.

Von Franz, M. L. (1980). *Projection and re-collection in Jungian psychology*. London: Open Court.

Waldo, D. (1948). *The administrative state*. New York: Ronald.

Waldo, D. (1952). Development of theory of democratic administration. *American Political Science Review*, 46, 81–103.

Waldo, D. (1955). *The study of public administration*. New York: Random House.

Waldo, D. (1971). *Public administration in a time of turbulence*. London: Chandler, Scranton.

Waldo, D. (1975). Political science: Tradition, discipline, profession, science, enterprise. In F. I. Greenstein & N. W. Polsby (Eds.), *Handbook of political science: Vol. 1. Political science, scope and theory* (pp. 1–130). Reading, MA: Addison-Wesley.

Walker, J. (1966, June). Critique of the elitist theory of democracy. *American Political Science Review*, 60, 285–295.

Wamsley, G. L., Goodsell, C. T., Rohr, J. A., Kronenberg, P., White, O. F., Jr., Wolf, J. F., & Stivers, C. (1990). *Refounding public administration*. Newbury Park, CA: Sage.

Wamsley, G. L., Goodsell, C. T., Rohr, J. A., White, O. F., Jr., & Wolf, J. F. (1987). The public administration and the governance process: Refounding the American dialogue. In R. C. Chandler (Ed.), *A centennial history of the American administrative state* (pp. 291–317). New York: Free Press.

Wamsley, G. L., & Wolf, J. F. (Eds.). (1996). *Refounding democratic public administration: Modern paradoxes, postmodern challenges*. Thousand Oaks, CA: Sage.

Wamsley, G. L., & Zald, M. (1973). *The political economy of public organizations*. Bloomington: Indiana University Press.

Warren, K. F. (1993). We have debated ad nauseum the legitimacy of the administrative state—but why? *PublicAdministrative Review*, 53, 249–254.

Weick, K. E. (1979). *The social psychology of organizing* (2nd ed). Reading, MA: Addison-Wesley.

Weinberg, G., & Rowe, D. (1988). *The projection principle*. New York: St. Martin's.

Wells, H. G. (1975). *Things to come*. Boston: Gregg. (Original work published 1935)

West, C. (1989). *The American evasion of philosophy*. Madison: University of Wisconsin Press.

Wheatley, M. J. (1994). *Leadership and the new science: Learning about organization from an orderly universe*. San Francisco: Berrett-Koehler.

Whitaker, G. p. (1980). Coproduction: Citizen participation in service delivery. *Public Administration Review*, 40, 240–246.

White, L. (1926). *Introduction to the study of public administration*. New York: Harper.

White, O. F., Jr. (1972). Beyond power politics: Vive la difference as political theory. *Maxwell Review*, 8 (2), 57–63.

White, O. F., Jr. (1973a). The problem of urban administration. In G. Frederickson (Ed.), *Neighborhood control in the 1970's* (pp. 117–137). New York: Chandler.

White, O. F., Jr. (1973b). *Psychic energy and organizational change*. Beverly Hills, CA: Sage.

White, O. F., Jr. (1983). Communication induced distortion in scholarly research: The case of action theory in American public administration. *International Journal of Public Administration*, 5, 119–150.

White, O. F., Jr. (1990). Reframing the authority/participation debate. In G. L. Wamsley, R. N. Bacher, C. T. Goodsell, P. S. Kronenberg, J. A. Rohr, C. M. Stivers, O. F. White Jr., & J. F. Wolf, *Refounding public administration* (pp. 182–245). Newbury Park, CA: Sage.

White, O. F., Jr. (1991, March). *The semiotic way of knowing and public administration*. Paper presented at the annual meeting of the Public Administration Theory Network, Washington, DC.

White, O. F., Jr. (1995). Public administration's gender identity problem. *Administration & Society*, 27, 277–282.

White, O. F., Jr., & McSwain, C. J. (1983). Transformational theory and organizational analysis. In G. Morgan (Ed.), *Beyond method* (pp. 292–305). Beverly Hills, CA: Sage.

White, O. F., Jr., & McSwain, C. J. (1990). The Phoenix Project: Raising a new image of public administration from the ashes of the past. In H. D. Kass & B. L. Catron (Eds.), *Images and identities in public administration* (pp. 23–60). Newbury Park, CA: Sage.

White, O. F., Jr., & McSwain, C. J. (1993). The semiotic way of knowing. *Administrative Theory and Praxis*, 15 (1), 18-35.

White, O. F., Jr., Waggaman, J. S., & Hofstetter, C. R. (1967). *Rush County, Indiana voting in general elections: 1890—1964*. Indianapolis: Indiana Historical Society.

White, O. F., Jr., & Wolf, J. F. (1995). Deming's total quality management movement and the Baskin Robbins problem. *Administration & Society*, 27, 203-225, 308-321.

Wiebe, R. H. (1967). *The search for order*. New York: Hill & Wang.

Wildavsky, A. (1984). *The politics of the budgetary process* (4th ed). Boston: Little, Brown.

Wildavsky, A. (1993). On the Articles of Confederation. *Public Affairs Report*, 34 (6), 13-14.

Wilkins, A. L. (1983, Autumn). The culture audit: A tool for understanding organizations. *Organizational Dynamics*, pp. 24-38.

Williams, A. (1983). An Election Sermon, Boston: 1762. In C. S. Hyneman & D. S. Lutz (Eds.), *American political writing during the founding era: 1760—1805* (Vol. 1, pp. 3-5). Indianapolis, IN: Liberty.

Willoughby, W. F. (1927). *Principles of administration*. Washington, DC: Brookings Institution.

Wills, G. (1971). *Nixon agonistes*. Boston: Houghton Mifflin.

Wilson, W. (1978). The study of administration. In J . M. Shafritz & A. C. Hyde (Eds.), *Classics of public administration* (pp. 3-17). Oak Park, IL: Moore. (Original work published 1887)

Wolfe, T. (1987). *Bonfire of the vanities*. New York: Farrar, Strauss.

Wolff, R. (1968). *The poverty of liberalism*. Boston: Beacon.

Wood, D. (1987). Beyond deconstruction? In A. P. Griffiths (Ed.), *Contemporary French philosophy* (pp. 175-194). Cambridge, UK: Cambridge University Press.

Wood, G. S. (Ed.). (1979a). *The Confederation and the Constitution: The critical issues*. New York: University Press of America.

Wood, G. S. (1979b). The worthy against the licentious. In G. S. Wood (Ed.), *The Confederation and the Constitution: The critical issues* (pp. 86-112). New York: University Press of America.

Wood, G. S. (1987). Interests and disinterestedness in the making of the constitution. In R. Beeman, S. Botein, & E. Carter II (Eds.), *Beyond confederation: Origins of the Constitution and American national identity* (pp. 69-109). Chapel Hill: University of North Carolina Press.

Wood, G. S. (1993). *The radicalism of the American Revolution*. New York: Vintage.

Yankelovitch, D. (1991). *Coming to public judgment: Making democracy work in a complex world*. Syracuse, NY: Syracuse University Press.

Zaleznik, A. (1989). *The managerial mystique: Restoring leadership in business*. New York: Harper & Row.

Zimbardo, P. G., Haney, C., Banks, W. C., & Jaffe, D. (1973, April 8). The mind is a formidable jailer: A Pirandellian prison. *New York Times Magazine*, pp. 38-60.

Zinn, H. (1995). *A people's history of the United States*: 1492～*present* (rev. ed). New York: Harper.

Zizek, S. (1991). *Looking awry*. Cambridge: MIT Press.

Zohar, D. (1990). *The quantum self*. New York: Quill/William Morrow.

Zuckerman, M. (1970). *Peaceable kingdoms: New England towns in the eighteenth century*. New York: Knopf.

索 引

人大版公共管理类翻译（影印）图书

公共行政与公共管理经典译丛

书名	著译者	定价
公共管理名著精华："公共行政与公共管理经典译丛"导读	吴爱明　刘晶　主编	49.80 元

经典教材系列

书名	著译者	定价
公共管理导论（第四版）	［澳］欧文·E·休斯　著 张成福　马子博　等　译	48.00 元
政治学（第三版）	［英］安德鲁·海伍德　著 张立鹏　译	49.80 元
公共政策分析导论（第四版）	［美］威廉·N·邓恩　著 谢明　等　译	49.00 元
公共政策制定（第五版）	［美］詹姆斯·E·安德森　著 谢明　等　译	46.00 元
公共行政学：管理、政治和法律的途径（第五版）	［美］戴维·H·罗森布鲁姆　等　著 张成福　等　译校	58.00 元
比较公共行政（第六版）	［美］费勒尔·海迪　著 刘俊生　译校	49.80 元
公共部门人力资源管理：系统与战略（第六版）	［美］唐纳德·E·克林纳　等　著 孙柏瑛　等　译	58.00 元
公共部门人力资源管理（第二版）	［美］埃文·M·伯曼　等　著 萧鸣政　等　译	49.00 元
行政伦理学：实现行政责任的途径（第五版）	［美］特里·L·库珀　著 张秀琴　译　音正权　校	35.00 元
民治政府：美国政府与政治（第 23 版·中国版）	［美］戴维·B·马格莱比　等　著 吴爱明　等　编译	58.00 元
比较政府与政治导论（第五版）	［英］罗德·黑格　马丁·哈罗普　著 张小劲　等　译	48.00 元
公共组织理论（第五版）	［美］罗伯特·B·登哈特　著 扶松茂　丁力　译　竺乾威　校	32.00 元
公共组织行为学	［美］罗伯特·B·登哈特　等　著 赵丽江　译	49.80 元
组织领导学（第七版）	［美］加里·尤克尔　著 丰俊功　译	78.00 元
公共关系：职业与实践（第四版）	［美］奥蒂斯·巴斯金　等　著 孔祥军　等　译　郭惠民　审校	68.00 元
公用事业管理：面对 21 世纪的挑战	［美］戴维·E·麦克纳博　著 常健　等　译	39.00 元
公共预算中的政治：收入与支出，借贷与平衡（第四版）	［美］爱伦·鲁宾　著 叶娟丽　马骏　等　译	39.00 元
公共行政学新论：行政过程的政治（第二版）	［美］詹姆斯·W·费斯勒　等　著 陈振明　等　译校	58.00 元
公共部门战略管理	［美］保罗·C·纳特　等　著 陈振明　等　译校	49.00 元
公共行政与公共事务（第十版）	［美］尼古拉斯·亨利　著 孙迎春　译	52.00 元
案例教学指南	［美］小劳伦斯·E·林恩　著 郄少健　等　译　张成福　等　校	39.00 元
公共管理中的应用统计学（第五版）	［美］肯尼思·J·迈耶　等　著 李静萍　等　译	49.00 元

书名	著译者	定价
现代城市规划（第五版）	［美］约翰·M·利维　著 张景秋 等　译	39.00 元
非营利组织管理	［美］詹姆斯·P·盖拉特　著 邓国胜 等　译	38.00 元
公共财政管理：分析与应用（第六版）	［美］约翰·L·米克塞尔　著 白彦锋　马蔡琛　译　高培勇 等　校	69.90 元
公共行政学：概念与案例（第七版）	［美］理查德·J·斯蒂尔曼二世　编著 竺乾威 等　译	75.00 元
公共管理研究方法（第五版）	［美］伊丽莎白森·奥沙利文 等　著 王国勤 等　译	79.00 元
公共管理中的量化方法：技术与应用（第三版）	［美］苏珊·韦尔奇 等　著 郝大海 等　译	39.00 元
公共部门绩效评估	［美］西奥多·H·波伊斯特　著 肖鸣政 等　译	45.00 元
公共管理的技巧（第九版）	［美］乔治·伯克利 等　著 丁煌　主译	59.00 元
领导学：理论与实践（第五版）	［美］彼得·G·诺斯豪斯　著 吴爱明　陈爱明　陈晓明　译	48.00 元
领导学（亚洲版）	［新加坡］林志颂 等　著 顾朋兰 等　译　丁进锋　校译	59.80 元
领导学：个人发展与职场成功（第二版）	［美］克利夫·里科特斯　著 戴卫东 等　译　姜雪　校译	69.00 元
二十一世纪的公共行政：挑战与改革	［美］菲利普·J·库珀 等　著 王巧玲　李文钊　译　毛寿龙　校	45.00 元
行政学（新版）	［日］西尾胜　著 毛桂荣 等　译	35.00 元
比较公共行政导论：官僚政治视角（第六版）	［美］B·盖伊·彼得斯　著 聂露　李姿姿　译	49.80 元
理解公共政策（第十二版）	［美］托马斯·R·戴伊　著 谢明　译	45.00 元
公共政策导论（第三版）	［美］小约瑟夫·斯图尔特 等　著 韩红　译	35.00 元
公共政策分析：理论与实践（第四版）	［美］戴维·L·韦默 等　著 刘伟　译校	68.00 元
公共政策分析案例（第二版）	［美］乔治·M·格斯　保罗·G·法纳姆　著 王军霞　贾洪波　译　王军霞　校	待出
公共危机与应急管理概论	［美］迈克尔·K·林德尔 等　著 王宏伟　译	59.00 元
公共行政导论（第六版）	［美］杰伊·M·沙夫里茨 等　著 刘俊生 等　译	65.00 元
城市管理学：美国视角（第六版·中文修订版）	［美］戴维·R·摩根 等　著 杨宏山　陈建国　译　杨宏山　校	56.00 元
公共经济学：政府在国家经济中的作用	［美］林德尔·G·霍尔库姆　著 顾建光　译	69.80 元
公共部门管理（第八版）	［美］格罗弗·斯塔林　著 常健 等　译　常健　校	75.00 元

学术前沿系列

书名	著译者	定价
新公共服务：服务，而不是掌舵（第三版）	［美］珍妮特·V·登哈特　罗伯特·B·登哈特　著 丁煌　译　方兴　丁煌　校	39.00 元
议程、备选方案与公共政策（第二版·中文修订版）	［美］约翰·W·金登　著 丁煌　方兴　译　丁煌　校	待出

书名	著译者	定价
政策分析八步法（第三版）	［美］尤金·巴达克　著 谢明 等　译	待出
新公共行政	［美］H·乔治·弗雷德里克森 丁煌　方兴　译　丁煌　校	23.00元
公共行政的精神（中文修订版）	［美］H·乔治·弗雷德里克森　著 张成福 等　译　张成福　校	48.00元
官僚制内幕（中文修订版）	［美］安东尼·唐斯　著 郭小聪 等　译	待出
民营化与公私合作伙伴关系	［美］E.S. 萨瓦斯	待出
后现代公共行政：话语指向（中文修订版）	［美］查尔斯·J·福克斯 等　著 楚艳红 等　译　吴琼　校	38.00元
公共行政的合法性：一种话语分析（中文修订版）	［美］O.C. 麦克斯怀特　著 吴琼　译	45.00元
公共行政的语言：官僚制、现代性和后现代性（中文修订版）	［美］戴维·约翰·法默尔　著 吴琼　译	待出
领导学	［美］詹姆斯·麦格雷戈·伯恩斯　著 常健　孙海云 等　译　常健　校	69.00元
官僚经验：后现代主义的挑战（第五版）	［美］拉尔夫·P·赫梅尔　著 韩红　译	39.00元
制度分析：理论与争议（第二版）	［韩］河连燮　著 李秀峰　柴宝勇　译	48.00元
公共服务中的情绪劳动	［美］玛丽·E·盖伊 等　著 周文霞 等　译	38.00元
预算过程中的新政治（第五版）	［美］阿伦·威尔达夫斯基 等　著 苟燕楠　译	58.00元
公共行政中的价值观与美德：比较研究视角	［荷］米歇尔·S·德·弗里斯 等　主编 熊　缨　耿小平 等　译	58.00元

政府治理与改革系列

书名	著译者	定价
公共决策中的公民参与	［美］约翰·克莱顿·托马斯　著 孙柏瑛 等　译	28.00元
再造政府	［美］戴维·奥斯本 等　著 谭功荣 等　译	45.00元
构建虚拟政府：信息技术与制度创新	［美］简·E·芳汀　著 邵国松　译	32.00元
突破官僚制：政府管理的新愿景	［美］麦克尔·巴泽雷　著 孔宪遂 等　译	25.00元
政府未来的治理模式（中文修订版）	［美］B·盖伊·彼得斯　著 吴爱明 等　译　张成福　校	38.00元
无缝隙政府：公共部门再造指南（中文修订版）	［美］拉塞尔·M·林登　著 汪大海 等　译	48.00元
公民治理：引领21世纪的美国社区（中文修订版）	［美］理查德·C·博克斯　著 孙柏瑛 等　译	38.00元
持续创新：打造自发创新的政府和非营利组织	［美］保罗·C·莱特　著 张秀琴　译　音正权　校	28.00元
政府改革手册：战略与工具	［美］戴维·奥斯本 等　著 谭功荣 等　译	59.00元
公共部门的社会问责：理念探讨及模式分析	世界银行专家组　著 宋涛　译校	28.00元

书名	著译者	定价
公私合作伙伴关系：基础设施供给和项目融资的全球革命	［英］达霖·格里姆赛 等 著 济邦咨询公司 译	29.80元
非政府组织问责：政治、原则与创新	［美］丽莎·乔丹 等 主编 康晓光 等 译 冯利 校	32.00元
市场与国家之间的发展政策：公民社会组织的可能性与界限	［德］康保锐 著 隋学礼 译校	49.80元
建设更好的政府：建立监控与评估系统	［澳］凯思·麦基 著 丁煌 译 方兴 校	30.00元

公共管理实务系列

书名	著译者	定价
新有效公共管理者：在变革的政府中追求成功（第二版）	［美］史蒂文·科恩 等 著 王巧玲 等 译 张成福 校	28.00元
驾御变革的浪潮：开发动荡时代的管理潜能	［加］加里斯·摩根 著 孙晓莉 译 刘霞 校	22.00元
自上而下的政策制定	［美］托马斯·R·戴伊 著 鞠方安 等 译	23.00元
政府全面质量管理：实践指南	［美］史蒂文·科恩 等 著 孔宪遂 等 译	25.00元
公共部门标杆管理：突破政府绩效的瓶颈	［美］帕特里夏·基利 等 著 张定淮 译校	28.00元
创建高绩效政府组织：公共管理实用指南	［美］马克·G·波波维奇 主编 孔宪遂 等 译 耿洪敏 校	23.00元
职业优势：公共服务中的技能三角	［美］詹姆斯·S·鲍曼 等 著 张秀琴 译 音正权 校	19.00元
全球筹款手册：NGO及社区组织资源动员指南（第二版）	［美］米歇尔·诺顿 著 张秀琴 等 译 音正权 校	39.80元

公共政策经典译丛

书名	著译者	定价
公共政策评估	［美］弗兰克·费希尔 著 吴爱明 等 译	38.00元
公共政策工具——对公共管理工具的评价	［美］B·盖伊·彼得斯 等 编 顾建光 译	29.80元
第四代评估	［美］埃贡·G·古贝 等 著 秦霖 等 译 杨爱华 校	39.00元
政策规划与评估方法	［加］梁鹤年 著 丁进锋 译	39.80元

当代西方公共行政学思想经典译丛

书名	编译者	定价
公共行政学中的批判理论	戴黍 牛美丽 等 编译	29.00元
公民参与	王巍 牛美丽 编译	45.00元
公共行政学百年争论	颜昌武 马骏 编译	49.80元
公共行政学中的伦理话语	罗蔚 周霞 编译	45.00元

公共管理英文版教材系列

书名	作者	定价
公共管理导论（第四版）	［澳］Owen E. Hughes （欧文·E·休斯） 著	45.00 元
理解公共政策（第十二版）	［美］Thomas R. Dye （托马斯·R·戴伊） 著	34.00 元
公共行政学经典（第五版）	［美］Jay M. Shafritz （杰伊·M·莎夫里茨）等 编	59.80 元
组织理论经典（第五版）	［美］Jay M. Shafritz （杰伊·M·莎夫里茨）等 编	46.00 元
公共政策导论（第三版）	［美］Joseph Stewart，Jr. （小约瑟夫·斯图尔特）等 著	35.00 元
公共部门管理（第九版·中国学生版）	［美］Grover Starling （格罗弗·斯塔林） 著	59.80 元
政治学（第三版）	［英］Andrew Heywood （安德鲁·海伍德） 著	35.00 元
公共行政导论（第五版）	［美］Jay M. Shafritz （杰伊·M·莎夫里茨）等 著	58.00 元
公共组织理论（第五版）	［美］Robert B. Denhardt （罗伯特·B·登哈特） 著	32.00 元
公共政策分析导论（第四版）	［美］William N. Dunn （威廉·N·邓恩） 著	45.00 元
公共部门人力资源管理：系统与战略（第六版）	［美］Donald E. Klingner （唐纳德·E·克林纳）等 著	48.00 元
公共行政与公共事务（第十版）	［美］Nicholas Henry （尼古拉斯·亨利） 著	39.00 元
公共行政学：管理、政治和法律的途径（第七版）	［美］David H. Rosenbloom （戴维·H·罗森布鲁姆）等 著	68.00 元
公共经济学：政府在国家经济中的作用	［美］Randall G. Holcombe （林德尔·G·霍尔库姆） 著	62.00 元
领导学：理论与实践（第六版）	［美］Peter G. Northouse （彼得·G·诺斯豪斯） 著	45.00 元

图书在版编目（CIP）数据

公共行政的合法性：一种话语分析：中文修订版/（美）O.C. 麦克斯怀特著；吴琼译. —北京：中国人民大学出版社，2016.8
（公共行政与公共管理经典译丛·学术前沿系列）
"十三五"国家重点出版物出版规划项目
ISBN 978-7-300-22928-7

Ⅰ.①公… Ⅱ.①O…②吴… Ⅲ.①行政学 Ⅳ.①D035

中国版本图书馆 CIP 数据核字（2016）第 113900 号

公共行政与公共管理经典译丛
学术前沿系列
"十三五"国家重点出版物出版规划项目
公共行政的合法性——一种话语分析（中文修订版）
[美] O.C. 麦克斯怀特（O.C. McSwite） 著
吴 琼 译
Gonggong Xingzheng de Hefaxing

出版发行 中国人民大学出版社
社　　址 北京中关村大街 31 号　　　**邮政编码** 100080
电　　话 010－62511242（总编室）　　010－62511770（质管部）
　　　　　010－82501766（邮购部）　　010－62514148（门市部）
　　　　　010－62515195（发行公司）　010－62515275（盗版举报）
网　　址 http://www.crup.com.cn
　　　　　http://www.ttrnet.com（人大教研网）
经　　销 新华书店
印　　刷 北京鑫丰华彩印有限公司
规　　格 185 mm×260 mm　16 开本　　**版　　次** 2016 年 8 月第 1 版
印　　张 15.25 插页 2　　　　　　　**印　　次** 2016 年 8 月第 1 次印刷
字　　数 315 000　　　　　　　　　**定　　价** 45.00 元
